· 上海财经大学中央高校“双一流”引导资金资助出版
· 上海财经大学中央高校基本科研业务费资助出版
· 2011 年度国家社会科学基金一般项目“中国网络先进文化建设的机制研究”（11BKS038）的成果

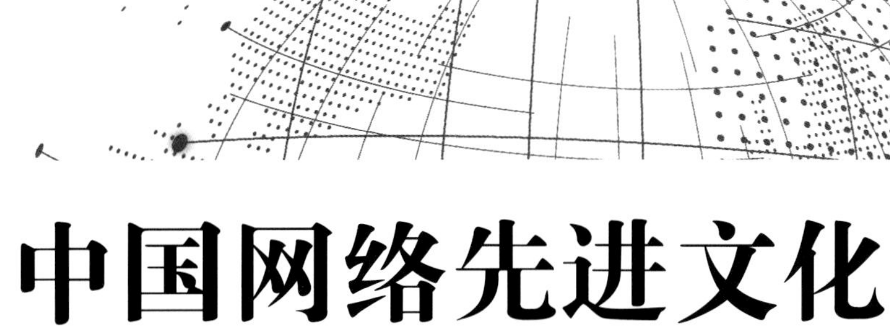

中国网络先进文化建设的机制研究

张桂芳■著

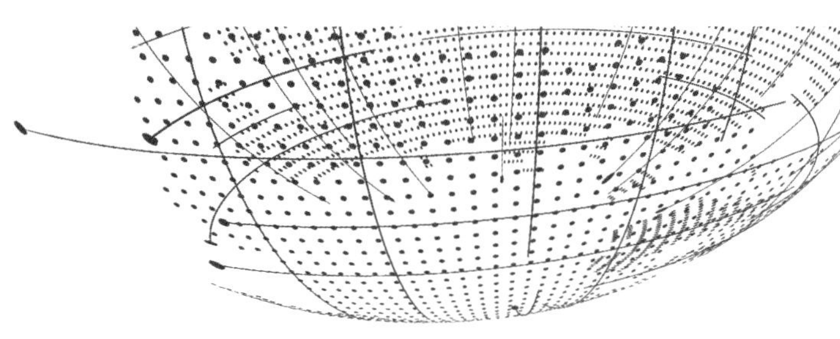

中国社会科学出版社

图书在版编目（CIP）数据

中国网络先进文化建设的机制研究／张桂芳著．—北京：中国社会科学出版社，2021.5

ISBN 978－7－5203－8297－7

Ⅰ．①中…　Ⅱ．①张…　Ⅲ．①社会主义—网络文化—文化事业—建设—研究—中国　Ⅳ．①G12

中国版本图书馆 CIP 数据核字（2021）第 067998 号

出 版 人　赵剑英
责任编辑　刘　艳
责任校对　陈　晨
责任印制　戴　宽

出　　版　中国社会科学出版社
社　　址　北京鼓楼西大街甲 158 号
邮　　编　100720
网　　址　http://www.csspw.cn
发 行 部　010－84083685
门 市 部　010－84029450
经　　销　新华书店及其他书店

印刷装订　三河弘翰印务有限公司
版　　次　2021 年 5 月第 1 版
印　　次　2021 年 5 月第 1 次印刷

开　　本　710×1000　1/16
印　　张　15.75
插　　页　2
字　　数　235 千字
定　　价　78.00 元

凡购买中国社会科学出版社图书，如有质量问题请与本社营销中心联系调换
电话：010－84083683
版权所有　侵权必究

目　　录

导　论

网络时代，互联网成为世界政治、经济、文化交流交往的主要媒介。网络技术与文化相互融通，形成了崭新的网络文化。网络文化推动了全球范围内不同思想文化的交流交融交锋，成为当今时代世界竞争的重要阵地。当今世界，网络空间成为各种思潮短兵相接的主要场地，不同政治思想文化力量在网络上的相互较量，可谓是无硝烟的战争。文化作为国家软实力的核心，越来越成为衡量一国综合国力的主要因素，越来越成为世界竞争的焦点。

中国网络文化能否适应时代的变化，怎样适应时代的变化，如何把当代中国先进文化融入网络文化，形成网络先进文化，使之成为当代中国文化的重要组成部分，已经成为当今时代赋予我们的新任务。中共十八大报告提出要建设社会主义文化强国，十九大报告又指出："文化是一个国家、一个民族的灵魂。文化兴国运兴，文化强民族强。没有高度的文化自信，没有文化的繁荣兴盛，就没有中华民族伟大复兴。""坚持正确舆论导向，高度重视传播手段建设和创新，提高新闻舆论传播力、引导力、影响力、公信力。加强互联网内容建设，建立网络综合治理体系，营造清朗的网络空间。"而网络文化建设是网络时代社会主义文化强国建设的重要部分。基于此，本书力求以马克思主义理论为指导，采用系统论方法，剖析当代中国网络先进文化系统外部环境对构成主体的控制，通过对网络先进文化系统内生主体的精神世界的样态及成因分析，提出网络先进文化系统内生主体精神世界重建的维度，研究网络先进文化系统的规制及机制建设，以期以中国网络先进文化推动社会主义文化的大发展大繁荣，推进社会主义文化强国建设。

第一节　问题的提出

互联网的普及在给人类带来极大方便的同时，也给人类带来了新问题。它为世界政治、经济的发展提供了更为便捷的平台，同时也成为不同意识形态国家文化交锋的阵地。当今时代，互联网上的“文化侵略”、“文化霸权”等问题越来越成为危害世界和平的主要因素；国家文化的强弱越来越成为衡量一国综合国力的核心，越来越成为一个国家参与世界竞争的核心。文化领域的竞争已经成为继政治霸权、经济掠夺后新时代的新较量。西方国家以其得天独厚的经济、科技等方面的优势，把在世界范围内推行的霸权主义由政治、经济领域逐渐转移到文化领域，企图抢占网络信息传播的“制高点”，推行网络文化霸权主义。因此，研究当代中国网络先进文化，既是时代赋予我们的课题，也是当代中国亟须解决的问题。

一　网络先进文化：一个重要的时代课题

亚里士多德认为：“一切技术、一切规划以及一切实践和选择，都以某种善为目标。”[①] 但是，“技术不会脱离人类的控制”[②]。网络时代，网络文化成为西方发达国家推行霸权主义的新手段。西方发达国家借助于网络技术，在网络上推广和传播它们的意识形态、它们的文化理念，试图达到对世界其他国家和地区“软征服”的目的。在中国，网络无政府主义者强调网络空间的独立性和自由性，反对政府的管制，中国传统价值观念受到挑战，部分网民的传统价值观被淡化。网络文化消费中“三俗”（低俗、庸俗、媚俗）文化消解了社会主义

① ［古希腊］亚里士多德：《尼各马科伦理学》，苗力田译，中国人民大学出版社 2003 年版，第1页。

② ［德］阿诺德·盖伦：《技术时代的人类心灵：工业社会的社会心理问题》，何兆武、何冰译，上海世纪出版集团 2004 年版，第 19 页。

先进文化的影响力，使得网民的网络文化消费观念被“俗化”。中国传统文化价值观受到冲击，文化认同、民族精神受到破坏，网络道德行为失范事件频发，网络文化环境受到污染，这折射出网络时代社会主义先进文化的影响力弱化，中国网络先进文化的引导乏力，中国文化安全受到威胁。

因此，研究中国网络文化的特殊性，正视网络文化的负面影响，探索网络先进文化建设机制，是应对网络时代多元文化冲击的需要，是深化文化体制改革，建设新时代中国特色社会主义文化的需要，也是建设社会主义文化强国的题中应有之义。

二　网络先进文化：一个亟须研究的问题

网络时代，国与国之间的竞争已经由历史上的经济、军事实力上的较量转化为以经济为基础的综合国力的竞争。综合国力是由经济力、军事力、政治力、文化力等组成的一个系统。网络时代，文化的作用越来越凸显，成为新时代衡量一国综合国力的核心。

网络时代，信息技术的研发、应用、传播等是以文化为基础，以信息技术为手段的经济实力的竞争离不开文化的基础作用。文化的竞争相比较经济、政治上的竞争更具有完整性、彻底性和毁灭性。文化对一个国家民族精神、价值观的形成和影响起决定作用。西方发达国家正是认识到文化的强大作用，以网络为手段，从文化上入手，推行其霸权主义，对其他国家进行资本主义意识形态和文化理念的输入，企图削弱其他国家的文化，从而达到“西化”的目的。

文化力是当今时代竞争的核心力量。早在 20 世纪 90 年代初期，著名理论家贾春峰教授就提出：“21 世纪的经济赛局将在很大程度上取决于‘文化’的较量。”① 文化能发挥经济力、军事力所不能及的强大力量。网络时代，文化的强弱决定着一国综合国力的强弱，决定着一国国际地位的高低。建设中国网络先进文化，在此基础上发挥网络先进文化系统功能，研究网络先进文化系统的优化，即网络先进文

---

① 贾春峰：《竞争的其实是文化》，《中外管理》2001 年第 7 期。

化建设机制，推动新时代中国特色社会主义文化繁荣发展，不仅是时代赋予我们的重大任务，也是当代中国亟须研究的现实问题。

第二节　网络先进文化研究的理论与现实意义

随着人类进入信息时代，互联网技术与文化相互融通，形成了崭新的网络文化。网络文化作为今天最大众、最开放、最自由、最活跃，也最具包容性的文化领域，它的诞生为当代中国主流文化传播开辟了一个崭新的领域，也使当代中国主流文化面临前所未有的冲击和挑战。

当今网络世界中，不同的思潮均在寻求和扩大自己的传播空间，在网络空间不同的思想和文化力量的较量如火如荼，像是在打一场无硝烟的思想文化战争。在网络信息传播中，西方发达国家占据绝对优势。西方发达国家借助这种优势，来推行其网络文化霸权：利用网络技术优势，来传播其意识形态、文化理念，企图达到对世界其他国家和地区进行“软征服”的目的。目前，一个不容忽视的事实是，西方发达国家在利用网络优势对我国进行西化、分化的图谋。对此，我们必须要有高度的政治责任感和敏锐的政治警觉性，要从党和国家前途命运的高度，来认识加强网络先进文化建设研究的重要意义。

一　网络先进文化研究的理论意义

理论研究的目的是指导实践。任何学术研究都要有一定的理论价值，为其现实实践服务。陈昌曙先生曾说过：“没有特色（学科特色）就没有地位，没有基础（基础研究）就没有水平，没有应用（现实价值）就没有前途。”[①] 本书的研究具有一定的理论价值。一方面，网络文化研究是网络时代国内外学术界研究的焦点。国内学者多是从应用的角度探讨网络文化如何为社会主义文化建设服务，如何发

① 陈昌曙：《陈昌曙技术哲学文集》，东北大学出版社2002年版，第106页。

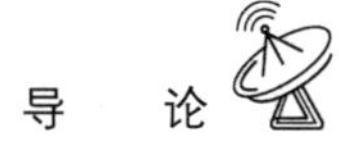

挥先进文化在网络社会中的思想文化建设作用。另一方面，关于文化的研究，国内外学者多是从经济学的角度，尤其是企业文化方面探讨文化问题。本书以网络文化为基点，从理论的视角来研究当代中国网络先进文化，为党和国家推动社会主义文化体制改革、推动新时代中国特色社会主义文化大发展大繁荣、建设社会主义文化强国制定相关政策提供理论依据。

二　网络先进文化研究的现实意义

随着网络时代的发展，网络文化在给人们提供丰富的精神愉悦的同时，也冲击着人们的传统价值观念。各种思想文化交流交融交锋，给人们的价值选择和价值判断带来了一定的困难。不健康的网络文化环境和俗化的网络文化消费不仅腐蚀一国的人文精神和伦理道德，更削弱了国家文化，给国家文化安全带来威胁。网络时代，仅仅依靠道德和法律的约束以求规范网络文化发展远远不够，还要大力发展人文精神，以中国特色社会主义先进文化为指导，使先进文化成为人们在网络时代生存、交往的精神支柱，成为网络时代的主旋律。因此，必须在网络环境下考察和研究先进文化，以此规范、约束和指导网络文化的科学发展。只有把先进文化融入网络空间，使人们在先进文化的指导下，由“他律”在潜移默化中转化为“自律”，才能真正消除多元文化背景下网络文化的负面影响，才能发挥网络先进文化系统的强大功能，从根本上增强中华文化软实力，建设中国特色社会主义文化强国。因此，网络时代多元文化背景下，对当代中国网络先进文化解读，探索当代中国网络先进文化的强大功能，研究当代中国网络先进文化系统的优化，探索网络先进文化建设机制，对中国特色社会主义文化强国建设具有重要的现实指导意义。

第三节　国内外相关研究评析

关于网络先进文化这一论题，国内外相关文献研究多是从先进文化引领网络文化建设、建设先进网络文化、文化的经济作用等方面进行论述。由于研究的角度和侧重点不同，形成了各具特色的研究观点。

一　先进网络文化研究评析

国外对网络文化研究起步较早，形成了大量卓有成效的研究成果，比较有代表性的有：尼古拉·尼葛洛庞蒂著的《数字化生存》，曼纽尔·卡斯特著的《网络社会的崛起》《千年终结》《认同的力量》，约翰·奈斯比特著的《大趋势－改变我们生活的十个新方向》，比尔·盖茨等著的《未来之路》，唐·泰普斯科特著的《数字化成长－网络世代的生活主张》，马克·斯劳卡著的《大冲突－赛博空间和高科技对现实的威胁》，迈克尔·海姆著的《从界面到虚拟空间——虚拟实在的形而上学》，约翰·诺顿著的《互联网－从神话到现实》，摩尔著的《皇帝的虚衣－因特网文化实情》，等等。在这些论著中，国外学者对网络的本质与特点、网络虚拟空间与现实空间的关系及对人造成的影响、网络文化的产生、网络文化的本质与特点、数字话语、网络文化与人的发展之间的关系进行了深入的研究。国外学者对网络文化的研究多侧重于技术理性，对网络及网络文化从技术层面开发、管理等，从人文角度对网络文化进行引导的研究较少。

在国内，学术界把网络文化与先进文化结合起来研究呈现出两大特点。一是，强调先进文化对网络文化建设的作用，致力于研究如何以先进文化引导网络文化建设，建设具有中国特色的先进网络文化。这方面研究的专家学者，就先进网络文化的内涵和特点，以及先进网络文化建设的途径进行了研究，成果显著。有学者对先进网络文化内涵进行界定，指出中国先进网络文化是“以马克思列宁主义、毛泽东思想、中国特色社会主义理论体系为指导思想，以现代计算机网络技术和通信技术为支撑，以符号化的数据传播为存在形式，继承中华民族优秀的传统文化，借鉴世界文明一切优秀成果，弘扬社会和谐和改革创新的主旋律，坚持与时俱进的具有中国特色的社会主义先进文化"[①]。有学者指出，建设先进的网络文化，需要探索有效的途径将社会主义核心价值体系内化为网络主体的媒介素养。[②]

学术界把网络文化与先进文化结合起来研究呈现的另一特点是，强调网络文化建设中如何以先进文化占领网络文化阵地，如何在网络文化建设中开辟社会主义先进文化的网络宣传阵地。如有学者提出，利用先进网络文化打造思想政治教育新平台。[③] 还有学者提出，以先进的网络技术传播当代社会主义先进文化。[④]

此外，学者王中军率先提出网络先进文化建设，指出网民自律意识培养是建设网络先进文化的客观需要，有效地促进网络先进文化的建设，必须强化网民的自律意识培育。[⑤] 他强调培育网民自律意识的途径，并没有对网络先进文化的内涵和特征作出阐释。

以上国内外关于网络文化、先进网络文化的研究成果，为本书的研究奠定了厚重的学理基础。

二 关于文化研究评析

在国际上，文化的概念最早是由日本学者名和太郎提出的，他于20世纪80年代初在探讨文化产业发展中提出了文化的概念，但是并没有对文化的概念作出严密的界定。自此之后，虽然文化的研究逐渐成为学术界的热点，但国际上对文化的研究多是站在经济学的角度，多是用经济理论研究其经济价值，尤其是阐述文化在企业文化管理中产生的经济效益，从网络文化的角度探讨文化的研究比较少见。

在国内，最早使用"文化"概念的是被誉为"文化研究第一人"

---

① 张建军：《中国先进网络文化的民主政治建设功能研究》，硕士学位论文，河北师范大学，2010年，第9页。

② 肖香龙：《社会主义核心价值体系是建设先进网络文化的内在要求》，《思想理论教育导刊》2011年第6期。

③ 薛冰：《利用先进网络文化打造思想政治教育新平台》，《辽宁行政学院学报》2010年第8期。

④ 白淑英：《中国特色网络文化发展观及其理论意义》，《马克思主义研究》2012年第3期。

⑤ 王中军、曾长秋：《网络先进文化建设与网民自律意识培育》，《中州学刊》2010年第6期。

的经济学家贾春峰。他在20世纪90年代初提出来文化的研究问题，他的立足点是现代市场经济与现代中国文化发展。自此，国内学术界掀起了“文化”研究的高潮。学者们对文化概念的界定也引发了大讨论，比较有代表性的有两种观点。

一种观点认为，文化是综合国力的组成部分，是推动社会进步的内驱力。学术界多数学者持这种观点，如贾春峰教授认为：“文化是同政治力、经济力相对应提出的一个专用概念，文化是一种持续发展的强大的内在驱动力。”① 高占祥教授认为：“文化就是文化的力量，是推动国家发展、社会进步的强大的内在驱动力。”② 另一种观点认为，文化是人在实践过程中发挥的主观能动力。持这种观点的代表是李焕明教授，他认为：“文化从静态角度来说，是各种具体形态的‘产品’；从动态角度来讲，则是一种‘力’，即‘文化’的运动。‘力’在物理学中是‘物体对物体的作用’，即‘物力’或‘自然力’，它是一种客观存在之力。而‘文化力’则是‘人与物或人与社会的相互作用’，是一种人类在改造自然和社会的实践过程中，以行为方式或产品形态所体现出来的‘人力’，是人的主观能动之力。”③

除此之外，学者们从不同的视角对文化进行了界定。有学者以高校为对象，研究高校文化，认为高校文化力是一种影响力。如刘国新教授认为：“高校文化力是高校文化对高校及其师生发挥的作用力和对社会及其民众的影响力。”④ 也有人从企业管理方面研究企业文化，认为企业精神文化中企业价值观引发的思想力、企业精神引发的策略力、企业哲学引发的行动力，以及企业核心文化隐含的形象力，这四力合一构成企业文化。⑤

---

① 贾春峰：《贾春峰说文化力》，中国经济出版社2007年版，第8页。

② 高占祥：《文化力》，北京大学出版社2007年版，第7页。

③ 李焕明：《论思想政治教育文化力》，《山东师范大学学报》（人文社会科学版）2005年第5期。

④ 刘国新、王春喜：《论高校文化力的特点与功能》，《湖北大学学报》（哲学社会科学版）2011年第1期。

⑤ 周立华、邓志平等：《文化、知识度的经济学》，中国经济出版社2010年版，第18页。

由于学者们研究的视角不同，对文化功能的研究结论也不尽相同。有学者认为，高校文化力在思想政治教育工作中起重要作用。[①]也有学者从企业视角分析企业文化功能，认为企业文化在企业运作中有导向功能、凝聚功能、激励功能、约束功能、纽带功能、辐射功能。[②]

综上可见，国内学术界对文化的研究视角比较开阔，成果也非常显著。在众多关于文化方面的研究中，多数学者是从经济学角度出发，侧重于文化对经济发展的作用，即把文化作为经济发展的内驱力进行研究。国内关于文化的研究成果，为本书的研究提供了有益的借鉴。

---

① 徐信华：《论高校文化力在思想政治教育工作中的作用》，《湖北大学学报》（哲学社会科学版）2011 年第 1 期。

② 贾春峰：《文化》，中国经济出版社 2007 年版，第 8 页。

第一章

网络先进文化的理论溯源

文化是一个国家、一个民族的灵魂，文化的发展是一种历久弥新的过程。恩格斯说：文化上的每个进步都是迈向自由的一步。我们今天建设的网络先进文化是人类发展的重要标志。马克思主义是我们立党立国的根本指导思想，也是我们推进网络先进文化建设的根本指导思想，中华优秀传统文化是中华民族的精神命脉，也是网络先进文化发展的根与源，在网络先进文化建设的历程中，西方文化的某些优长也为我们提供了借鉴。

第一节　马克思主义文化观

马克思主义文化观是马克思主义学说的重要组成部分，它是在唯物史观的基础上对文化的社会地位和作用及发展规律的科学揭示与概括，是一种科学的、唯物的文化观。马克思主义文化观以唯物史观为基点，从世界观的层面来认识和审视社会文化现象，为网络先进文化建设与发展提供了思路和范式。马克思主义认为，人作为一种文化存在，人类对自然界的能动改造及对人自然属性的能动超越就是人的文化属性的体现；人类自身的文化正是通过这种能动改造自然界的实践活动所创造出来的，与此同时，这种文化的创造也使人淡化乃至最终摆脱原始的野蛮状态，使其成为社会中的文化人和文明人。

一　马克思主义文化观的内容

（一）马克思主义文化观的理论基石

辩证唯物主义和历史唯物主义是马克思主义文化观的理论基石。在唯物史观分析的基础上，马克思恩格斯揭示了自然界、人类社会和人的思维发展规律，并对人类文化的产生和发展进行了有益的探索。

1. 马克思主义文化观的根本属性

实践是辩证唯物主义和历史唯物主义的基础，科学的实践观是马克思主义认识论首要的和基本的观点。马克思主义认为，社会文化是人的精神生产和人类社会实践活动的历史产物。在《关于费尔巴哈的提纲》中明确指出，人类全部社会生活的本质是实践。因而，人类社会的文化的本质也必然是实践。

马克思主义文化观是唯物主义的文化观。马克思恩格斯在批判黑格尔和费尔巴哈唯心主义文化观的基础上，将人类思想文化的生产放置于社会实践中加以考察，强调“思想、观念、意识的生产最初是直接与人们的物质活动，与人们的物质交往，与现实生活的语言交织在一起的。人们的想象、思维、精神交往在这里还是人们物质行动的直接产物”①。所谓“物质交往”、“物质行动”就是指现实生活中具体的社会实践形式，而作为具体文化表现形态的“想象、观念、思维、精神”等，都是这一系列“物质交往”或“物质行动”等社会实践的产物。马克思在《〈政治经济学批判〉序言》中揭示了生产和发展社会文化的物质源泉，指出，“物质生活的生产方式制约着整个社会生活、政治生活和精神生活的过程。不是人们的意识决定人们的存在，相反，是人们的社会存在决定人们的意识”②。也就是说，在整个人类社会生活实践中，“物质生活的生产”即物质生活实践对精神文化的生产和发展具有决定性的意义和作用。社会文化并不是无根的浮萍，其生产必须依附于社会物质生活实践，根植于人们的物质生活、

---

① 《马克思恩格斯选集》第 1 卷，人民出版社 1995 年版，第 72 页。

② 《马克思恩格斯选集》第 2 卷，人民出版社 1995 年版，第 32 页。

扎根于人们的社会实践，并随着人们的生活条件、社会关系和社会存在的改变而改变。

在马克思主义文化观看来，尽管社会文化具有多种形态，但就其实质而言，它是人类社会实践活动的产物，是通过人类的社会生活和社会交往，而被社会化和客观化的精神产品。文化的生产源自社会实践，文化的发展也依赖于社会实践，人类的实践活动内在地包含着对社会精神特质和文化属性的确认。我们唯有站在客观社会现实的基础上，从社会物质实践出发来阐释精神文化的形成，才能真正明确马克思主义文化观的实践根源。因此，马克思主义文化观的建立和发展，都必须以实践为基础，社会实践是文化发展得以获得生命力的唯一源泉，实践属性是马克思主义文化观的根本属性。

2. 马克思主义文化观的精神实质

批判精神一直是马克思主义理论的特性，同样，批判精神也是在马克思主义文化观所特有的精神，这种批判精神从马克思恩格斯对以往和当时社会意识形态虚假性的揭露中展现出来。

马克思恩格斯从意识形态的视角对欧洲封建社会的宗教文化进行了无情的批判。马克思说，“废除作为人民的虚幻幸福的宗教，就是要求人民的现实幸福”①。恩格斯则认为，一切宗教及其文化只是外部力量在人们头脑中的虚幻反映而已，这就从宗教产生的根源对宗教及其文化的剥削实质进行了揭示。此后，马克思恩格斯在资本主义生产关系确立后，进一步指出了封建社会的宗教及其文化作为一种普遍存在的社会意识形式，已经成为社会发展和进步的桎梏。在宗教的掩盖之下，封建文化登上了统治阶级思想的殿堂，成为封建统治者剥削和压迫人民的“帮凶”。与此同时，马克思还特别指出，宗教文化不会主动揭掉自己的“神秘面纱”，除非在“自由人的联合体”的条件下，文化作为人自身成长发展的内在需要时，人们才会追求文化的自觉。

马克思恩格斯批判了资本主义文化的局限性和虚假性。马克思主

① 《马克思恩格斯选集》第 1 卷，人民出版社 1995 年版，第 2 页。

义文化观是一种理性的文化观，马克思主义对资产阶级文化的批判也是一种理性的批判。正如列宁所说，马克思主义文化观“并没有抛弃资产阶级时代最宝贵的成就，相反却吸收和改造了两千多年来人类思想和文化发展中一切有价值的东西”①。在这里，一方面，马克思恩格斯充分肯定了资产阶级文化在追求自由、平等、民主、人权、法治等方面所做的历史性贡献，认为资产阶级文化使未开化和半开化的国家从属于文明的国家，把一切民族甚至最野蛮的民族都卷到文明中来了。与封建主义文化相比较而言，资产阶级文化在人类社会发展进程中，确实为人类文明的发展提供了一定的动力支撑。另一方面，马克思恩格斯还对资产阶级文化的产生根源、价值理念和教育目的作出了合理性的批判。他们认为，资本主义社会的思想文化是服务于资本家榨取剩余价值和满足人民物质欲望的工具，“金钱崇拜”是其核心价值观，人与人之间除了赤裸裸的金钱交换关系，不可能真正确立任何其他真实的关系。马克思在《德意志意识形态》中指出，资本家总是想尽一切办法“为自己造出关于自己本身、关于自己是何物或应当成为何物的种种虚假观念”②，并试图用这些“虚假观念”迷惑人民、欺骗群众，进而达到榨取剩余价值、实现利润最大化、巩固资产阶级统治地位的目的。

3. 马克思主义文化观的显著特征

马克思主义文化观的显著特征是发展。作为社会实践的产物，文化的产生和发展总是要受到一定时代和一定社会规律的制约。正如马克思所说：“宗教、家庭、国家、法、道德、科学、艺术等等，都不过是生产的一些特殊的方式，并且受生产的普遍规律的支配。”③ 由此可见，精神文化的生产受制于社会生产规律的支配，“法、道德、科学、艺术”等具体文化的生产只有合乎生产的一般规律，才能得以延续和发展。所以说，马克思主义文化观也重视精神生产自身的独特规律。

---

① 《列宁选集》第4卷，人民出版社1995年版，第299页。

② 《马克思恩格斯文集》第1卷，人民出版社2009年版，第599页。

③ 《马克思恩格斯全集》第42卷，人民出版社1979年版，第121页。

马克思运用唯物史观，从精神文化生产自身的独特规律出发，阐释了文化生产和社会经济之间的关系，为社会文化的发展指明了方向。马克思强调，文化与经济联系密切，文化的产生和发展与其说是受社会生产一般规律的支配，不如说是受社会经济具体条件的支配。另外，马克思还认为，文化生产的全过程是受社会经济方面统领的，文化生产反过来也会对社会经济基础产生能动的反作用。一方面，社会经济对精神文化的生产和发展具有决定性意义，精神文化的生产会随着经济基础的变更而或快或慢地发生变化。生产力的极大发展与社会经济的繁荣进步，必定会使人们的个性得到充分张扬，自由得到充分享用，发展得到充分保障，人们对精神文化的自觉追求和创造将会成为必然的趋势，精神文化也必然会全面而丰富。另一方面，精神文化也会对社会经济的发展起重要的反作用，甚至一定社会精神文化的解体足以使整个时代覆灭。所以在马克思恩格斯看来，文化作为生产力的重要因子，在一定程度上也是社会生产力的一种表现形式。随着文化生产力的不断解放和不断提高，整个社会经济必将呈现出全新的发展态势，从而使社会经济的进步繁荣有了动力支撑。可见，文化作为一种生产力和软实力，其凝聚力、渗透力和影响力是我们必须要高度重视的。

（二）马克思主义文化观的政治立场

马克思主义文化观的政治立场与无产阶级及其政党的政治立场高度一致，都是致力于实现以无产阶级为代表的最广大人民群众的根本利益。马克思主义文化观具有明确的阶级属性和人民属性。

1. 马克思主义文化观的阶级属性

在阶级社会里，文化作为阶级社会意识形态的有效载体，具有明显的阶级性，而且这种阶级属性就表明了文化观的政治目的。正如马克思所说："统治阶级的思想在每一时代都是占统治地位的思想。"①无产阶级的思想文化不同于资产阶级的思想文化，它是在无产阶级运动中产生和发展起来的思想文化。因此，运用科学的阶级分析方法来

① 《马克思恩格斯文集》第1卷，人民出版社2009年版，第550页。

考量无产阶级的思想文化，体现无产阶级思想文化的政治目的，即马克思主义文化观的阶级属性。诞生于19世纪中叶的马克思主义，其思想文化理论必然是无产阶级统治思想的有机组成部分，带有鲜明的无产阶级性质。马克思主义文化观是为无产阶级革命和广大人民群众服务的，这也是其鲜明的政治目的。

马克思恩格斯认为，资产阶级总是将自己的思想文化描绘成唯一合乎理性的、有普遍意义的人类文化，而且试图以此来模糊和掩盖其剥削人民、敲诈剩余价值的本质。但是，无产阶级这敢于公开袒露自己的思想文化是一种能够帮助人民获得解放和自由，并且能够指导无产阶级革命和社会主义建设不断取得胜利的"批判的武器"。马克思主义文化观，虽然产生于资本主义社会上升时期，但他对资产阶级所固有的剥削本质和资本主义社会难以根除的阶级矛盾进行了充分的研究，指出了资产阶级思想文化的自身价值日益被商品化和被"异化"，逐步沦为物质生产的附庸和满足资本家物欲的工具。在此基础上，马克思恩格斯明确阐明了无产阶级文化的政治目的，就是通过无产阶级思想文化来武装广大工人阶级和农民阶级，为无产阶级革命和社会主义运动提供精神动力。

马克思主义文化观，作为无产阶级思想文化建设与发展的重要指导思想，不仅能够主动划清与资本主义文化观的界限，还能够自觉揭露资产阶级思想文化的虚伪性和腐朽性，在文化层面上，向人们透视出无产阶级革命及社会主义建设的性质和目的，因而具有鲜明的阶级属性。

2. 马克思主义文化观的人民属性

人民群众是社会物质财富和精神财富的创造者，这是马克思主义唯物史观的明确观点。马克思主义文化观强调，无产阶级思想文化的价值最终只能体现在人民群众的身上，无产阶级思想文化理所当然地应当把最广大的人民群众视为其所服务的对象，把实现人民群众的根本利益作为奋斗的目标。

由此，马克思恩格斯进一步发展了无产阶级思想文化的精神实质，指出无产阶级文化是为自身的解放乃至全人类的解放服务的。所以，马克思恩格斯一方面认为，无产阶级文化在实现人类解放的过程中具有强大的凝聚力，能够团结一切可以团结的力量，为推动无产阶级革命和社会主义运动事业发挥作用；另一方面还强调，无产阶级在推翻资产阶级统治、建立无产阶级政权的过程中，以及获得政权后的社会实践中，都应该将最广大的人民群众作为自己的服务对象，其一切思想文化的宣传和教育，都应该围绕团结和发动人民群众的力量来开展无产阶级革命、进行社会主义建设和实现全人类的解放这些永恒的主题来进行。列宁、毛泽东等都始终站在无产阶级文化建设的人民群众立场，坚持文化为人民服务的方向，这也正是马克思主义文化观同其他一切非马克思主义文化观的根本区别。

确立为人民服务的文化理念，将实现人民群众的根本利益作为无产阶级文化建设和发展的出发点和落脚点，在文化层面反映并确证了马克思主义文化观的人民属性。

（三）马克思主义文化观的价值目标

马克思主义认为，文化是人类自身获得自由和取得进步的重要标志，也是促进人自由而全面发展的重要力量。马克思恩格斯以“文化人”的身份，揭示和批判了资本主义社会人的异化现象，从价值目标的角度表达了对人主体地位的尊重、人自身价值的肯定以及人自由而全面发展的关切。

1. 马克思主义文化观价值目标的起点

马克思主义认为，人类社会的全部历史就是一部通过劳动创造人类的文化史，也是一部人类不断追求自身解放和自由发展的文明史。马克思主义的价值目标就是追求人的解放和全面发展，所以说，马克思主义文化观价值目标的起点就是通过文化的解放来谋求人的解放。

从人类历史发展历程的视角，马克思将人类社会的发展分为三个阶段，即“人的依赖、物的依赖和自由而全面发展”这三个阶段。在人的依赖、物的依赖这两个阶段，人既没有独立性，也没有“真正的个性”。因为人在原始社会中受神秘力量的控制和支配，所以人的个性也被这种神秘的力量控制。到了资本主义社会，马克思试图在经济社会发展和政治解放的互动中，寻找以文化的解放来实现人类最终解

放的捷径。所以，在马克思主义文化观看来，资产阶级创造的工业文明，使人们的个性得以张扬；但是，资本主义社会的一切文化生产都服务于资本的增值和资本的积累。在资本主义社会，劳动已经不是人的第一需要，而是成为统治人的一种异己的力量，从而严重阻碍人的自由个性的发展。因此，在资本主义社会，人的解放成为一种奢望。只有到了自由而全面发展阶段，人的发展才能摆脱对“物的依赖”，进而进入自由而全面发展的自由个性阶段。

2. 马克思主义文化观价值目标的过渡点

马克思主义认为，人创造文化，文化也塑造人本身。文化作为一种改造和变革社会的力量，其不但具有塑造人、完善人的功能，而且通过营造良好的文化氛围或文化环境，进而实现人自由而全面的发展。因此，通过营造良好的文化氛围来促进人的素养的提升是马克思主义文化观价值目标的一个重要过渡点。

马克思在对资产阶级思想文化弊端剖析的基础之上，梳理了文化的本质与人的自由全面发展的关系。马克思认为，人的品行的塑造、人的人格的完善是文化的价值意义和目的所在。因此在马克思看来，文化塑造人的过程就是不断“培养社会的人的一切属性，并且把他作为具有尽可能丰富的属性和联系的人，因而具有尽可能广泛需要的人生产出来——把他作为尽可能完整的和全面的社会产品生产出来”①。在此，马克思明确阐明，无产阶级性质的精神文化具有培育人和塑造人的功能。

从社会历史进程来看，马克思主义认为，文化的繁荣和进步是人类社会发展程度的一个重要标志和准绳。马克思曾经指出，社会的生产发展繁衍出相应的精神文化，而精神文化的发展也造就着同时期的人，使同时期的每个人能够继承和延续人类所创造的一切文明成果，并运用这些成果来武装头脑、塑造自我，进而反过来不断推动社会的生产发展。所以，马克思非常重视思想文化对人的塑造功能，认为先进的思想文化是解放人和发展人的强大“精神武器”，即“光是思想

① 《马克思恩格斯文集》第8卷，人民出版社2009年版，第90页。

力求成为现实是不够的，现实本身应当力求趋向思想”①。

由此可见，马克思主义文化观“批判的武器”与“武器的批判”相结合是在无产阶级争取自身解放和促进全人类解放的历史过程中实现的。在社会主义建设中，无产阶级的思想文化不但能够塑造人的品行、完善人的品格，而且能够转变为一种物质力量，由这种物质力量推动无产阶级解放乃至全人类的解放，指导无产阶级革命和社会主义运动。

3. 马克思主义文化观价值目标的终极点

从内涵和外延来看，文化解放人和塑造人的目的都是发展人，从这个意义上，马克思主义文化观的终极目标就是以文化的解放人和塑造人来服务于人的自由而全面的发展。

通过对资本主义社会人的自由个性受到资本普遍奴役的现象分析，马克思明确指出，只有到了共产主义社会人的自由而全面的发展才能够得以实现。而共产主义既是一种纯粹的社会制度，也是一种不断改造世界的现实运动。在这个现实运动中，“发展着自己的物质生产和物质交往的人们，在改变自己的这个现实的同时也改变着自己的思维和思维的产物”②。也就是说，无产阶级将根据自身解放和发展的实际以及社会进步的需要，适时地改变自身的“思维和思维的产物”，进而不断创造出符合社会发展规律和人民群众根本利益的无产阶级文化，并通过无产阶级文化促进人的自由全面发展、社会文明的进步和共产主义社会的实现。

马克思强调指出，共产主义文化是使人获得自由和全面发展的一个重要保障，这种文化为人类的全面发展创造条件。它作为一种进步的文化形态，具有资产阶级文化所无法比拟和无法超越的力量。所以无产阶级文化能够使人们在扬弃其他社会形态时整合和凝聚一切文化的力量，以实现人的不断发展，进而为共产主义社会的实现创造有利的文化条件。

---

① 《马克思恩格斯选集》第1卷，人民出版社1995年版，第11页。

② 《马克思恩格斯文集》第1卷，人民出版社2009年版，第525页。

二　马克思恩格斯的文化观

马克思恩格斯在《德意志意识形态》中就提出："思想、观念、意识的生产最初是直接与人们的物质活动，与人们的物质交往，与现实生活的语言交织在一起的。人们的想象、思维、精神交往在这里还是人们物质行动的直接产物。表现在某一民族的政治、法律、道德、宗教、形而上学等的语言中的精神生产也是这样。"① 这里所说的"物质活动"、"物质行动"指的是人类劳动或者说人类的实践活动。"思想、观念、意识的生产"、"精神生产"就是指的文化，文化产生于人们的物质实践活动。恩格斯强调："一个民族或一个时代的一定的经济发展阶段，便构成基础，人们的国家设施、法的观点、艺术以至宗教观念，就是从这个基础上发展起来的。"② 马克思恩格斯科学揭示了文化产生的原因。随着生产力的发展，人们的实践活动也随之发生变化，实践基础上的文化也相应发生了变化。

马克思认为，文化产生于人类的劳动，那么文化的本质可以从对劳动或实践活动的理解着手。马克思在《1844 年经济学哲学手稿》中提出感性的对象性活动是人本身的存在方式，但是在资本主义私有制下出现的异化现象使得人与人本身的存在方式、自由自觉的生命活动即劳动发生异化，于是马克思提出只有对自我异化的积极扬弃才能实现人的自由发展。所以，在实践基础上形成的文化其本质是人追求自由的产物，换句话说，文化对实现人的自由发展具有重要的推动作用。

根据唯物史观关于生产力与生产关系、经济基础与上层建筑的辩证关系，阐明了文化对经济基础的反作用。恩格斯强调："政治、法、哲学、宗教、文学、艺术等等的发展是以经济发展为基础的。但是，它们又都互相作用并对经济基础发生作用。"③ 文化对经济基础的反作用通过不同的文化形式如科学技术、政治制度等转化为强大的精神动

---

① 《马克思恩格斯选集》第 1 卷，人民出版社 1995 年版，第 72 页。
② 《马克思恩格斯选集》第 3 卷，人民出版社 1995 年版，第 776 页。
③ 《马克思恩格斯选集》第 4 卷，人民出版社 1995 年版，第 732 页。

力，从而对社会经济基础的发展产生积极的影响，正如马克思在谈到“人的解放”问题时就明确提出哲学是无产阶级实现人的真正解放的精神武器，“理论一经掌握群众，也会变成物质力量”。①

文化具有鲜明的阶级性。马克思恩格斯在阐述经济基础决定上层建筑这一唯物史观基本原理的时候，提出在阶级社会，每个时代占统治地位的思想都是统治阶级的思想。“占统治地位的思想不过是占统治地位的物质关系在观念上的表现，不过是那些使某一个阶级成为统治阶级的关系在观念上的表现，因而这也是这个阶级的统治的思想。”② 在阶级社会，文化带有鲜明的阶级性，是统治阶级为了维护和巩固统治地位的工具。

文化具有一定的时代性。一定的文化是一定历史条件的产物，恩格斯认为，每一个时代的理论“都是一种历史的产物，它在不同的时代具有不同的形式，并因而具有非常不同的内容”③。文化的形成和发展取决于生产力和生产方式的发展，不同历史时期的生产方式决定了相应的文化特性，不同历史时期的文化必然打上了各自时代的烙印。

文化的产生与发展是一个历史过程，随着社会历史进程的推进，与各种社会形态相对应的文化表现出不一样的内容。根据社会形态的划分，文化大致可以分为原始社会的文化、奴隶社会的文化、封建社会的文化、资本主义社会的文化、共产主义社会的文化。此外，文化的主体——现实的人，在社会中进行各种实践活动必然受到社会的各种制约。社会在历史规律的支配下朝着更高层次发展，同样处于社会中的现实的人也会在历史规律的支配下在历史进程中不断发展。

三　列宁的文化观

列宁十分重视苏联的文化建设，因为列宁科学地分析了文化与经济、政治的关系，清楚地认识到文化对于当时苏联这样一个经济文化落后的国家的重要性，苏联要通过社会主义革命进入社会主义必须重

---

① 《马克思恩格斯选集》第1卷，人民出版社1995年版，第9页。
② 《马克思恩格斯选集》第1卷，人民出版社1995年版，第98页。
③ 《马克思恩格斯选集》第4卷，人民出版社1995年版，第284页。

视文化建设，他在《论合作社》中强调，“要使整个苏维埃建设获得成功，就必须使文化和技术教育进一步上升到更高的阶段”①。这里列宁指出，通过注重文化建设不断提高工人的文化水平从而提高社会生产率，为社会主义国家的建立创造丰富的物质财富和巩固经济基础。列宁将文化建设的地位提升到实现社会主义、共产主义目标的高度。

列宁指出，马克思主义就是吸收和改造了人类所创造的文化中的积极成分，因此发展社会主义文化也应该遵循这一点，“人类在资本主义社会、地主社会和官僚社会压迫下创造出来的全部知识合乎规律的发展”②。所以说，只有彻底了解人类全部发展历史过程中所创造的文化并进行积极改造，才能建设社会主义文化。

列宁提出帝国主义时代“两种民族文化”的观点也强调了文化的阶级性。“每个民族文化，都有一些民主主义的和社会主义的即使是不发达的文化成分，因为每个民族也都有资产阶级的文化（大多数还是黑帮的和教权派的），而且这不仅表现为一些‘成分’，而表现为占统治地位的文化。”③ 对于资产阶级时代创造的文化应该以辩证的态度对待，对资本主义的腐朽的文化要进行批判和坚决抵制，资本主义文化中的积极成分如科学技术应该充分学习和借鉴。

列宁重视普及教育，提高全民文化水平，重视对旧知识分子的引导和改造，加强政治教育，他认为“政治文化、政治教育的目的是培养真正的共产主义者，使他们有本领战胜谎言和偏见，能够帮助劳动群众战胜旧秩序，建设一个没有资本家、没有剥削者、没有地主的国家”④。只有不断对人们进行共产主义思想教育和改造才能抵制资本主义腐朽文化的侵蚀，提高人们的文化水平，巩固无产阶级的专政。

四　毛泽东的文化观

毛泽东高度重视文化对于我们国家和民族的重要作用，在新民主

---

①《列宁全集》第38卷，人民出版社1986年版，第176页。

②《列宁选集》第4卷，人民出版社1995年版，第285页。

③《列宁选集》第2卷，人民出版社1995年版，第336页。

④《列宁选集》第4卷，人民出版社1995年版，第306页。

主义革命时期他就鲜明地指出文化与政治和经济的关系，“一定的文化（当作观念形态的文化）是一定社会的政治和经济的反映，又给予伟大影响和作用于一定社会的政治和经济”①，得出“任何社会没有文化就建设不起来”② 的结论。在新民主主义革命时期提出革命文化对于革命取得胜利发挥了举足轻重的作用，“革命文化，对于人民大众，是革命的有力武器。革命文化，在革命前，是革命的思想准备；在革命中，是革命总战线中的一条必要和重要的战线”③。随着新民主主义革命的胜利，毛泽东及时提出“随着经济建设的高潮的到来，不可避免地将要出现一个文化建设的高潮。中国人被认为不文明的时代已经过去了，我们将以一个具有高度文化的民族出现于世界”④。在社会主义建设时期，讨论《论十大关系》的时候毛泽东又提出“百花齐放，百家争鸣”的方针。从上述关于文化建设重要性的深刻论述中可以看出，毛泽东无论在革命时期还是在社会主义建设时期都意识到文化问题会对社会发展产生深远的影响，始终把文化建设作为国家建设的重要组成部分。

毛泽东在《新民主主义论》中系统阐述了新民主主义文化，他把新民主主义文化概括为无产阶级领导的“民族的科学的大众的文化，就是人民大众反帝反封建的文化，就是新民主主义的文化，就是中华民族的新文化”⑤。这也是毛泽东文化观的核心内容。这里毛泽东强调了新民主主义文化与旧民主主义文化的最大区别在于“无产阶级领导”，新民主主义文化是以无产阶级思想，也就是共产主义思想为指导思想的。

首先，新民主主义文化是民族的。从内容上是反对帝国主义压迫，主张中华民族的尊严与独立；从形式上是具有鲜明的民族风格和形式特色。这里毛泽东还提出正确对待外来文化的态度，对于外国的

① 《毛泽东选集》第 2 卷，人民出版社 1991 年版，第 663—664 页。
② 《毛泽东文集》第 3 卷，人民出版社 1996 年版，第 110 页。
③ 《毛泽东选集》第 2 卷，人民出版社 1991 年版，第 708 页。
④ 《毛泽东文集》第 5 卷，人民出版社 1996 年版，第 345 页。
⑤ 《毛泽东选集》第 2 卷，人民出版社 1991 年版，第 708—709 页。

进步的先进文化要进行吸收，但是吸收应该是取其精华、去其糟粕，批判地吸收，反对民族虚无主义。

其次，新民主主义文化是科学的。这一点强调的是文化的内容，反对一切封建迷信思想，主张实事求是、尊重客观真理，理论与实践的统一。这里毛泽东明确阐明正确对待中国传统文化的态度，对于中国传统文化要批判地继承：吸收其中的精华，如民主主义、爱国主义，剔除其中的糟粕；同时要尊重中国的历史，以科学态度对待历史发展过程，反对历史虚无主义。

最后，新民主主义文化是大众的。这一点强调的是文化的人民性方向，“这种新民主主义的文化是大众的，因而即是民主的。它应为全民族中百分之九十以上的工农劳苦民众服务，并逐渐成为他们的文化”①。毛泽东强调，新的文化工作是要为最广大的人民群众服务，所以“我们的文化是人民的文化，文化工作者必须有为人民服务的高度的热忱，必须联系群众，而不能脱离群众”②。

新中国成立后在探索社会主义建设过程中，毛泽东提出把我国建设成现代农业、现代工业和现代科学文化的社会主义国家，这表明毛泽东将“文化现代化”纳入社会主义现代化过程中。为了更好地开展文化工作，毛泽东提出了文化建设实践过程应该遵循的方针。

一是“古为今用，洋为中用”。这是关于正确对待古今中外文化之间的关系，对于古今中外文化采取取其精华、去其糟粕、推陈出新、革故鼎新的做法。二是“百花齐放，百家争鸣”。这其实是承认社会主义文化的多样性，毛泽东强调，这是开展文艺工作的一个基本性和长期性的指导方针。

总之，毛泽东的文化观贯穿于毛泽东参与中国革命和建设的全过程，始终坚持马克思主义辩证唯物主义和历史唯物主义，结合中国革命、中国社会主义建设实践提出了许多创造性的文化思想。

---

① 《毛泽东选集》第2卷，人民出版社1991年版，第708页。

② 《毛泽东选集》第3卷，人民出版社1991年版，第1012页。

五　中国特色社会主义文化

改革开放以来，我国一直非常重视文化建设，并且在实践中取得了许多成就，形成了一系列具有中国特色的社会主义理论，邓小平提出了社会主义精神文明建设思想，江泽民提出了社会主义文化建设要坚持先进文化的前进方向，胡锦涛提出社会主义和谐文化思想和网络文化这个新课题，党的十八大以来习近平总书记提出坚定文化自信、建设社会主义文化强国。

（一）邓小平创新发展社会主义精神文明建设思想

早在1979年的时候，邓小平就提出在建设高度物质文明的同时要建设高度的精神文明。1980年在《贯彻调整方针，保证安定团结》中他提出“我们要建设的社会主义国家，不但要有高度的物质文明，而且要有高度的精神文明”①。党的十二大将建设社会主义精神文明确定为我国社会主义现代化建设的战略方针，精神文明建设包括文化建设和思想建设两个方面。1992年邓小平在南方谈话中进一步强调物质文明建设和精神文明建设“两手都要抓，两手都要硬”的要求。

关于精神文明，邓小平做了科学的界定，他说：“所谓精神文明，不但是指教育、科学、文化（这是完全必要的），而且是指共产主义的思想、理想、信念、道德、纪律，革命的立场和原则，人与人的同志式关系，等等。”② 这明确了精神文明的内容，这里强调了要坚持共产主义作为思想指导。1986年，党的十二届六中全会通过的《关于社会主义精神文明建设指导方针的决议》对社会主义精神文明的根本性质、根本任务和主要内容作了明确规定。社会主义精神文明建设是以马克思主义为指导、坚持四项基本原则、为推进改革开放和社会主义现代化建设服务的；根本任务是培育有理想、有道德、有文化、有纪律的“四有”社会主义公民；主要内容包括思想道德建设和教育科学文化建设两个方面。之后又把爱国主义教育补充列为精神文明建设

---

① 《邓小平文选》第2卷，人民出版社1994年版，第367页。

② 《邓小平文选》第2卷，人民出版社1994年版，第367页。

的重要内容之一。

（二）江泽民提出和发展了社会主义先进文化理论

2000年江泽民在广东考察时提出著名的“三个代表”重要思想，其中强调党要始终代表先进文化的前进方向。他指出：“在当代中国，发展先进文化，就是发展有中国特色社会主义的文化，就是建设社会主义精神文明。”① 中共十六大报告中对“发展先进文化”的内容作出明确规定：“在当代中国，发展先进文化，就是发展面向现代化、面向世界、面向未来的，民族的科学的大众的社会主义文化，以不断丰富人们的精神世界，增强人们的精神力量。”② 江泽民提出，社会主义先进文化是凝聚和激励全国各族人民的重要力量，是综合国力的重要标志，因此社会主义精神文明建设要坚持先进文化的前进方向。江泽民在明确先进文化内容的基础上进一步为发展社会主义先进文化作出了规定，他指出，发展社会主义先进文化必须坚持以马克思列宁主义、毛泽东思想、邓小平理论为指导思想，用“三个代表”重要思想统领社会主义文化建设。坚持为人民服务、为社会主义服务的方向和“百花齐放，百家争鸣”的方针，弘扬主旋律，提倡多样化。大力发展先进文化，支持健康有益文化，努力改造落后文化，坚决抵制腐朽文化。

（三）胡锦涛提出和发展了社会主义和谐文化与网络文化

面对新的发展局面，胡锦涛结合我国发展实践创造性地提出建设社会主义和谐文化的思想。“建设社会主义和谐文化”第一次是在2006年胡锦涛考察云南时提出的，“要树立共同理想、打牢共同思想基础、弘扬民族精神、开展道德建设，特别是要宣传和树立以‘八荣八耻’为主要内容的社会主义荣辱观，促进和谐文化建设，为构建社会主义和谐社会提供强大的思想道德力量”③。这里深刻说明了建设社会主义和谐文化的重要意义。党的十六届六中全会通过的《中共中央关于构建社会主义和谐社会若干重大问题的决定》中首次明确把建设

① 《江泽民文选》第3卷，人民出版社2006年版，第276页。

② 《江泽民文选》第3卷，人民出版社2006年版，第559页。

③ 胡锦涛：《在云南考察时的重要讲话》，《人民日报》2005年5月15日。

和谐文化作为构建社会主义和谐社会的重要任务，并初步指出如何建设和谐文化，“社会主义核心价值体系是建设和谐文化的根本”①。2006 年 12 月在全国宣传部长会议上，胡锦涛进一步发展和完善了和谐文化思想。“马克思主义指导思想是社会主义核心价值体系的旗帜和灵魂，决定着和谐文化建设的性质和方向。中国特色社会主义共同理想是社会主义核心价值体系的主题，是和谐文化建设的根本任务。民族精神和时代精神是社会主义核心价值体系的精髓，是和谐文化建设的主旋律；社会主义荣辱观是社会主义核心价值体系的基础，也是和谐文化建设的基本任务。”从这里可以看出，和谐文化建设是以社会主义核心价值体系为基础的。

随着互联网的兴盛，网络成为文化的新阵地，重视网络文化应运而生。胡锦涛在 2007 年第 38 次集体学习时就强调我国要加强网络文化建设与管理，“要提高网络文化产品和服务的供给能力，提高网络文化产业的规模化、专业化水平”②。网络文化可以从我国博大精深的优秀传统文化中挖掘资源，形成具有中国特色的网络文化，以达到增强人们的精神力量的作用。网络文化建设是社会主义文化建设的重要且迫切的任务，必须在准确把握时代趋势的基础上进行积极开发、科学管理。

（四）党的十八大以来习近平提出文化自信和建设社会主义文化强国

党的十八大以来，习近平总书记从实现中华民族伟大复兴的战略高度，在继承和发展了马克思主义文化观的基础上提出了一系列关于中国特色社会主义文化建设的新思想。

习近平强调文化自信，他坚持把文化自信与道路自信、理论自信和制度自信结合起来，并且提出“坚定中国特色社会主义道路自信、理论自信、制度自信，说到底就是坚定文化自信。文化自信是更基

① 胡锦涛：《在十六届六中全会上的重要讲话》，《人民日报》2006 年 10 月 8 日。

② 胡锦涛：《在十六届中共中央政治局第 38 次集体学习时的讲话》，《人民日报》2007 年 1 月 25 日。

础、更广泛、更深厚的力量”①。这就说明了文化自信对于一个民族和国家具有非常重要的意义。文化自信的来源包括中华优秀传统文化、中国共产党创造的革命文化以及社会主义先进文化。这就为坚定文化自信指明了方向，为发展中国特色社会主义文化，建设社会主义文化强国指明了发展方向——弘扬中华传统优秀文化、继承革命文化以及发展社会主义先进文化。中共十九大报告提出了建设社会主义文化强国战略，“要坚持中国特色社会主义文化发展道路，激发全民族文化创新创造活力，建设社会主义文化强国”②。这一文化战略内涵丰富，包括了文化建设的发展方向、发展动力和发展目的。我国仍然处于社会主义初级阶段，所以这个最大的国情决定了我国文化建设发展方向是中国特色社会主义文化。坚持以人民为中心的理念，依靠人民群众的创新创造是文化建设的发展动力。满足人民群众对美好生活向往的需求（精神需求），建设社会主义文化强国是文化建设的目的。

第二节　中国传统文化的特征及其结构

中国传统文化，是通过不同的文化形态来表示的各种民族文明、风俗、精神的总称。中华民族拥有五千多年的历史，中国传统文化源远流长，有着十分深厚的历史底蕴，中国传统文化博大精深，有着丰富多彩的形式和深刻的内涵，对中国的政治制度、社会治理、人们的生产生活方式以及人生观和价值观等多方面都产生了深远的影响。

一　中国传统文化的内涵及类型

1. 中国传统文化的内涵

学术界对传统文化有多种界定，从精神文化的视角来看，中国传

① 习近平：《哲学社会科学工作座谈会》，2016 年 5 月 17 日（http：//www. xinhuanet. com/politics/2016 -05/18/c_ 1118891128. htm）。

② 习近平：《决胜全面建成小康社会 夺取新时代中国特色社会主义伟大胜利——在中国共产党第十九次全国代表大会上的报告》，人民出版社 2017 年版，第 41 页。

统文化就是各种精神文化形式的总和，且这种精神文化产生于过去，有一些对现在的社会生活仍然发生影响、作用，并且对未来的社会生活也会产生影响和作用。

随着时间的流逝，传统文化会在成分和结构上不断地发生变化，呈现出不断增加的趋势，对现存的社会生产、生活发生影响和作用。传统文化在融入现代文化的过程中，成为现代文化的一部分，而现代文化对未来社会生产、生活发生影响和作用的部分融入未来的文化结构中，成为未来文化的一部分。

从时间空间视角看，中国传统文化即是由中华民族创造、继承和发展，在中国范围内产生、生长，从古代延续到现代的文化所构成的文化整体。在时间上连续、在空间上延伸的中国传统文化是一个融时空规定于一体的概念，从时间上看，它开始于中华民族创造文化之时，是一种由古代延续到现代的文化；从空间上看，它是根植于中国的文化。

2. 中国传统文化的类型

中国传统文化作为内容庞杂的文化总体，根据不同的标准可分为不同的文化类型。从学科界别的视角，传统文化可分为传统的哲学、传统文学艺术、传统宗教、传统科学技术等；从传统学派的视角，传统文化可分为儒家文化、道家文化、墨家文化、佛家文化等；从文化地位的视角，传统文化可分为主流文化和非主流文化或显性文化和隐性文化；从文化与阶层关系的视角，传统文化分为雅文化和俗文化或精英文化和大众文化；从人生与文化的关系视角，传统文化可分为山林文化和庙堂文化；从文化主体的视角，传统文化可分为本土文化和外来文化、汉族文化和少数民族文化等。

二 中国传统文化的特征

中国传统文化无论是从时间跨度上还是从构成的成分上看，其复杂性都是不容置疑的。由于中国传统文化学派林立、范围宽广、内涵丰富，因此，中国传统文化的理论特征难以概括。而从整体的文化品质和作用上来看，中国传统文化具有以下双重特征。

从人与自然的关系上看，中国传统文化中，“天人合一”与“人定胜天”是辩证统一的。即中国传统文化既十分强调人对自然的了解与尊重，又强调人与自然的协调与平衡。道家创始人老子早在两千多年前就提出“人法地，地法天。天法道，道法自然”的理论；庄子则提出了“太和万物”的命题。儒家学派代表人物荀子从人对自然的驾驭和改造的视角主张，应该利用“自然”、征服自然，强调“制天命而用之”。

从人与人、人与社会的关系上看，中国传统文化既主张“贵和”、“持中”，又强调“差别”、“等级”。贵和即万物平和、和解。强调人与人之间、人与社会之间和谐。《国语》云：“和实生物，同则不继。以他平他为之和，故能丰长而物归之。”《左传》也说，“和如羹焉”。孔子说：“君子和而不同，小人同而不和”，“礼之用，和为贵”。儒家经典《中庸》说：“中者天下之本也，和者天下之达道也。致中和，夫地位焉，万物育焉。”以此为前提，孔子提出了“仁者爱人”的“仁爱”思想，其试图用“爱”来实现人与人、人与社会的“和”。墨子则提出了“以兼相爱，交相利之法易之”的“兼爱”思想，试图通过“和”和“爱”来实现人与人、人与社会的和谐共处，进而达济天下。除此，中国传统文化又非常重视人与人之间的等级差别，如“君君、臣臣、父父、子子”，这种等级意识和差别观念在中国传统文化中曾经长期占据主导地位。

从国家治理国家的视角看，中国传统文化既强调“德治”，又注重“法治”。如“德”在中国传统文化中具有至高无上的本体地位。整顿伦理纲常、制定伦理规范、赋予“礼崩乐坏”的社会以一定的道德秩序，是儒家学说的使命。孔子说：“为政以德，譬如北辰，居其所而众星共（拱）之。”“道（导）之以政，齐之以刑，民免而无耻；道（导）之以德，齐之以礼，有耻且格。”（《论语·为政》）也就是说，以德来治国，统治者就会像北斗为众星所拱卫着那样，为民所自愿归顺。用“德”和“礼”来治国，要比用“政”和“刑”来治国更高明、更有效。法家则与儒家不同，其强调用“法”来治理国家。如韩非子就强调“远仁义，去智能，服之以法”。应“重刑而少赏”、

“以刑去刑”、“以刑致刑”。

中国传统文化既重视“守常”，又追求“变易”。中国古老的典籍《周易》中，就是在讲变化、变易、生成过程。中国古代哲学中，“变易”的朴素辩证法思想的产生早于古希腊的朴素辩证法思想，其也达到了人类朴素辩证思想发展的最高峰。变易思想成为中国古代政治变革和社会变革的思想基础，在中国社会发展中起了重要的推动作用。中国封建的传统文化中，虽历来强调“天不变道亦不变”，虽强调恪守先王之道，因袭古制旧礼，在事实上承认变化，但在心理上却因循守旧，乃至形成中国普通百姓追求安逸、闲适的田园牧歌式生活的传统。

从思维方式的视角看，中国传统文化既注重“内省”，又强调“外求”。这就充分展现出思维方式的反向主体内省，向主体内心世界寻求知识，提升主体境界的内倾性的文化趋向。譬如，儒家提倡“君子求诸己”、“三省吾身”；道家主张“心斋”、“坐忘”，中国的佛教也强调“识自本心”。在认识论中，“内省”已经成为一种有效的认识事物的方法；在道德方面，“内省”则成为一种道德修养的方法。然而，中国传统文化也并非一味地追求向内自省，它通常是发之于内，表现于外，体现出注重实践理性的外求精神。孔子提出：“君子耻其言而过其行”（《论语·宪问》），“君子欲讷于言而敏于行”（《论语·里仁》）。这里所谓的“行”主要是强调道德实践，当然它具有一定的局限性。但是，当今国人敢作敢当的实践品格就是这种“经世致用”主张的体现。

第二章

网络先进文化的系统结构

当代中国网络先进文化问题崭新而复杂，一般的分析方法不能说明当代中国网络先进文化的完整性，因此，对当代中国网络先进文化进行理论研究，除了必须以马克思主义文化观为指导，运用辩证唯物主义和历史唯物主义对其进行归纳、分析和总结，有必要贯之系统论的思想，以全新的思维模式和方法对其进行理论探究。当代中国网络先进文化是具有系统特征的文化范畴，满足一般系统论的基本规定，因此，可以用一般系统论的思想对其进行理论研究。

第一节　文化系统的要素及其构成

任何文化都是由系统内部各个要素组成的系统。我们这里对文化系统的分析，主要采用系统论的方法对文化进行解析。首先把文化看成一个整体系统，从整体来把握文化的全貌；其次把文化进行分解，划分文化系统内部的子系统，找出各子系统之间的联系；最后，从文化的整体与外部环境整体的关系进行综合分析，力求达到最佳效果。文化系统可细分成三个子系统，即物质文化系统、制度文化系统和精神文化系统，这三个子系统相互作用，共同影响整个文化的发展。

文化整体系统是由不同的子系统构成，因对文化概念的理解不同，文化子系统数量多少也有所不同。目前，关于文化的定义有两三百种，可谓是“仁者见仁，智者见智”，当然，因为学者们的视角不同，所以才会有对文化定义的不同，因此也必然会关涉到文化子系统定义的不同。有的学者是从广义上把人类在生产活动中创造出来的物质文明和精神文明都称为文化，也有学者从狭义上来定义文化，即文化仅仅指精神文化，还有的学者从文化的功能、内容、作用等各方面给文化以定义。

随着人类社会的实践活动的不断发展而产生的文化，无论从狭义上还是广义上来理解，都必然包括以下三个子系统。

一　文化的物质子系统

文化的物质子系统也称物质文化的子系统，是所有物质资料的总和，这些物质资料是人类改造自然的产物，属于物质实体的层面。“表现为人的物质生产相应的物质创造活动，其目的和结果是获得物质财富，向社会和个人提供人们生活所需要的产品和服务。以物质活动及其结果——产品和服务为载体而表现出来的文化，是物质文化。它是构成整个文化创造的基础。”①

物质文化是指人类创造的包括生产工具和劳动对象以及创造物质产品的技术在内的物质产品。它不是所有物质形态的单纯存在或组合，物质文化一定是人类发明创造的技术和物质产品的显示存在和组合。不同的物质文化状况反映不同的社会经济发展阶段以及人类物质文明的发展水平和状态。

二　文化的精神子系统

作为文化整体系统的精神子系统，它是指文化物质子系统相对应的文化精神层面，思维方式、价值观念、思想观点和科学知识是其构成的必要因素。文化的精神子系统是文化主体的精神家园，文化主体的精神状态、精神生活、精神本质在这一子系统中得以体现。同时，作为社会的精神支柱、社会的精神力量和社会的精神规范，文化的精神子系统又具有价值引导、精神凝聚、民族团结的功能属性。文化的

---

① 杨镜江：《文化学引论》，北京师范大学出版社1992年版，第250页。

精神子系统的社会属性则表现为赋予民族国家以国魂、集体单位以群魂、个体思想以灵魂。文化的精神子系统是人类自身与自身心理的关系而形成的产物，是文化主体的思维活动或精神活动，“目的和结果在于生产和再生产知识、风俗、法律、宗教、艺术、道德等精神价值”①。故而，此处的文化的精神子系统是指专属于精神、思想和观念范畴的文化，它反映一定历史时期这个民族思维的方式、价值的取向、伦理的观念、心理的状态，它是整个民族精神成果的总和。

三　文化的制度子系统

文化通过特定的途径，成为社会成员社会交流及社会传递的纽带。这种特定途径，即文化得以交流和传递的制度文化。因为人与动物的本质区别就在于，人不仅能满足自己的生存需要，还能创造物质财富，创造约束自己又服务自身的社会环境，创造出规范化的人与人、人与社会、人与自然的准则。“它是联结和规范人们社会关系的组织形式、社会价值观、规章制度的这一部分文化的总和。”② 当制度体现为规则时，它反映了文化的价值、文化的精神、文化的理念；而当文化体现为规则时，它采取的形式表现为风俗、习惯或制度。从此种意义上来说，制度是具有文化价值的制度，文化是制度形式的文化表达。

文化的制度子系统，与文化的精神子系统、文化的物质子系统的有机结合，形成文化的整体系统。文化的制度子系统既是文化的精神子系统的产物，又是文化的物质子系统的工具，为人类行为习惯与活动提供制度规则。

文化的制度子系统作为文化的物质子系统和文化的精神子系统的中介，对人们的物质生活和精神生活产生深刻的影响。它一方面能够协调个体、群体及社会的关系，另一方面又发挥着社会凝聚力的显著作用。概括起来，制度文化的内涵特点主要体现为以下几个方面：一是它的内涵包括各种成文的和习惯的行为模式与行为规范；二是制度

① 杨镜江：《文化学引论》，北京师范大学出版社 1992 年版，第 252 页。

② 杨镜江：《文化学引论》，北京师范大学出版社 1992 年版，第 250 页。

文化凝聚着社会主体的政治智慧，这种政治智慧通过人类的实践活动而成为人类群体的政治成就；三是制度文化是一套传统观念，也是文化的一种子系统；四是制度文化因地域、民族、历史、风俗的不同而表现为多样性的特征。

以上制度文化子系统的特点表明，制度文化是一个运动、变化的过程。制度文化与物质文化、精神文化的关系是相辅相成的关系。一方面，人类行为的习惯和规范是由制度文化构成的；另一方面，人类的物质文化与精神文化的变迁也受制于制度文化。因此，文化的变迁在一定程度上体现为制度文化的变迁，只有把握制度或者制度文化的变迁才能具体地理解和把握文化的变迁，也只有制度文化才能够成为观察和理解人类活动的钥匙或模式。因此，文化的发展首要的是制度文化的发展。文化发展史即审视社会现实、观察人类发展的社会历史。

制度文化是由基本层面、高级层面和机制层面构成的。其中，文化主体的传统、习惯、经验与知识积累形成制度文化的基本层面，这个自生、自发的规范层面反映着文化主体的价值理念、道德素养、风俗习惯。高级层面是由理性设计和建构的，它是人类有目的的理性设计制度，反映着一个国家、一个社会的政治、经济、社会、文化的样态。制度文化功能实现的关键在于其基本层面与高级层面的统一和协调。

文化整体系统不仅包含人的心理精神活动，而且包含人类的全部活动。良性有效的文化整体需要制度文化的维系，文化整体系统的维系需要一定的规则和稳定的秩序。所以，人类的心理精神活动需要一个用以保证和维系精神文化生存的环境，而这个环境，就是指设计或建构的规则。制度文化能够反映和维系文化的物质层面、精神层面。

第二节　当代中国网络先进文化系统的构成要素

正如生产力系统是一个多要素的复合系统，绝非简单的“三要

素”构成，当代中国网络先进文化也是一个具有多个构成要素的系统。马克思主义唯物辩证法要求我们，认识事物要抓矛盾的主要方面。因此，本书从文化人、网络文化载体和网络文化信息三个主要方面研究当代中国网络先进文化的构成，但绝非认为构成当代中国网络先进文化的就只有这三个要素。当代中国网络先进文化是一个开放的、兼容的和动态的系统，对当代中国网络先进文化系统构成要素的研究也要经历由浅入深、由简单到复杂的认识过程。

一　文化人

“人是全部人类活动和全部人类关系的本质、基础。”① 人是文化的创造者、承载者、生成者和享用者，离开人的实践活动谈当代中国网络先进文化，显然是荒谬至极的。但是，当代中国网络先进文化作为一种新的文化生产范式，其生产主体并不是普通的劳动者。它的生产主体不仅需要具备一定的学识、专业技能，还需要有一定水平的政治觉悟；不仅要有能力进行网络先进文化的创造，还要担负起网络先进文化的传播和推广。因此，从广义上而言，文化人是当代中国网络先进文化的主体，是构成当代中国网络先进文化的要素之一。从狭义上而言，构成当代中国网络先进文化主体的文化人有以下几个方面的特征。

第一，坚持社会主义核心价值观。

如前所述，社会主义的先进文化是当代中国网络先进文化的根本源泉，社会主义核心价值观是当代中国网络先进文化的生命之魂。当代中国网络先进文化是社会主义先进文化在网络时代的新发展，当代中国网络先进文化的先进性决定了当代中国网络先进文化的创造者必须坚持社会主义核心价值观，并以社会主义核心价值观为指导。

价值观对个人实践活动具有巨大的影响。主体坚持什么样的价值观，将直接影响到其行为选择；主体的行为选择也能反映出其坚持的价值取向。当代中国网络先进文化是以马克思主义、毛泽东思想和新

---

① 《马克思恩格斯全集》第 2 卷，人民出版社 1957 年版，第 118 页。

时代中国特色社会主义理论为指导，以社会主义核心价值观为生命之魂。当代中国网络先进文化的创造主体只有坚持社会主义核心价值体系，才能创造出统一价值取向的文化形态，才能推动网络先进文化之“力”的释放。

第二，具有一定计算机基础。

当代中国网络先进文化不同于一般的文化，它是承载着网络时代最前沿、最活跃、最有生命力的文化观念及文化形态，是网络时代的产物。因此，当代中国网络先进文化的创造者，除了具有一般文化创造者具备的基本教育条件外，还必须有一定的计算机基础，具备现代文化人的条件。网络先进文化创造，不是网络与先进文化的简单机械叠加，而是包含了网络文化产业、网络文化产品、网络文化法律制度等各个方面的综合体。它不仅需要有一般的教育基础，还需要有一定的计算机基础为支撑，统筹整个网络先进文化系统。因此，构成当代中国网络先进文化主体的文化人必须是具有一定计算机基础的现代文化人。

第三，具备网络文化艺术创造、研究与传播能力。

网络先进文化是文化艺术与技术的时代结合，把先进文化思想与网络结合，用先进文化占领网络文化阵地，使网络成为社会主义先进文化传播的平台，成为思想道德建设高地，这就要求网络先进文化创造者必须具备一定的网络文化研究能力。把现实生活中的先进理念赋予数字化，转化成生动形象的图片、文字、视频等，以广大人民群众喜闻乐见的方式推广、传播，要求网络先进文化创造者具备网络文化艺术创造能力及网络软件开发能力。

需要说明的是，以上几点仅是构成当代中国网络先进文化系统的要素之一——文化人的显性特征，并不是这个概念下文化人的必要条件。作为网络先进文化主体的文化人，其特征具有相对性，它会随着时代的发展而不断变化。

二　网络文化载体

网络是承载网络先进文化的“物质”形体，是网络先进文化生成

的平台，是网络先进文化传播的工具。没有网络就没有网络文化，更谈不上网络先进文化。网络是网络先进文化必不可少的场域，是先进文化可以称为网络先进文化而非其他文化的所在。因此，网络是当代中国网络先进文化的文化载体，是构成当代中国网络先进文化的要素。

网络自身高度的交互性、灵活性、大众性以及传播速度的即时性和传播手段的兼容性，使网络先进文化的推广和传播，以及网络先进文化得以释放成为可能。网络为先进文化的创造提供了开放、便捷的平台，人民群众可以通过网络以匿名的方式畅所欲言，反映他们的文化需求；文化人根据人民群众的文化需求，通过网络技术把先进文化以人民群众喜闻乐见的方式加以创作，利用网络传输工具传输给人民群众；文化人通过完善各种网络法律法规以及从技术上支持网络软件的开发和维护，净化网络先进文化的内外环境，给人民群众提供良好的网络文化学习、娱乐空间。网络承载、传导网络先进文化的理念，以其独特的优势在人民群众中发挥其教育、影响作用，释放网络先进文化的功能。

文化的先进与否，必须放在特定的时代背景下加以评判。而一个时代的先进文化，总是体现这个时代的发展理念，并与时代特征相互辉映。信息资源的数字化是网络时代的标志，文化的发展脱离数字化，就是与时代背道而驰，必然称不上时代的先进文化。当代中国网络先进文化首先是网络时代的先进文化，它必然是融入了时代最前沿高科技的文化，是数字化了的文化。当代中国网络先进文化是以先进文化引导、规范了的网络文化，是传统文化中的精华经过数字化转变取代网络文化中的糟粕的文化。当代中国网络先进文化是体现网络对先进文化巨大贡献作用的文化，是发挥网络在先进文化传播、普及中超乎寻常的优越性的文化。无论从哪个方面而言，当代中国网络先进文化都离不开网络这个独特的载体。

三　网络文化信息

网络文化信息是文化人以网络为载体进行搜集、处理、存储、传输及发布的文化资源。网络文化信息是文化人进行网络先进文化创造的对象，是当代中国网络先进文化系统必不可少的要素之一。

网络文化信息是整个文化资源的动态反映，它不仅包括一些基础学科的文化，还包括涉及这些学科研究与应用的法律法规制度、决策信息等，是现实世界的文化资源经过数字化加工后以网络的形式存储于网络空间，是科技文化与人文文化的结合。网络文化信息的信息量庞大，内容广泛且内容更新快，具有较强的可视化，具有开放性、交互性、虚拟性、及时性、即时性和动态性等特征。

当代中国网络先进文化的信息源自网络文化信息。当代中国的网络先进文化建设，就是对网络文化信息的整合和管理，整合分散的、杂乱的网络文化资源使之有序，管理网络文化信息的存储和发布，屏蔽不良网络文化资源在网络空间的传播，使网络文化在相关文化制度的约束下有序发展，以推动网络文化的积极影响力。当代中国网络先进文化系统中，网络文化信息是文化人进行实践活动的对象，是网络文化载体承载的对象。

第三节　当代中国网络先进文化系统的结构

从一般系统论关于系统结构的概念出发，系统结构是指“元素之间一切联系方式的总和”①。由是观之，系统元素之间的联系方式是系统结构研究的问题之一。元素之间的联系方式不同，则直接影响到系统功能的实现效果及系统的优化程度。如前所述，当代中国网络先进文化是一个具有多个构成要素的系统，在众多要素组成的联系的集合中，穷尽所有要素之间的联系是不现实的，且有些要素之间的联系并不是经常发生的。因此，本书只把那些必然发生的、相对稳定的且有规律可循的联系作为当代中国网络先进文化系统结构的研究范围。当代中国网络先进文化的系统结构，也就是当代中国网络先进文化构成

① 苗东升：《系统科学精要》，中国人民大学出版社 2006 年版，第 22 页。

要素之间相互作用、相互制约、必然发生的相对稳定的关系的总和。

一　当代中国网络先进文化的结构特征

当代中国网络先进文化是一个复杂的系统，系统内部各要素之间并不是简单的机械组合，而是彼此相互作用、相互制约、相互影响、相互依存的。因此，当代中国网络先进文化在结构上具有相对稳定性、多样性、协同性特征。

1. 相对稳定性

当代中国网络先进文化系统要素众多，联系方式不同，且是一个动态的系统。从长期来看，当代中国网络先进文化系统的结构是处在运动变化的过程中，但它并不是总处在剧烈变化之中，它具有相对的稳定性。结构上的相对稳定性是保证当代中国网络先进文化功能实现的前提条件，也是当代中国网络先进文化系统研究的可行性条件。

当代中国网络先进文化结构的相对稳定性，就是网络先进文化三要素——文化人、网络文化载体和网络文化信息三者之间的关系的相对稳定性。当代中国网络先进文化系统结构中，文化人是其主体，虽然随着时代的发展，文化人的内涵会越来越丰富。但是，文化人在网络先进文化系统中的主体地位是始终不变的，没有文化人的推动，当代中国网络先进文化的功能就不能充分发挥出来。同样，网络文化载体以及网络文化信息也会随着科技的日新月异以及社会的革新而不断丰富，不断进行革新。要素内涵的丰富并不影响结构的稳定性，始终是文化人利用网络文化载体，通过对网络文化信息的搜集、处理、储存、传输和发布，优化网络文化环境，整合网络先进文化机制，推动当代中国网络先进文化功能最大化释放。

2. 多样性

当代中国网络先进文化系统结构的多样性是其相对稳定性的条件，要素之间的关系受外界环境的改变而呈现出多样性。网络先进文化要素的联系方式因时间、环境、要素的质和量的差异等会呈现出多样性的联系方式，多样性的联系方式也是推动网络先进文化系统演化的基本动力。

要素的质和量的差异会影响到要素之间的关系。文化人素质的高低会影响网络文化载体的传播效果，也会影响网络文化信息的搜集、处理及整合，要素之间相互作用、相互影响的关系就会有差异。受环境条件的影响，要素之间相互作用的强度和作用方式也会有所不同，使当代中国网络先进文化系统结构呈现多样性特征。

3. 协同性

网络先进文化系统结构的协同性和有序性是系统功能得以实现的保障，也是系统优化的保障。当代中国网络先进文化建设，归根到底是整合网络文化中先进的、优秀的文化资源，净化网络文化环境，规范网络文化章程，使先进文化成为网络文化的先导。当代中国网络先进文化系统功能的实现，以及系统的优化，是通过整合网络先进文化机制建立起来的。没有当代中国网络先进文化要素的协同、有序，就没有相对稳定的系统结构，系统功能的发挥，以及系统的优化都得不到实现。要素的整合必须建立在结构的协同和有序上。

二　当代中国网络先进文化的结构

当代中国网络先进文化的系统结构，是文化人、网络文化载体和网络文化信息三要素之间相互作用的方式，这种联系方式是文化人以网络为载体，在统筹网络先进文化资源、整合网络文化信息的过程中三者之间相互作用关系的组合。

1. 文化人的推动力

本质上而言，文化是人的本质力量。马克思曾在《1844 年经济学哲学手稿》中明确文化的力量是“人的本质力量”，批评黑格尔把文化的力量归结为精神世界。“力”的作用的发挥，除了外在于人的客观存在之力外，离不开人的主观能动之力，它是二者之力相互作用的结果。“全部人类历史的第一个前提无疑是有生命的个人的存在。”① 当代中国网络先进文化的最大化发挥，离不开施力者文化人的巨大作用。

① 《马克思恩格斯选集》第 1 卷，人民出版社 1995 年版，第 67 页。

文化人在当代中国网络先进文化的形成中占据主体性地位，当代中国网络先进文化系统中，无论哪种力以何种方式存在，它只是一种客观存在，离开了文化人的作用谈“力”就滑向了唯心主义的窠臼。正是文化人的主观能动力的发挥，才使得这种客观存在的“力”转化为现实的“力”，才使得当代中国网络先进文化系统功能得以实现，系统得以优化。

当代中国网络先进文化系统结构中，文化人通过网络文化信息影响人，以先进文化之力“化”人，协调人的主观世界与客观世界的统一。文化人科学地发挥主观能动性，以主观能动之力协调要素之间的关系，使系统要素达到最优化配置，推动当代中国网络先进文化系统发挥其巨大影响力。

2. 网络文化载体的传输力

当代中国网络先进文化系统中，网络是网络先进文化传输的媒介。在系统结构上，它承担着要素之间以及要素与外界之间的沟通联系，发挥桥梁作用。一方面，文化人发挥主导作用，以当代中国网络先进文化占据网络阵地，通过占据网络思想道德教育高地，传递社会主义核心价值观；另一方面，国内外优秀文化交流、传递、弘扬要靠网络为载体。包括文化人知识的获取、信息的采集等在很大程度上都要依靠网络平台。

在当代中国网络先进文化系统结构中，网络文化载体既是文化人获取先进文化资源的便捷平台，也是向社会传输先进文化的平台。在一定条件下，网络文化载体还影响到网络文化信息的整合。网络文化载体的合理利用，在一定程度上将提高网络文化信息的利用率；反之，网络文化载体的缺失或不完善将阻碍网络文化信息的搜集、传输和发布，降低网络文化信息的利用率。当代中国网络先进文化系统结构中，系统三要素只有在统一协调的相互作用方式下，才能保持系统结构的稳定与有序，才能为系统功能的发挥及系统的优化提供保障。

3. 网络文化信息的影响力

网络文化信息在当代中国网络先进文化系统结构中关系到要素之间相互作用的强度和作用的结果。网络文化信息是文化人实践的对象，也是衡量文化人实践活动价值的指标。当文化人能最优化统筹网络文化信息，使网络文化信息最大化共享，文化人实践活动的价值就大，当代中国网络先进文化系统的影响力就大；反之，实践价值就小，当代中国网络先进文化系统的影响力也就小。

网络文化信息是离散分布的，需要文化人发挥主观能动力对其进行整合、组织和管理。在当代中国网络先进文化系统中，只有文化人利用网络载体对其进行逻辑的或物理的方式组织为一个有机的整体，把杂乱无序的资源变为有序的资源，才能便于管理、利用和服务，才能提高网络文化信息资源的利用率，实现最大程度的资源共享。

网络文化信息的收集、加工和处理，储存和传输及发布等，既要依靠文化人的主观能动之力，也离不开网络作为其承载信息的载体。三要素相互联系，密不可分，并统一于当代中国网络先进文化系统中。

当代中国网络先进文化系统结构，就是通过文化人的推动力、网络文化载体的传输力，以及网络文化信息的影响力达到相互作用、相互制约。通过要素之间相互作用强度和作用方式的改变影响要素之间的联系，使系统结构在运动变化中保持相对的稳定性。

综上，本书认为，当代中国网络先进文化系统是文化人以网络为载体，通过对网络文化信息的收集、处理、储存、传输和发布，以发挥网络先进文化的巨大作用，优化系统环境，整合网络先进文化机制，推动网络先进文化功能最大化释放的系统。

第三章

网络先进文化的系统环境

在《德意志意识形态》中马克思恩格斯明确指出：“一切划时代的体系的真正的内容都是由于产生这些体系的那个时期的需要而形成起来的。”① 任何系统都是在一定的环境中产生、运行和发展、优化的。研究当代中国网络先进文化系统必须研究系统所依存的环境以及系统与系统环境的相互作用和相互关系。

第一节　当代中国网络先进文化系统的环境

当代中国网络先进文化系统的环境是与当代中国网络先进文化系统相关联的事物的集合。但是，在研究系统环境中没有条件也没有必要穷尽所有与系统相关联的事物，只需要按照研究目的以及与系统关联度大小，把那些对影响系统运行、系统功能及系统优化的至关重要的因素统筹到系统环境的集合中。据此，本书认为，当代中国网络先进文化系统的环境包括网络文化发展水平、网络文化制度及网络技术。

一　网络文化发展水平

网络文化发展水平影响网络先进文化系统运行及系统功能的实

① 《马克思恩格斯全集》第 3 卷，人民出版社 1960 年版，第 544 页。

现。网络文化发展水平高，将直接推动网络先进文化系统功能的实现。当前我国网络文化发展还处于初级阶段，网络文化产业和网络文化产品的国际市场竞争力有限，优秀网络文化作品不足，网络文化服务供给能力有限。但是，社会主义网络文化自身蕴含巨大潜力，具有强大的生命力。第46次《中国互联网络发展状况统计报告》显示："截至2020年6月，我国网民规模达9.40亿，全年共计新增网民4074万人。互联网普及率为67.0%，较2020年3月提升2.5个百分点。我国手机网民规模达9.32亿，较2020年3月增加3546万人。网民中使用手机上网人群的占比达99.2%，网民手机上网比例继续攀升。我国农村网民占比为30.4%，规模为2.85亿，较2020年3月增加562万人；城镇网民占比69.6%，规模为6.54亿，较2020年3月增加3063万人，增幅为6.2%。"①快速增长的网民数量，反映了人民群众对文化消费的数字化需求，繁荣的网络文化市场将直接带动网络文化消费的增长，推动当代中国网络先进文化功能的释放。

但是，必须看到我国网络文化发展中存在的不足。我国网络文化发展在地域上存在不平衡性，网络文化的引导力不足，西方国家网络霸权主义无时无刻不在对我国网络文化进行渗透。我国网络文化发展中存在的问题具有双重性：一方面，它是当代中国网络先进文化系统运行及功能实现的消极环境因素；另一方面，如果直视网络文化发展中存在的缺陷和问题，及时改变系统环境中的不利因素，使这些不利因素转化为推动当代中国网络先进文化系统的动力因素。

二　网络文化制度

完善的网络文化制度能促进网络先进文化的稳定、有序发展，为网络文化发展提供和谐、纯净的制度环境，为网络文化产业、网络文化事业提供发展的制度保障。健全的网络文化法律法规制度能够有效抵制网络空间暴力、不法言行的蔓延，减少网络欺诈、网络犯罪的概率；成熟的网络文化监管制度有助于网络文化安全以及文化强国建

① 《第46次中国互联网发展状况统计报告》，中国互联网络信息中心（CNNIC）（http://www.cac.gov.cn/2020-09/29/c_1602939918747816.htm）。

设；科学的网络人才培养制度能最大限度地调动网络人才的主观能动性和积极性，推动当代中国网络先进文化功能的发挥和实现。

当代中国网络文化制度尚不完善，存在网络法律法规不健全、网络监管欠缺、网络引导缺失等诸多问题。因制度缺陷带来了一系列问题，如网民在少有外在约束的虚拟世界里丧失道德情感，导致道德观念淡化、道德行为弱化、自律意识丧失，人的道德品质在虚拟空间被异化；网络文化的泛娱乐倾向，以及网民文化消费的低俗等，反映了网络文化失去了其正价值与先进性。网络文化制度的缺陷严重影响当代中国网络先进文化系统的运行与系统功能的实现。因此，必须重视网络文化制度建设，建立健全完善的网络文化制度，给当代中国网络先进文化系统运行提供制度保障。

三　网络技术条件

网络是当代中国网络先进文化的载体，网络的普及，网络技术的开发、应用、升级是网络发挥其载体功能的条件。完善的网络基础设施建设是网络普及的前提条件，是推动当代中国网络先进文化系统功能实现的社会环境。系统的开发、维护离不开技术的支撑。网络技术的应用、网络软件的升级对网络监管、网络防范起到技术推动和技术防范作用，是当代中国网络先进文化发展的技术保障。

近年来虽然我国互联网普及率上升较快，但与发达国家相比，我国互联网普及率还不够高。这种情况下，网络先进文化很难实现普及，网络先进文化就不能最大化释放。从网络技术方面看，目前我国在网络文化监管软件的开发和应用上还不成熟，软件开发和应用上还不足以直接过滤和阻挡不良信息网站数据库。网络文化中存在的许多问题需要依靠信息技术的进步和应用解决。因技术原因造成的网络文化安全隐患依然存在，如黑客入侵、网络病毒等在网络空间横行，国家网络文化安全受到影响。这些问题是影响当代中国网络先进文化系统的环境因素，是系统优化的主要方面。

第二节　当代中国网络先进文化系统与系统环境

系统的运行、发展，系统功能的实现和系统的优化都是在一定环境条件下实现的，没有相对稳定的内外部环境作为保障，系统就不可能顺利运行和发展；系统功能的实现和系统的优化，实质上是对系统环境的优化。因此，系统与系统环境相互作用、相互影响。当代中国网络先进文化系统与系统环境相互作用，是当代中国网络先进文化发展的动因。

一　系统环境对网络先进文化系统的影响

科学技术的迅猛发展，推动了人类社会的变迁，信息技术成为人类赖以生存和发展的直接推动力。人类社会的生存空间被数字化覆盖，技术在给人类社会带来便利的同时，也带来了冲突。如何和谐网络社会关系、净化网络社会环境、缓解网络社会矛盾成为新时代面临的新问题。这些新问题为发展当代中国网络先进文化提供了契机，为以网络先进文化之力推动人类社会的数字化转型提供了条件。

1. 生存环境的数字化转变

信息技术的广泛应用和推广，在改变世界经济格局的同时，也改变了人类自身的存在方式。工业时代的机器轰鸣离人类越来越远，人类社会的生存空间越来越“数字化”。从人类衣食住的智能化电器设备，到人类出行的交通工具的数字化监控，人类生活的方方面面都深受数字化的影响。人类的生存、交往打破了时间、空间的限制，世界各国的生产方式突破物理空间的限制走向一体，人类对知识、技术、信息的获取越来越趋向并习惯于网络。互联网改变了人类社会的生存方式，网络成为网络时代人类生存发展的基础。

网络拓展了人的生存、交往、组织和思维方式，使人类由传统的生存方式走向网络生存方式。迅速由传统生存方式向网络生存方式变

革，是推动经济社会平稳发展的关键。忽视网络文化的发展，不仅意味着违背时代发展规律，注定要被时代淘汰，还意味着自毁生存空间。大力发展网络文化，以网络文化变革、重塑人类自身，拓展人类社会生存、交往、组织和思维模式，以网络先进文化推动人类自身的解放，是顺应时代变革的需求。

2. 综合国力的数字化竞争

网络时代，科学技术的张力愈发明显。得益于信息技术的推动，国际社会上，综合国力的竞争也由“原子”之争逐渐转移到“比特”之争。国际政治对抗的方式越来越隐性化，手段越来越科技化，越来越得益于信息技术的广泛应用。而世界经济的竞赛，越来越集中在科学技术的创新应用上，越来越依赖于科学技术转化为生产力的速度。现代军事国防力的竞争，也不再局限于军队的数量上，而转移到现代化军事储备上。文化软实力在综合国力竞争中的地位和作用日趋凸显，成为当今时代国际社会竞争与博弈的焦点。

综合国力的较量离不开网络文化作为其精神动力与智力支撑。网络文化改变了人类生存方式，也改变了政治经济的发展方式，未来社会的发展，文化对政治稳定、经济发展的推动作用是不容忽视的。归根到底，未来世界综合国力的竞争是智力的比拼，是对科学技术的掌握、应用及推广，而这一切都得益于网络文化的创新发展。网络时代的复杂背景催生网络先进文化，亟须以先进文化引领网络文化发展，以网络先进文化占据文化发展的制高点，对政治、经济发展注入数字化力量，以网络先进文化之力平衡虚拟空间与现实世界之间的冲突，推动当今世界的和平与发展。

3. 文化霸权主义的数字化侵袭

网络时代的发展，打破了人类社会物理空间与时间的限制，世界政治、经济、文化的自由交流交融势不可当，它满足了人们对多元政治、经济、文化的需求，是世界政治、经济、文化一体化发展的趋势。但是，由数字化发展带来的多元文化发展的冲突也相伴而生。利用数字化传输工具进行文化霸权主义的传播、扩张与渗透，成为网络时代一些发达国家进行文化侵袭的新手段。西方发达国家利用文化产业的高端发展，以文化交流的方式向其他国家输出影视传媒、动漫游戏等数字化文化产品。这些文化产品渗透着西方自由主义、功利主义等价值取向，鼓吹西方的民族精神，腐蚀其他民族的民族精神。保障国家文化安全，必须以先进的文化理念发展网络文化，亟须发展网络先进文化，以网络先进文化占据网络社会主义思想道德阵地，以网络先进文化之力抵制并化解文化霸权主义的破坏力。

意识形态的斗争是发达资本主义国家对不同民族和文化的发展中国家进行斗争的亘古不变的主题，文化的多元发展并不能消解意识形态的斗争。相反，网络时代，西方国家在政治、经济和技术上的优势为其宣传意识形态提供了方便之门，利用数字化包裹其资本主义的价值理念，向发展中国家进行资本主义意识形态渗透，是新时代推广其价值观念的新手段。意识形态的侵袭严重消解一国的国家力量，是分裂国家的重要步骤。网络时代，抵制意识形态的数字化侵袭，就要加强网络文化的建设，尤其应注意发挥网络先进文化的政治导向作用，以网络先进文化强化意识形态教育，坚固意识形态阵地，以网络先进文化之力抵制意识形态的数字化侵袭，捍卫意识形态领域安全。

网络时代，人的存在方式及消费观念的数字化转变，综合国力的数字化竞争，以及文化霸权主义的数字化侵袭，都需要大力发展网络先进文化，以网络先进文化之力解决数字化带来的生存困境。时代呼唤网络先进文化，时代造就网络先进文化。

二　网络先进文化系统对系统环境的作用

当代中国网络先进文化的生成是时代发展的必然结果，是时代环境造就的结果。当代中国网络先进文化的运行、发展也是推动社会进步的积极因素。系统与系统环境相互影响，相互作用。当代中国网络先进文化系统对系统环境的作用主要体现在对社会政治、经济的积极影响。

1. 网络先进文化系统增强社会主义政治稳定

当代中国网络先进文化是一种强大的价值导向力，能够在多元文化冲击的网络时代，坚定人的理想信念，统一人的思想意识。当代中

国网络先进文化内含先进的价值理念，它以马克思主义为指导，以社会主义核心价值体系为引领，引导人们在多元价值困境中作出科学的甄别和理智的选择，有效抵制西方资本主义网络文化的渗透；帮助人们树立正确的世界观、人生观和价值观，坚定社会主义信念和社会主义共同理想，增强对社会主义现代化建设的信心。

当代中国网络先进文化打破了文化的阶层偏见，摒弃了“先进文化属于高层文化”、“网络文化属于精英文化和贵族文化”的片面认识和文化门第观，推动了网络先进文化的普及，实现了网络先进文化的大众化。当代中国网络先进文化推动了网络文化产业和网络文化事业的发展，不仅保障了人民群众的基本文化权益，还使人民群众能真实地参与到文化建设和文化活动中。它把社会主义先进文化理念以人民群众喜闻乐见的方式在人民群众中宣传，使社会主义价值观念以更平民的方式为民众所认同，使高雅文化以更大众的形式得到传播。当代中国网络先进文化的普及，一方面提高了人民群众的文化素养和道德品质，另一方面增强了人民群众对社会主义制度的信任，有利于社会主义社会的稳定。

2. 网络先进文化系统推动社会主义经济发展

在经济社会发展中，无论是经济制度的选择，还是经济政策的制定以及经济战略的提出，无不受到社会文化的影响。在经济关系中，当代中国网络先进文化是一种先进的生产力，它决定社会经济的发展方向和发展方式，能通过变革传统社会关系向数字化转型，推动社会经济的发展。当代中国网络先进文化转化为现实的生产力，主要是通过网络文化产业和网络文化事业得以体现。

作为网络时代先进的生产力，当代中国网络先进文化要求对传统的社会生产方式进行变革，构建现代化的生产方式。在这种先进生产力的推动下，中国的社会经济制度得到优化，中国的现代文化产业迅速兴起，现代化的文化市场体系逐渐健全，中国的自主创新能力逐渐增强，文化产业的核心竞争力越来越强。当代中国网络先进文化直接以网络文化产业、网络文化资源和网络文化产品及网络文化设施等形式产生巨大的经济效益，拉动社会经济增长，推动社会发展。当代中国网络先进文化扩大了人们对高雅文化的消费需求，拓展了网络文化消费市场，促进了经济效益的增长。

3. 网络先进文化系统促进社会和谐

网络时代，社会矛盾由现实发展到网络空间，矛盾变得更复杂和多变，亟须调整和化解。当代中国网络先进文化能够释放先进文化的导向力，引导人们用宽容的态度看待和处理人与人的关系；用正确的立场、观点和方法观察社会；用可持续的发展理念处理人与环境的关系，平衡利益关系，协调社会矛盾，为人与社会的发展提供一个良好的外部环境，促进人与社会的和谐发展。

同时，当代中国网络先进文化为人的自由全面发展提供条件。人是社会经济发展的主体，人的素质的高低是人能否自由全面发展的制约因素。当代中国网络先进文化是科学的文化知识，在科学文化知识的培养下，人能够开发心智，提高素养，增强认识世界和改造世界的能力。当代中国网络先进文化能促进人类科技知识的增长，提高对知识的掌握和应用程度，提升人类自身素质，是人自由全面发展的积极因素，最终推动整个社会的和谐进步。

第四章

“互联网 +”与网络文化系统内生主体

在当今时代，云计算、大数据、物联网、人工智能、互联网等新型信息技术正在重构人的生活方式，可以说，人类社会进入了“互联网 +”的新时代。“互联网 +”时代改变了人的生产方式、生活方式、行为方式，延伸了人的生存空间、发展空间。人的“数字化生存”状态不但为“互联网 +”时代塑造，而且人之为人的边界随着智能化的发展而被重新界定，因而对“互联网 +”时代人的发展向度的反思与回应，也就构成了网络先进文化建设的主体发展问题的重要主题。

正如《数字化生存》一书中所论述的电脑其实并没有道德观念，甚至无法解类似于生存和死亡的权利等这类复杂化的问题。实际上，“互联网 +”的成功不仅限于技术层面，而是全方面涉及人类生活。人类原有的行为方式和思维方式因它得到改变，人的生存和发展空间因它得到拓展，人的情感生活和精神生活因它得到丰富。以虚拟化、信息化、网络化形式存在是人们在现实社会生活过程中的认识与实践对象的主要特征，甚至人们的生活方式也以网络化、虚拟化形式而存在。这些变化，深刻地影响着人的生存和发展状况。由此，人的发展问题始终与所处的生活环境和时代背景息息相关，在“互联网 +”时代，网络文化系统内生主体的发展向度问题则是无法避免的一个现实问题，网络文化系统内生主体的发展向度规定着网络文化系统内生主体的发展归宿、网络文化系统内生主体的发展模式、网络文化系统内生主体的发展方向等。

“互联网+”时代，网络文化系统内生主体的发展方向、网络文化系统内生主体的发展模式和网络文化系统内生主体的发展归宿都会表现出与以往人类所处时代不同的特点，对网络文化系统内生主体的发展向度的深度剖析，无疑会深化网络先进文化建设的主体问题研究，特别是深化网络时代人的本质问题研究，进而深化中国先进网络文化建设的机制问题研究。

“互联网+”时代不仅改变了网络文化系统内生主体的时空观和交往观，更重要的是改变了网络文化系统内生主体的世界观、生存观和发展观，以及网络文化系统内生主体的思维习惯和行为方式，并且这种改变还在进行中。因此，在“互联网+”时代不仅改变了网络文化系统内生主体现实发展的状况，而且引起网络文化系统内生主体对当代人学理论状况及发展向度的理论反思。

“互联网+”时代的到来，网络文化系统内生主体的发展正被“互联网+”以它独有特征的方式影响着。网络文化系统内生主体的存在方式因“互联网+”得到拓展，以衍生人类对思维方式、人生价值追求、交往方式、生活方式等，反过来对网络文化系统内生主体的存在方式进行拓展和延伸；网络文化系统内生主体的实践方式变革因“互联网+”得到极大的促进，网络文化系统内生主体的自由时间得到空前的增加，网络文化系统内生主体的自由个性因“互联网+”得到充分的凸显；网络文化系统内生主体的社会关系因“互联网+”得到极大的丰富，透过“互联网+”时代，网络文化系统内生主体不再局限制于拓展自己的社会经济关系，更丰富了网络文化系统内生主体的社会政治关系。基于此，网络文化系统内生主体的发展受到“互联网+”时代潜移默化的影响，重点探讨“互联网+”对网络文化系统内生主体的发展的“为主体”向度和“反主体”向度，重点对“反主体”向度进行深入分析，并由此明确网络文化系统内生主体的发展的新形态和新方向。相比单从某个方面来研究“互联网+”或网络文化系统内生主体的发展，更具有层次性和现实性。通过结合“互联网+”的主要特征，关注网络文化系统内生主体的发展向度问题将对于促进中国网络先进文化建设，实现网络文化系统内生主体的自由

全面发展的目标有着重要的现实意义。

第一节 “互联网+”及互联网属性发展演进

20世纪中后期，以计算机技术、网络技术及虚拟现实技术等为代表的科学技术迅猛发展，互联网在这个时期应运而生。而互联网的不断发展又推动了全社会向网络化、信息化及全球化转变的进程，进而对网络文化系统内生主体的生活方式乃至思维方式产生了极为重大的影响，甚至是深刻地改变了人类社会的全貌。中国政府在2015年正式提出“互联网+”的概念，倡导各行各业与互联网进行有机结合，推动产业的不断优化升级，这一概念的提出表明互联网在功能性和应用范围方面都取得了长足的进步，已经可以满足多个行业的需求，对于各个行业来说加强与互联网的结合是时代发展的要求；同时表明互联网在应用方面已经由个体、消费领域拓展到了社会、产业领域，因此，在某种程度上可以将“互联网+”看作是互联网技术逐步提升、应用层面不断深化的里程碑。

一 “互联网+”的概念及其主要特征

网络文化系统内生主体的发展向度研究如何借助于“互联网+”更好地发展和创新，则是我们关心的问题。“互联网+”是互联网精神、思维的优秀实践成果，此成果有助于人们思想的革新。

1. “互联网+”概念

“互联网+”既没有形成统一的定义，也没有明确界定其内涵。2015年中国李克强总理在政府报告上制订“互联网+”行动计划。至此，“互联网+”提升至国家层面。“互联网+”渗透到第一、第二产业——标志着“互联网+”时代到来了。

在2015年3月召开的两会上，马化腾提出了《关于以“互联网+”为驱动，推进我国经济社会创新发展的建议》。在他的提案中指出以“互联网+”作为长期推动力，对于我国产业的创新升级、不同行业间的合作、社会民生的发展乃至整个社会、经济的发展都有重大意义。此外，阿里研究院在同一时间公布了《“互联网+”研究报告》，这也是首份针对互联网行业的专题研究报告，在这份报告中深入而全面地阐述了“互联网+”。“互联网+”主要是指以移动互联网、云计算、大数据技术等为代表的整套互联网技术应用于国民经济、生活各部门的过程。把互联网作为基础设施在大范围内安装，是实现“互联网+”的基础，“互联网+”对于传统产业来说，实际上是整个产业向在线化、数据化发展模式转变，而非简单的管理模式“信息化”。传统产业走“互联网+”的发展模式，在这个过程中也实现了产业的升级或转型，使互联网覆盖到产业的各个方面。而云计算、大数据与新分工网络等为“互联网+”自身提供了发展动力。

综上所述，企业和政府对于“互联网+”的核心内容的认识是基本一致的，他们都认为“互联网+”就是将各个产业与最新的信息技术有机结合并在此基础上进行创新，促进新兴产业的不断发展，从技术上保障了产业的智能化发展，经济增长的新动力不断增强，国民经济发展方式实现根本性转变。这一过程主要运用到云计算、物联网及大数据等技术，而且多用于现代制造业或是生产性服务行业等。在本书中，笔者认为，“互联网+”即由新一代的信息技术为推动社会、经济的发展，进而构建了以“互联网”为纽带的社会关系。

2.“互联网+”的主要特征

“互联网+”作为一种信息新时代化技术的形式，除了具有信息技术工具本身的相关特性之外，其本身也具有数字化技术、网络、互联网所不具备的特性，并且随着时代的发展，其特性发展也在日益深入。其主要特性表现为以下几个方面。

一是跨界融合。进入“互联网+”时代，首先开启跨界加融合的新风潮。“+”就是跨界，就是变革，就是开放，就是重塑融合。“互联网+”是在互联网基础上，对原有的文化结构、经济结构、社会结构和地缘结构进行变革、重塑和融合。

二是创新驱动。“互联网+”首先需要加互联网思维，加创新，逐步形成“互联网+创新+互联网思维”。“互联网+”是一次对传

统理念实现颠覆的思维方式革命，“互联网+”时代的创新驱动载体是跨领域多主体、平台化、网络化，这样的创新驱动方式将会颠覆般地改变人的生活和工作方式，为人开启一个全新的世界。

三是重塑结构。“互联网+”时代，打破了原有的文化结构、社会结构和社会关系结构、经济结构、区域结构。这些结构被重塑，包括权力、关系、联系、规则和对话的许多要素。

四是连接一切。连接一切作为“互联网+”的显著特征之一，通过人与人、人与技术工具、人与数据信息等的连接，实现互联互动。“互联网+”上一切都是相连的，作为一种新的基因，再结合其他的事物，给后者以新的力量和再生能力。“互联网+”连接一切的趋势，人们的生活因“互联网+”而改变。

五是以人为中心。“互联网+”从人的需求为中心，以人为本的全面发展。“互联网+”所传递出“平等、参与、共享”是互联网精神的精髓，从以人为本，发掘和满足人的需要，调动人的积极性和参与意识，使人充分发挥创造性、积极性和主动性。

二 互联网的属性发展演进

从互联网的属性发展演进基本过程来看，互联网经历了三个关键发展阶段：20 世纪 70 年代初到 20 世纪 90 年代中期，起步阶段即工具属性的发展阶段；1995 年至 1999 年，初始阶段即空间属性的发展阶段；2000 年至今，蓬勃发展阶段即社会属性的发展阶段。

1. 起步阶段：工具属性发展

随着现代技术的不断发展，互联网刚开始是作为一种工具出现的。它最早可以追溯到 20 世纪 60 年代，当时美国军方为了对抗核打击开发出一种新的通信工具，其特点就在于能够分散控制通信的传播，并将其命名为阿帕网（APPANet），其具体工作原理是通过阿帕网将多台计算机联结起来，并在不同的计算机之间搭建了多条信息传输线路，而计算机在实现信息交互时是以信息包的方式按照制定的路线到达目的地的。从其工作原理方面看，阿帕网被看作互联网的前身。所以说，就功能属性而言，互联网是作为一种通信传播工具出现的，它和广播、电视等一样都是传播媒介或是传播工具，只是在提供服务方面更加便捷和多元化。互联网与传统的传播工具相比，有以下几个方面的优势：

第一，互联网作为传播工具其传输功能有了很大的提升，不仅能够传输信息，还可以传输数据、文本、声音及图像等，而且就功能而言，其在储存和管理信息方面取得了巨大的进步。

第二，互联网是以主体网络技术为基础的。此前主要应用的是客体技术，是为了改造自然客体采用了制造并使用工具的技术，而且工具自身也是一种客体，与之相对应的就是主体技术，它的特点就在于其作用不是制造工具或改造自然客体，而是用于人类自身的发展。所以，以工具属性为主要特征的客体技术要受制于人，在某种特定的情况下客体技术或许能占主导地位，但也只是暂时的，人始终是制造并使用工具的主体，与人脱离的工具只是一个单纯的客体。而互联网将计算机技术、网络技术及虚拟现实技术等进行有机结合，其优势在于其信息处理功能的实现不依赖于实践主体，即使是作为实践主体的人离开了，它也能自行处理信息并保存。对实践主体人而言，互联网有一定的相对独立性，网络中的任何一个人都只是其中的一个组成部分，无法控制整个网络，只是作为实践主体使用网络提供的共享资源。就这个层面而言，互联网在特定情况下具备相对的主体性。

第三，互联网在人们的沟通、交流方面占据了越来越重要的地位，因此，互联网又被认为是媒介工具中的第四种形式。

2. 初始阶段：空间属性发展

在互联网不断发展的过程中，其工具属性逐渐被淡化，取而代之的是其空间功能日益强化，它的空间是一种虚拟的形式，是基于技术构建的数字化信息存储和流动空间。

互联网空间是由硬件和软件技术共同构建而成的，它的作用在于为数字化的信息提供储存和流动的空间，数字信息既不是物质形态的也不属于意识范畴，互联网虚拟空间的存在是以数字信息在其中的流动和存储为前提的。互联网虚拟空间和现实的物理空间有本质上的区别，它并不是客观存在的。人们在使用互联网时，所体验到的空间是

由计算机技术、现代通信技术和网络技术等构建而成的。

简单地讲，就是通过将不同的计算机联结起来而搭建的一个虚拟空间，主要用来存储数字信息。迈克·海姆指出，网络空间是一个通过技术创建的世界，它由技术系统自带的信息及主体在实践中又反馈到系统中的信息构成。

数字化符号空间即为互联网的存在形式，数字符号是其基本构成元素，主要用0和1来表示，计算机通过对0和1的组合而成的不同符号进行处理，并将信息、文字、图像等作为输出形式，从而形成了以符号为主要元素的虚拟空间。互联网空间存在的最重要的价值在于它突破了人们对于物理空间、思维空间及传统符号空间的认知局限。因此说，互联网虚拟空间是独立于实践主体的思想或心理而存在的，而且它的呈现方式是有形的、立体的。就一般情况而言，空间既是主观的也是客观的。所以，不断发展互联网的空间属性，可以为人们在互联网上开展实践活动并建立一定的社会关系提供相应的空间基础，以使互联网的社会属性能够深入发展。

3. 蓬勃发展阶段：社会属性发展

如果从客体技术角度来观察，互联网具有工具属性及空间特点；但从主体技术角度来观察，则网络更强调的是某种人化交往社会场域，人们在这个环境中开展不同的行为活动，这些活动更多表现出虚拟实践特点，在交往过程中人们会慢慢建立起全方位、多维度的虚拟关系，基于该内容来看，互联网已经构建起一个以社会关系为主的虚拟人化环境。因此，随着以互联网等为代表的新一代信息技术的快速发展，互联网已经不再是单纯的被人们所使用的某种技术工具或空间，其更大的价值作用在于已经演化为“互联网+”时代背景下，一种以主体性人文社交为主的社会场域。该场域与社会场域存在显著区别，它更强调的是一种虚拟的、无固定场所的空间，它虽然是对现实场景的一种虚拟，但这种虚假也不是说完全虚无缥缈，它是可以被感知到的。事实上，网络经过多年的发展已然不再只是一种事物，更多地表现为一种环境。人们为什么可以感知到互联网这种“人文交往社会场域”？主要原因在于人们利用现代通信及网络技术等，以计算机为基础逐步建立起了一个集思想交流和社会活动等内容于一体的场域。电脑或其他终端设备作为这个网络的某个节点，网络主体利用这些终端及鼠标、键盘等点击某个“界面”，其就可以步入某个人化的交往虚拟社会环境中。通过该环境人们可以真切地感觉到电脑等终端背后所反映出的某个社会环境，在这个环境中人们不会因为身份地位、经济状况、性别年龄受到太多限制，同时受政治文化等的影响也较小，该环境为人们提供了一比较自由及能够彰显个性化的生活及交往场域。在这个场域中，人们既可以通过电子邮件及社交软件等与他人进行信息的交流，同时也可以借助不同类别网站获得有用资讯，而且还可以进入虚拟社区与其他进行沟通交流。假如人们在学习、工作及生活中遇到某些问题，他们可以利用不同界面不受时空限制地进行提问咨询等。因此，通过这种场域就给人一种像真实物理场域但又与其有区别的“交往社会场域”。什么是社会性？它通常指的是利用现代通信技术将计算机背后所存在的潜在能力及作用有机联结起来所形成的特性。基于此，人在虚拟环境空间中开展各类交互活动并逐步形成较为特殊的虚拟实践方式，在这个过程中还会形成不同类别的虚拟身份，这些虚拟身份在虚拟空间中开展各类虚拟实践活动并逐步构建起与现实社会相区别的相互关系与作用，而这种关系可以被视作虚拟社会关系。由此可见，该虚拟空间因这种关系被赋予了某种社会属性并进而建立起人化社会。

依据社会学理论角度来分析，社会属性是一种从社会实践产生并进行界定的属性内容，其本质并不是某一种单纯的物质产物，它的产生与发展是基于人类社会整体结构的动态变化，受某种社会关系影响及决定并使其呈现出某种特征。所以，在某种程度上网络社会属性指的是人们通过在虚拟空间中开展虚拟实践活动，并在该过程建立起虚拟社会关系且以人化方式展现出来的社会环境。互联网构建的不是一个实体物质场域，它更多体现的是某种虚拟社会关系。不同于现实空间所呈现出的三维或四维空间，互联网是以一种平面形态展现出来，表示人们在活动过程中不用同时处于同一物理空间，其信息交流也不受时间限制，这就表明事物发展是即时性和非线性的。与此同时，网

络的平面特点还代表着其不受“力”这一因素的制约，它的发展不需要动力助力，也不会受到其他阻力，在这个空间中，人们无须担心来自客观自然规律所带来的约束。这时网络事实上就基本具有了“社会”所应具备的基本特点。此外，互联网这种社会属性还代表着它已经不再只是扮演着信息传递工具的角色，它逐步演化为一个人化的社会环境及生活场域。这时互联网已经成为构成新型社会活动的内在要素，而不只是简单的一种媒介，它可以将人们带到空间中。根据吉登斯所提出的结构化理论可以看出，不能只是简单地将时间、空间理解为开展社会行为的环境，而是应考虑利用社会系统在时空中的延伸等方式来逐步构建社会思想。网络空间作为一个虚拟的、人造的空间，它并不是自然、真实存在的，但它却是一个能够不依附物质实体而独立存在的空间，它具有可操作、可视听和可参与等特点，其稳定性及确定性较好，与变化不定及难以把握的主观想象空间存在较大区别。所以，在人们彼此间的相互作用关系下，互联网空间具有了较强的社会属性，同时在发展中逐渐演变为一个人化的虚拟社会。

在肯定互联网以社会属性存在着内容的同时，对于其作为客体技术所具有的工具及空间属性也要给予肯定。网络同时具有工具、空间和社会三种属性，它所体现的是不同个体与互联网间的相互关系。工具属性所反映的是目标与实现手段间的一种关系，体现的是人与网络这组关系中主、客体两者间的相互关系；空间属性所体现的是人与环境两者间适应与被适应的相互关系。上述三种属性之间最大的区别在于工具并不会对主体形成包围性，一方面主体可能会脱离对工具的依附性，另一方面主体也存在被工具异化的可能性。就空间与主体间的关系来看，如果空间是独立于主体而存在的，这时空间就表现为真实存在的空间，但如果互联网某一虚拟空间不与人发生关系，这时它也是独立真实存在的。但如果主体在某个空间中生存或生活，这时该空间就对其形成包围性，在这种情况下主体可以将空间看作是某一场域并在其中进行生存或生活，而这时网络空间属性就开始向社会属性转变。

第二节　网络文化系统内生主体的发展理论追溯

2500年前，西方的普泰戈拉提出“人是万物的尺度”这一观点，伴随这一观点引起的对人的问题的探索持续至今。时代不同，赋予时代的主题不同，对这一期间主题的阐释而形成的理论表述亦有差异。时代的主题，究其根本是人的发展，不同时期，体现了人的发展阶段的差别。在此，本书试图从中国传统文化对人的发展理论、西方历史文化对人的发展理论以及马克思对人的发展理论的阐述三方面入手，对网络文化系统内生主体的发展理论进行追溯与探索。

一　中国传统文化中人的发展思想

总体来看，按照马克思观点我国有很长一段时间处于第一大社会状形态中，其主要表现是“人的依赖性关系”。这一阶段的特点是：在落后的社会形态下，人的发展水平很低。古代的奴隶制和封建制度与落后社会生产同中国古代先贤提出的超前思想观点存在着矛盾。当时社会环境与古人在思想上全面发展的需求存在不可调和的矛盾。所以，我国古人的发展思想是“原始丰富性”的，处于人的发展的初级形态。

1.“天人合一”与“以民为本”

人的发展第一步是从鬼神之说中解放出来，必须确立人的主体地位。我国早期的先民和世界其他民族的人一样，因对世界、自然、科学知识的了解不足，提出了很多神鬼理论，信奉宗教，讲究“天人合一”。但我国是世界上较早摆脱“天人合一”理论，提出“以民为本”的国家。

我国古人的发展思想是以“天人合一”为基础的，古人认为人和自然界是一个统一的整体，有着密不可分的关系。这种思想认识来源于古人对天地自然的崇拜，是对天地生万物的信仰，是对祖先的信

奉，广泛存在天命，先祖代替上天监督在世的人等观念。这些观念的出现，使“天人合一”中“天”的内涵更为丰富，不仅是自然的天，也是先祖的意思。两宋时期，“道学”中讲述天理之天，明确表述了自然之天和天命之天是统一的。“天人合一”这一观念形成后，迅速成为我国人文价值的重要思想，这种对自然天地和祖先崇拜引发的思想理论，贯穿于我国社会和中国古代文化之间。

战国末期的荀子主张：不做就能成功，不求就能得到，这是自然的职能。像这种情况，即使意义深远、影响广大、道理精妙，那思想修养达到了最高境界的人对它也不加以思考、不加以干预、不加以审察，这叫作不与自然争职能。人如果舍弃了自身而用与天、地相并列的治理方法，且只期望于与自己相并列的天、地，那就是错误的。人们看到阴阳化生万物，却不知它的生成过程，谓之天。

孟子对“天人合一”的观点是这样的，“天下之言性也，则故而已矣，故者以利为本。所恶于智者，为其凿也。如智者若禹之行水也，则无恶于智矣。禹之行水也，行其所无事也。如智者亦行其所无事，则智亦大矣。天之高也，星辰之远也，苟求其故，千岁之日至，可坐而致也”①。

荀子和孟子作为儒家思想的代表人物，他们的观点都对儒家“顺自然”与自然之天相统一的理念进行了充分表达，“天人合一”的学说把人的主体性作为学说的基础，大胆追求人文主义的理想，对自然人性进行了合理的规范限制。这种思想理念表现出人和自然相互和谐的生存的美好远景，蕴含着大智慧，对新时代社会如何促进人和自然的绿色协调发展以及如何解决人与社会之间的矛盾冲突有着现实意蕴。

民本位思想，以“百姓”为根本，其终极目标是对百姓的关怀。中国古代文人、官吏多心怀天下，悲悯苍生，其中的“天下”与“苍生”很好地体现了民本主义思想。儒家思想主张民为邦本、政在得民。是否得民心是政绩的关键所在，孔子主张人与人之间要重视

① （宋）朱熹：《孟子·离娄下》，《四书章句集注》，中华书局1983年版，第297页。

“仁”与“礼”；孟子坚持“民贵君轻”主张对百姓施仁政；荀子提出“水能载舟，亦能覆舟”，要重视人民的力量的思想。至此，我国的古代文化产生了两条路径：一种是有着进步思想的先贤大家苦心劝诫统治者勤政爱民，反对暴政。而另一种则是君主帝王为了其统治地位不动摇，不断地从百姓身上谋求利益。这两条路在农耕自然经济条件下，以人治为特征的治理方式更强调的是人民在社会生活中的作用与地位。

综合以上分析得出，从“天人合一”阶段发展到“以民为本”阶段，其实质是对百姓生计，对人的文化和实际需求的民本位价值取向。我国古代思想家将人的发展与生产、生活、军事、政治等具有实际意义的人事活动相联系。然而对“人”这个因素的重视，并不是只将其当作“类”对自我的存在意义进行肯定，更多的是站在社会角度，从人与社会、自然及个人等的相互作用关系来考虑人这一因素存在的价值与意义。社会在进入“互联网＋”时代后，如何更好地实现人与自然、社会及其他个人的和谐发展，对于人类发展有着积极作用。

2. 整体和谐的发展与伦理本位的取向

我国传统文化在发展中，素来对整体协调性比较重视。这是因为人类的生产及生活活动比较复杂，从而使得人性等也呈现出多样性及复杂性，人们在发展中会将不同属性进行融合，使各方面得到协调发展的同时人类自身的完整性得到提升。早在尧舜禹时代，我国教育内容已经开始呈现出复杂化特点，而且还产生了专门用于开展教育活动的相关场所。到了西周，“礼、乐、射、御、书、数”六艺成为当时学校教育最为核心的内容，此后孔子、孟子和荀子等在教学过程中均将“六艺”作为教学的主要内容。但整体来看，我国古代社会在开展与人的发展相关的整体协调问题的研究中，更多地强调从人性角度出发，而没有重视人的微需求及能力等因素。

人性论是我国古代推动人全面发展的基本思想内容，许多思想家围绕该问题进行了深入思考，并提出应从不同方面实现协调发展。孟子在其思考论述中提出“性善论”，指出人应具有仁、义、理、智四

种“善性”，这四性也就是人们所说的“四端”。这四个内容不是彼此割裂的，而是相互影响构成一个统一整体。荀子在其思想中提出“性伪之和”，该理论的核心在于强调将先天及后天东西进行统一；而在宋明理学中，张载、程颢、程颐及朱熹等代表人物对人性实行二元分法，不管是“生之谓性”，还是“天地之性”及“气质之性”，它们共同的特点就是对人性的多面性给予认可，并在此基础上进一步探究人的统一性与整体性。

为进一步提升人性协调发展程度，我国古代思想家们纷纷提出了实现人的全面发展的理想目标，通常可以概括为“圣人”或“君子”，他们不但代表了当时社会对人发展的要求，同时也反映出了个人毕生所追求的人生目标。孔子对“君子”进行了较为全面的论述，例如，“和而不同”、“文质彬彬”等均是对“君子”的描述或要求。与此同时，孔子对于个人实践也十分关注，明确指出人们在从事政治及道德实践活动中应不断提升自己的才、德。孔子在这方面的论述被后来的孟子及荀子有所继承。

事实上，在推动人整体协调发展时不是没有重点盲目开展，而是应将提升人的道德品行作为其全面发展的核心内容。

关于人发展的问题，我国传统文化有着十分突出的伦理本位价值取向，这种取向着重表现在对人们知识、智能等的忽视及贬低，但对人伦道德却极为推崇。孔子认为，士人之所以“为学”，主要目的是“学而优则仕”，因为他们所应重点学习的是如何治国安民的能力，而不应去学习具体的技艺。《大学》一书对于孔子与人的发展的思想内容进行了更为深入的讨论，并总结出修身、齐家、治国、平天下的思想精髓。在此思想影响下，儒学不管怎样演变，都始终坚持“德高艺下”的传统观念，例如，王阳明根据“庭前格竹”感慨总结出“伦理之外无他学”的结论，认为所有的学问兼是“良知之学”，对于记忆知识等方式的学习方法十分排斥，在此之后，“重德轻艺”的价值观在时间发展中得到进一步增强，并慢慢形成了我国社会一种习惯心理定势。

受上述心理定势的影响，人的发展开始在方向上表现出某种偏差，德行在人的能力构成中占据了主导作用。以修身、齐家、治国等个人发展所应具备的基本内容来看，其中修身是基础，但在如何修身中则要把人的道德修养放在首位。举例来说，“六艺”教育经常被古人作为人多面发展的标杆或代表，虽然其强调的是人的协调发展，但更为突出的却是道德。

由上可以看出，我国古代社会发展中所形成的用人制度，其更为关注的是“德”这一要素。早在西周到秦这个历史时期，人们对于德行就十分重视，“善”和“善人”在该阶段被广泛提到，例如，将当时德行较好的重耳、伯宗、介子推、郑子产等人称为“善人”。他们被叫作善人的一个关键原因是其具有较好的德行，既对国家做出突出贡献又善待人民。因此，春秋时期的统治者会选用“善人”进入朝堂并担任重要官职。墨家所提到的“贤者”应同时具备德行、才能和学术三方面内容，德行居于首位。《孟子》中更多提到的是“君子”这一名词，君子的特点在于其具有十分高尚的道德情操，荀子在其思想中也谈到德行与君子的关系，认为君子是那些意志坚定且努力追求事业的人们。

综上所述，虽然我国古代思想不管是从理论还是实践方面都承认人的全面发展的观点，并提出应从统一及整体性上来推动人的发展。但在现实社会中不但无法给予人各方面得到平衡发展的相关权利，同时也不能从实践方面为人的全面发展提供有力保障。因此，统治者因根据自己实际需求，充分调动国家及社会各方面因素，将儒家所倡导的“修德为先”等学说实现社会化和生活化，这样就会将人逐步变成服务统治者的一种有效工具，进而制约其全面发展。

3. 主体意向思维与人的认知能力

从经济形态上进行分析，我国古代社会属于典型的农业社会，其中宗法制又是维系整个社会的纽带。在向文明时代转型的过程中，当时社会并非没有进行彻底性的变革，而是选择了相对温和的变法改良之路，从而没有从根本上改变社会的宗法制属性，以至于民族血缘关系及相应的血缘心理在古代社会长期存在，各历史时期的统治者正是看到了宗法制的这一重要作用，将其作为个体家庭乃至整个社会的联

系纽带，并以此为基础形成了共同的心理及情感特征。到西周时期，宗法制已经发展得相当完善，并对后世产生深远的意义。宗法制建立以后，统治者基于统治的需要，大肆宣扬倡导宗法思想并制定了一套完善的行为准则，要求每个人在不同的人际或血缘关系中遵守相应的行为规范，由于当权者的极力推行，宗法理念及相应的行为规范得到了社会的普遍认同并成为了一种社会理念。它要求人们的一言一行都必须符合相应的德行标准的要求，人不能肆意而为，要受道德的约束和规范，要将个人的责任和义务放在首位。

古代哲学是我国传统文化的核心内容，它以法为准则、以传统伦理关系为基础，主要解决宗法伦理范畴内的问题。不同时期的哲学家基本都是从伦理的角度去探索世界的。例如，宋明时期出现的“存天理，灭人欲”的理学学说、孔子的“仁爱”思想等都是基于当时的伦理观念提出的。此外，儒家思想的人生哲学以“三纲”“八目”为主要内容，其主旨是追求道德上的完善；道家思想则以实现人性的自由与个人价值为追求目标，不看重客观环境和物质条件。尽管各历史时期思想的具体内容不同，但是彼此之间又相互借鉴影响，作为中国古代哲学的主要内容，为其打上了深深的带有伦理属性的烙印。

在中国古代，人的发展一直受到道德伦理的影响，从而使得“主体导向”成为了中国传统思维方式的基本特征，并在实践过程中形成了相应的思维形式，具体而言，主要有以下三种：

第一，“天人合一”的原始思维。古人将探索宇宙万物中普遍存在的“道”作为认识世界的最终目的，并将此作为人生的价值所在。相对于西方人认为世界是客观存在的，人的意志无法影响社会、自然及宇宙等的发展规律，我国古人则认为世界上的万事万物包括人在内，都是由“道”主宰的，人、事、物及自然是一体的，由“道”统一主导，世界的存在也有其自身的目的。这是产生于以特定历史为前提下的一种原始的思维模式。

第二，直觉和意象思维。中国传统思维，是大而全、抽象而概括，通俗来讲就是只能意会，不能言传。例如，道家的道学思想、理学家的理学思想等，这种思维是超越理性的，是以人的主观直觉为主导的，这也是中国特有的思维方式。意向思维主要是指从客观事物中探寻主观意义的思想活动。语言是思想和内容的载体，如果语言没有这种载体功能，那它就失去了存在的意义。然而，通过分析研究中国传统文化，发现在传统思维中探索宇宙万物中普遍存在的“道”是认识世界的根本目的，而语言本身并没有任何意义，它只是一种“道”的传达介质，所以认为语言和思想是可以相互独立的。

第三，情感导向性思维。在中国传统思维方式中，人的理性思维和感性思维是相互融合的，难以明确界定，而在其中起主导作用的又是道德情感因素，这也是传统思维方式的最主要的特征，主观情感的需要决定着主体思维的发展方向。以儒家学说为例，孔子的“仁爱”思想是对父子之间的情感的衍生与发展，孟子的“人性本善”论，是对人们遇到突发状况时的直觉反应的总结，他们对人性的认知都是从道德情感的角度出发的，很多时候并不符合客观现实。传统思维方式中，理性思维总是被感情因素绑架，并且道德感情主导其发展，理性思维无法独立于道德情感之外自行发展。而且，情感的发展也要以道德情感需要为主导方向，使得认知功能难以有效发挥。

由此可见，中国传统思维方式的最主要特征是以人的主观认识为导向，其中以“天人合一”的思想为代表，在认识自我、社会、自然乃至整个世界时都是从认识主体的道德情感角度去看问题的，这样的思维方式严重影响了理性思维的发展，从而对科学思想的确立与发展造成了巨大的障碍。

4. 融归群体心理与人的个体发展

在中国古代的群己观中，既有追求个性发展的方面，也有要求个性融归社会群体的方面，而后者是最重要的方面，占有绝对的统治地位，并形成强烈而持久的融归社会群体的文化心理，决定了古代人的生存方式和价值取向。

具体来说，在古代中国，人与人的关系限定在君臣关系、父子关系、兄弟关系、夫妇关系和朋友关系等这些狭小关系范围内，每个人都必须在这种关系中认识自己和发展自己。而形成群体融归和依赖心理是长期处于这种关系限定范围的产物。那些强烈要求人的独立、自

主和个性发展的古代思想家，也往往只是从社会角度来论述人的自为、自主和自由发展问题，根本没有意识到人自身的幸福和自由全面发展的问题。理学家们提倡“存天理，灭人欲”也是群体融归心理的具体表现。所谓灭人欲，就是压抑人的自然欲望、正当需要，就是压制作为个体的发展，亦即人的个性发展。

在漫长的中国封建社会里，虽然有阮籍、嵇康、黄宗羲和戴震等用他们特立独行的举止在黑暗专制的统治中绽放出一丝“自由”精神的光辉，如欲者，血气之自然，有血气则有心知。戴震对欲望和对理的抨击，是建立在性理和情欲不可截然分离的基础之上，表现出新的思想光辉和对新的人生和人性的追求。鉴于此，人的“自由”理念和行为追求总是在历史上被打成“异端”或“邪教”。从来没有在中国的社会发展中获得正统地位。

总之，在古代中国，由于人们不能很好地认识自身，造成人们对人的发展内容认识的不充分。可以说，中国古代社会既难有人的全面发展，也不可能有关于人的发展的系统思想体系，而只能存在着人的全面发展思想和实践的萌芽形态。

二 西方关于人的发展理论的历史演进

在西方，人的发展问题虽然是人类恒久探讨的话题，然而其内容、形式和功能却要随着时代的变迁而不断变化。

1. 古希腊时期：“智性理性”

古希腊的教育贯彻着希腊人关注人文教育的理念。如苏格拉底强调“认识你自己”，人不但通过反省来提高自己，还需通过认识人自身进而了解世界。柏拉图是最早运用融入关于人的理智、情感、意志等心理学问题教育理论的，其主张人应实现德、智、体三个方面的和谐发展。此后，柏拉图的教育理论被亚里士多德继承和发展，亚里士多德科学地提出教育要与人的自然发展相适应的原理。尤其对人的和谐发展与和谐教育进行了论证。他认为，社会教育和人的实践活动直接影响人在体育、德育、智育的和谐生长，体育能够促进人的健康，身心教育能够促进人的灵魂升华。古希腊重视人文教育的传统对于以后的西方文化发展有着不可替代的作用。从一定意义上来讲，古希腊时期关于人的问题研究带有原始人性的印记，用与众不同的方式表达了对人类自身内在世界的人文关怀。古希腊哲学中的理性主义精神在人们对神性、物性和人性的理解中得以培育。这种理性主义精神集中地体现为智性和德性。

综上所述，古希腊哲学家们为人的全面发展的理论开启先河，但是，由于受所处时代和社会条件的限制，古希腊时期关于人的全面发展思想只能是一种空想，带有朴素直观的性质。但它确实是人类发展的源泉，为文艺复兴人文主义埋入了文化的种子。

2. 文艺复兴时期："抑神扬人"

15 世纪末，在商业日益繁盛的意大利，许多城市里的先进的、新兴的资产阶级精英们通过借助研究古希腊、古罗马文化艺术的机会，进行文艺创作、宣传人文精神、宣扬人的理性，发动了一场轰动于世的思想解放运动，这场思想解放运动又在 16 世纪的欧洲盛行开来，引发了欧洲社会各方面的深刻变革，这便是大家熟知的"文艺复兴"运动。这场运动将反封建、反宗教、反对禁欲主义作为反对的焦点；神性为人性所替代，蒙昧为理性所替代，封建等级制度为个性解放所替代。人们脱离了封建神学的羁绊，不断探讨人作为个体本位存在的意义，在寻求和肯定人的价值中，开始关注人性，开始大胆追求人的平等、独立和自由。具体而言，此时期对"人"的关怀主要表现在以下几个方面：

一是人的主体地位及价值，也就是人的主体性，受重视度得到提升被更加关注。人文主义者在对人、神，人与动物之间关系进行辩证分析的基础上，对人的价值及作用给予了更充分的肯定，人的尊严感得到全面维护及提升，而这也恰恰就是文艺复兴时期人文主义发展的基础及终点。文艺复兴时期的思想家与宗教神学不同，他们反对"人应该蔑视自己"的提法，更加强调人的伟大与尊严。为此，思想家们通过人与动物的比较指出，正是因为人类拥有理性精神，才使得其能够成为世界的主人与核心。与此同时，在将人与神对比的过程中把人放在神之上。

二是对于那些具备能力及自由的个体关注度更高，且较为重视这些主体所拥有的多样化主体个性。该时期的思想家们，通过对自我与社会、个人与他人等相互关系的分析，认为每个人都应该成为自己命运的决定者，人们可以靠后天努力来丰富自己的个性，通过自我价值实现使生活变得更加美好，使个性独立、自由，以及创造意识及精神等得到实现。这些内容是对此前人文主义者通过神学教条及宗教仪式等对个人自由进行限制的一种反抗。

三是更加关注人的世俗的感性欲望的合理性，更加关注人的自然欲求的现实合理性。文艺复兴时期的思想家从人的非理性和现实生活世界的关系角度出发，充分肯定了人的感性欲求的合理性，反对超自然的禁欲主义。这一时期的人文主义者认为，人的幸福在尘世而不在天国，大肆宣扬“人是尘世的上帝”，其反对传统的宗教伦理观对人的谈论。

四是更加注重将人的理性放在至高无上的位置，大力倡导人的创造性。文艺复兴时期的思想家透过人与外界的关系，挖掘并发现了人类具有的无限创造力，他们鼓励人们进入并开展世俗生活，从而实现对美好生活的创造及追求。

五是那些才艺多样且具有较强冒险精神的人更为人们所关注。该时期思想家通过从全面与片面的关系对人的发展进行了研究，并对中世纪时代的知识片面性及思维过于固化人们进行了严厉的抨击。该时期所开展的人文主义运动，不但对于人的价值及尊严进行维护及宣扬，进一步提升了人文精神对社会发展影响力，而且它对于工业时代科学理性精神的发展也有着极为突出的贡献。理性精神与自然科学两者的充分融合让人们充分感受到了人类创造世界的巨大潜力所在。

在文艺复兴运动的推动下，人类不再受到神的奴役，并对人的本质有了重新认识，实现了把人的自我本质归还人自己的这一转变。在此条件下，人所拥有的多样化个性及主体地位及与之相关的价值被重新挖掘并得到提升，特别是人们在对自由、平等及全面发展等价值观的追求过程中，其对于人类社会发展有着积极进步意义。但值得注意的是，该时期人文主义者所谈到的“人”这一概念，以及资产阶级所倡导的人性，它们更多体现的是资本主义在萌芽时期的生产关系要求，其本质为某种强调个人主义的资产阶级。在资本主义发展过程中，这种资产阶级所强调的个人主义会越来越明显，而普能的人民大众则没有太多展现自己才能的机会。

3. 启蒙运动时期："人道主义"

人类历史在发展过程中，进一步扩大了资产阶级力量，与此同时，对社会进行变革的诉求也越来越强烈。该阶段所产生及发展起来的理性主义的人道主义，一方面是来自对于文艺复兴时期自然主义、人道主义的批判继承，另一方面则是在与封建势力及蒙昧主义等的斗争中形成的。该时期出现并发展起来的人文主义思想文化运动最大的成就在于使人不再受神的统治，与此同时，以法国为代表的启蒙运动更是指出应将人从等级社会制度中释放出来。在 18 世纪兴起的法国启蒙运动中，当时的许多思想家对于不公平的封建等级制度进行了强烈的批判，他们率先提出"天赋人权"说，并要求在政治上要给予每个人平等，鼓励人们从愚昧中走出来并积极享受人生乐趣，在该运动的影响下人的理性得到显著提升。与此同时，该时期所出现的人道主义，其认为人的理性具有至高无上性。理性在这个时期甚至成为了对一切事物进行评判的标准，人们将自我的独立思辨及判断能力放在首位。思想家们将理性作为一种工具反对封建专制及宗教蒙昧主义，同时他们还通过理性对平等、自由及博爱等价值观进行论证，强调"主权在民"批判"君权神授"。综合以上分析可以看出，该时期所倡导的人本主义思想带有极为强烈的政治色彩，人道主义思想家通过对封建政治统治的批判来实现对资产阶级政治利益进行辩护的目的。

自 18 世纪以后，法国启蒙运动时期所兴起的人道主义对理性的关注度得到显著提升，为人类研究精神领域提供了一个新内容，而且它对于进一步开发及提升个人理性认识能力有着较大作用，能够帮助人们更好、更深入地了解外部客观世界。

4. 近代西方："价值重估"

而到了 19 世纪中后期到 20 世纪中后期，对于人的发展及本质的研究与价值评估成为当时西方哲学研究的主要内容。海德格尔在研究

中通过运用“烦”、“畏”、“死”等与个体心理体验有关的词语来解释人的存在；胡塞尔的现象学更多的是强调以个体为中心，该理论也成为后来存在主义哲学发展的理论基础和思想来源。萨特在研究中提出了对后世影响十分大的“绝对自由”理论，他更关注个体选择自由性，但对于理性主义中与必然性相关的内容持否定态度。与此同时，马尔库塞作为法兰克福学派的核心代表人物在其研究中对科学技术提出了批判，认为科学技术在发展过程中会对人类内心自由带来破坏、对人们精神判断能力带来不利影响。按照技术异化给人类本能动物化所带来的影响来看，它更支持构建起一种基于“爱欲”理想价值目标的社会机制。哈贝马斯在研究中结合技术异化给人们交往所带来的物化及工具化影响，提出人与人之间应建立起一种既相互独立又可以和平共处的交往模式。著名学者韦伯关于现代性对人的影响的思想，对于我们全面认识当今世界人的发展问题具有启示性的意义。在《新教伦理与资本主义精神》中，他通过对“理性化”的应用及对资本主义进行全面分析，认为价值合理性和工具合理性两者间的矛盾冲突是现代文明发展成就及问题的焦点。一方面，现代西方理性主义更多强调的是对工具理性的追求，人的注意力被更多地集中在如何对外部社会进行管理及控制。另一方面，理性主义作为资本主义精神支柱，其发展存在较严重的不均衡性，它更加突出了工具理性这一方面内容，但价值理性因素则被严重忽略，具体表现为每个人的精神生活、精神价值需求及内心情感诉求得不到充分满足及重视，导致人们思考问题及行为方式变得更为固化和缺乏创新力，在此背景下社会生活也没有了更为多样化的创造性价值。心理学专家弗洛伊德开创的精神分析学派被视为人本主义的重要一支，其主要研究人的本能、潜意识等非理性因素，是现代“人的再度发现”的重要标志，开辟了人类对自我认识的新视域。

自20世纪60年代以来，在看待科学技术与人类社会发展的关系问题上，悲观主义和乐观主义者的共同点都是科技决定论，都是将非人性化的机械文明、恐怖科技产物归咎于科技。而人类始终是技术与人类社会关系中的主体，技术只是中介性的客体，在一定意义上技术虽然表现出一定的自主性，但人类的主体地位亘古不变。

对人的发展与人的本质的价值重估的发展观深深影响了20世纪西方哲学、心理学和社会学的发展。

三　马克思关于人的发展的理论维度

人创造了环境，环境同样也改变了人。“互联网+”社会促进了人的发展，又为人的发展提供了条件。马克思关于人的实践理论维度是人在“互联网+”时代发展的基本理论维度。只有全面运用马克思关于人的实践理论作指导，才能有效地帮助人们理解和分析人在“互联网+”时代发展的本质。

探讨“互联网+”时代人的发展，其终极目标是促进人在现实社会与“互联网+”社会中的自由全面和谐发展。因此，马克思关于人的本质理论是“互联网+”时代人的发展的直接理论来源。

人在“互联网+”时代的发展，其前提就是要确定人在“互联网+”时代的主体地位。而突出问题就是作为“互联网+”社会主体的人如何处理在虚拟实践和虚拟社会关系中的自主性、能动性和创造性的关系问题，正确处理好这些关系问题，需要以马克思关于人的主体性理论作为理论指导。

1. 马克思关于人的本质的实践维度

马克思关于人的本质理论的形成与发展是一个不断继承、批判与超越的过程。马克思早在柏林大学学习期间，开始接受黑格尔主义，后来又受青年黑格尔派的影响，此时，同黑格尔一样，马克思认为“自我意识”和自由、理性都是人的本质表现，同时人还具有社会性。

马克思将人的本质理解为“自由的有意识的活动”。但是，个人不仅是原始的存在物，人的自然性也是社会化的自然属性，更重要的是个人无法离开社会而单独存在，个人正是社会生活的确证。

在《关于费尔巴哈的提纲》中，马克思彻底扬弃了费尔巴哈的人的本质观，初步确立了自身的历史唯物主义的人的本质观，提出“人的本质不是单个人所固有的抽象物，在其现实性上，它是一切社会关

系的总和”[①]。在这里，首先，强调了人的本质的社会性，把“抽象的人”与“现实的人”相区分，强调人的社会实践和社会关系，把人与动物和人与人区别开来。其次，强调了人的本质的历史性。最后，马克思强调应从实践活动维度来理解人，人在改造外部世界的实践中不断改变自身。同时，马克思应用辩证思维进一步深化了对人的本质内涵的认识。马克思在《德意志意识形态》中，通过研究人类最基本的实践形式——物质生产，得出结论：“个人怎样表现自己的生命，他们自己就是怎样。因此，他们是什么样的，这同他们的生产是一致的——既和他们生产什么一致，又和他们怎样生产一致。因而，个人是什么样的，这取决于他们进行生产的物质条件。”[②]

在不同历史条件下，马克思对人的本质理解和表达在一定程度上有差异，但概括起来，他主要是从人的社会关系和实践两个维度阐述人的本质，即人的社会本质和人的实践本质。

从人的社会本质维度来讲，人通过一定社会关系来生存和发展，这实质上是马克思从人作为社会存在物对人的本质的论述。通过马克思关于人的本质理论可以看出，人的实践本质和人的社会本质都是以人的社会实践为基础的。

从人的实践本质维度来讲，实践活动是自由的有意识的活动，就是人的有意识、有目的、自我证明自己的活动。其中劳动是最主要的实践形式。人的实践本质之所以是劳动，是因为劳动不仅创造了人的本身，还是人类生存和发展的根本，是人基本的生存方式和实践方式。同时劳动也是人类区别于其他动物的本质性活动。

无论是人的实践本质，还是人的社会本质，实质上都是建立在人的社会实践活动基础上的理论。从人的社会实践活动所结成的社会关系中马克思进一步阐明了人的社会本质，即一切社会关系的总和。

虽然马克思没有在其经典著作中论及“互联网+”时代人的本质问题，即“人的本质是一切社会关系的总和”，“互联网+”是当今社会关系的一种表现形式。因此，马克思关于建立在以人的社会实践

---

① 《马克思恩格斯文集》第1卷，人民出版社2009年版，第501页。

② 《马克思恩格斯文集》第1卷，人民出版社2009年版，第520页。

为基础上的人的本质理论同样可以指导我们探讨人在“互联网 +”时代人的发展本质，以及“互联网 +”时代下人的发展向度。

2. 马克思关于人的本质的社会维度

马克思关于人的发展理论同任何伟大的科学发现与科学理论的产生和发展一样，也经历了一个由产生到发展的过程，并在实践中获得丰富和完善。马克思关于人的发展理论是与唯物史观的形成和发展紧密相连的，马克思一生的伟大理想就是促进人的自由而全面发展，实现全人类解放，促进人的自由而全面发展也是唯物史观和整个马克思主义理论的价值旨归。

马克思在《博士论文》中充分肯定了伊壁鸠鲁的原子偏斜思想，批判了德谟克利特主张的原子仅仅是物质性的直线运动，马克思借助原子偏斜运动所具有的独立性、能动性、个性和自由来表达人的自由。与青年黑格尔派把自由归结为精神自由、理性批判、自我意识革命不同的是马克思开始注意到人的自由同变革环境的关系。

《莱茵报》时期，在马克思的思想中起主导地位的还是黑格尔主义。他用黑格尔理性国家和法的“应然”批判现实生活中的书报检查令。另外因受到人本主义影响，他把人的精神类本质即人的自由视为一种理想标准来衡量现实。马克思又对阶级地位和物质利益对人的自由和发展的作用做了进一步论述，国家并非自由的实现而是私人利益的代表，不过是少数人的自由和特权而已。

在《1844 年经济学哲学手稿》中马克思对人的发展的揭示可以分为以下几个方面：

首先，人的全面发展是在社会实践中实现的。人在实践中所形成的社会关系，反映了人的现实本质。在现实世界中，通过对他人的实践关系才能展现人的自我异化。因而，人的一切社会关系的发展是人的全面发展的实质。人在经由自己的生产活动的社会实践中，对社会进行创造，并使人的活动及其成果都带有了社会的色彩。自然界也只有在社会里才能成为人与人之间关系的纽带。相反，社会关系可以抉择一个人能够发展到什么程度。以发展生产力为本，个人积极地参与全方位的社会来往，全面丰富各种人际关系，全面生产人与自然、人

与自身以及人与社会的各种关系。

其次，人的本质力量的全面发展。马克思认为，一个人的职责就是追求全面地发展自己的一切能力。在全面追求人的能力发展的方面，不仅要追求人的现实能力的提高，还要重点发掘人的自身的原始的潜力，并使其不断转化为人的现实能力。也就是说，只有私有制的消亡，陈规分工被打破，联合劳动者的脑力和体力劳动能够适应不同的劳动要求，把不同的社会职能作为相互轮换的活动方式，使人的本质力量获得全面的生长。

最后，人的自由个性的全面发展。人的发展的终极目标是人的自由个性得以全面发展。在“互联网+”时代，我们推崇张扬的个性，而在马克思时代，则是以追求创建共产主义社会，达到人的自由个性发展之目的。通过马克思在《1844年经济学哲学手稿》中的论述可以看出，只有在共产主义社会中人的全面发展才有可能实现，共产主义是私有财产即人的自我异化的积极的扬弃。

马克思在《德意志意识形态》这本体现唯物史观的经典性著作中，深刻精辟地阐述了“现实的人”的全面自由发展思想，为人的自由全面发展提供了一种全新的思想。

首先，确立了“现实的人”是一切历史的前提。由无数个人及其活动构成了人类社会。马克思认为，有生命的个人的存在是全部人类历史的第一个前提。类和个体的关系被马克思转化成了人与社会的关系，并以此出发，马克思把人的社会属性及其历史发展规律作为重点考察。把人既看作剧中人，又看作剧作者，在受动性与能动性统一之下才能完成“现实的人”的发展需要。

其次，人是在一定社会关系中实现发展的。人的社会关系越丰富，人的本质越能得以全面展现，人获得自由发展的可能性也就越大。同时，社会活动在某种程度上具有固定化的特征，在现实性上造就了人的社会本质，将社会关系人格化，促成各种区域分工与专业角色化的社会关系的生成。

最后，生产力的发展为人的全面发展提供物质基础。劳动生产率的提高极大地促进了生产力的发展，也为人的全面发展提供了充实的自由和可支配的时间。个人能力可以在各个领域得以发展，个人的自由个性得以发挥，从而丰富了人们各种形式的社会交往。在现有的阶级社会以及旧的分工的社会，个人总是随着阶级和社会生产力的发展而发展，人们在发展生产力中建立一定的关系。

马克思所探寻的衡量人的自由全面发展的标准，归纳起来有三个：

一是对人的自由时间进行衡量是人的自由全面发展的基础和前提。马克思把自由时间作为衡量人的发展的重要条件和标准。这说明，时间不仅是人的积极存在的确证，还是人的生命尺度的有效延伸，乃至是人的发展空间拓展。与此同时，全人类的发展需要运用这种自由时间，并且全人类发展的前提就是将运用这种自由时间作为必要基础。

二是人的自由全面发展的主要尺度是自主活动。人的自主活动只有在达到一定阶段后才能与物质生活保持一致，而这又是同每个人向完全的个人的发展以及一切自发性的消除相适应的。实现人的自主活动，需要消除有限的分工、狭隘的交往和有限的生产工具的制约，大力发展生产力，使生产力的发展为人们的自主活动提供物质保障，扩大人的交往范围以及活动条件和手段，消除私有制，公有制的实现，人的自主活动只有在共同占有生产资料的联合体的条件下才能实现。

三是自由个性是人的自由全面发展的最终目的。使每个人的个性在社会当中得到自由而全面的发展，进而实现人的自由个性。自由个性的发展是人的自由全面发展的内在要求，自由个性的发展有利于将人的自我意识升华为主体意识，使人们认识到自己是一切存在物中最有价值的存在。

根据以上理论，马克思关于人的自由全面发展理论就是马克思关于人的本质的社会维度，虽然没有对人在“互联网 +”时代自由全面发展的内涵和实现条件给出详细的论述，但是，“互联网 +”时代受到现实社会的延伸和拓展影响，现实具体的人在“互联网 +”的发展作为这一时代人的发展的重要组成部分，马克思关于人的自由全面发展的理论同样成为人们探讨“互联网 +”时代人自由全面发展的理论

来源。

3. 马克思关于人的主体维度

关于人的主体性研究始终成为哲学上研究和探讨的核心，如黑格尔主要从抽象、感性的视角来对主体进行研究，把主体确定为某种精神实体，把主体性归纳总结为精神实体所具有的抽象能动性，从而否认现实的主体。

马克思主义在批判和继承历史上有关主体的各种学说的基础上，从实践与社会关系的视角，首次把主体的本质确定为实践的存在物，并根据主体在实践中所表现出来的特性进行科学的界定。马克思将人的主体内涵具体归纳为如下几个方面。

首先，人作为活动主体的自主性和独立性。从社会视角来看，自主性意味着社会关系等并不是独立于人之外的事物，而是一种特殊的实在，这种特殊实在的本身就是人所创造的成果，人的生存和发展需要这种特殊的实在。因而，人将社会生存条件把握在自己的手上并按照自己本质的需要来安排世界，进而使自身变为社会的主人。

其次，人作为主体的自由自觉的能动性。以人作为人而存在的一定性、本质视角来确证自由自觉的活动，本质上是人的主体性的存在方式的表现，人与动物的差异体现在自由自觉的活动，尤其是用主体的方式对待自我的存在。

此外，人作为主体的创造性。人是“创造者”和为历史“创造者”的生物，是社会的主体。主体的人是唯一能从纯粹动物状态脱离出来的高级动物，主体健康状态同他的意识相顺应的状态，是需要他自己来创造的状态。

人不仅是现实社会的主体，也是“互联网+”时代的主体。在“互联网+”时代确证人的主体地位是促进人的全面发展的前提。虽然马克思没有直接论及“互联网+”时代人的主体与主体性问题，但是马克思关于人的主体性理论对“互联网+”时代人的发展研究同样具有指导作用。

第三节 “互联网+”对网络文化系统内生主体发展的双向控制

“互联网+”本质上为开放式演进的意向，通过“互联网+”活动延展这种旨趣使之成为人的潜在向度和外在向度。“互联网+”一体的两面是“互联网+”的“为主体”向度和“反主体”向度。一方面，“为主体”向度又为人性的张扬供给相应机制和动力，即人的思维能力、认识能力和活动自由度被放大；另一方面，“反主体”向度使网络文化系统内生主体陷入生存困境，使网络文化系统内生主体的发展面临两难境地和新的悖论。简言之，网络文化系统内生主体建构了“互联网+”，“互联网+”促进了网络文化系统内生主体的本质力量开放。

一 “互联网+”的“为主体”向度

“互联网+”的“为主体”向度即“互联网+”时代网络文化系统内生主体本质内涵的深化、丰富网络文化系统内生主体的社会关系和满足网络文化系统内生主体的需求。

1. “互联网+”时代网络文化系统内生主体本质内涵的深化

网络文化系统内生主体本质的全方面展现也是网络文化系统内生主体的发展过程。所谓网络文化系统内生主体本质内涵即网络文化系统内生主体拥有主体意识和作为实践主体的功能。这表现为能动性、自主性、创造性。在“互联网+”时代，互联网代表一种新的生产力，网络文化系统内生主体的能动性、主动性、创造性在这一时代被最大化调动起来，体现为网络文化系统内生主体的自主性的增强、能动性的发挥和创造性的强化。

自主性是主体性的一个根本特点。自主性是指网络文化系统内生主体在实践活动中，将主客体条件变化和自身的需要作为支配自己活动的依据，来主导客观对象的发展变化。网络文化系统内生主体对客

观世界在一定程度上具有某种依赖，但并不同其他动物那样悲观地依赖客观世界，而是在依赖的条件下，施展能动性，自主地支配自己的命运。此外，自主性存在于相应的历史环境中，同网络文化系统内生主体的本质力量和才能水平的发挥密切相关。

“互联网+”时代，自主性的增强首先表现在对网络文化系统内生主体自主意识的觉醒。“互联网+”时空使得网络文化系统内生主体的交往范围扩大，层次提高，也变得越来越自由。但在交往中，网络文化系统内生主体也面对着这种变化的情况，随时根据自身的主观想法，交叉地选择信息互动的发展方向和进程，充分地凸显网络文化系统内生主体的主动性和选择性。在“互联网+”空间里，网络文化系统内生主体自主地选择自己的生活和行为，网络文化系统内生主体可以尽情挥洒自己的见解和主张。

能动性是网络文化系统内生主体的主体性的基本内涵，是网络文化系统内生主体成为主体的基本依据。它是指网络文化系统内生主体在改造世界的实践过程中所反映出来的自觉性、主动性。网络文化系统内生主体对客观世界的依赖性，使网络文化系统内生主体不得不激起对自己的情感和欲望的追求，从而促进主体的能动性的发挥。“互联网+”平台不仅使主体抛开了实际生活中各种身份的界定，也打破了现实物理元素对个人行为活动的制约，使网络文化系统内生主体在“互联网+”中的行为活动不再局限于一定的时间、一定的区域或一定的组织内，“互联网+”主体可以随时随地和任何一个“互联网+”群体发生交互作用，可以逐步摆脱自身的局限性，实现超越自我，推动自身的解放和发展。

网络文化系统内生主体的劳动是创造性的表现形式，而创造性是主体性的最高体现。人类积极创造、改造客观世界，使客观世界按照人的需要发生变化。但是，网络文化系统内生主体的创造性的活动要受到多方面的限制，即一方面要受到客观事物的本身属性的限制，另一方面又要受到自己的需要和满足需要的现实力量的限制，按照美的规律进行创造。通过“互联网+”能为网络文化系统内生主体按照自己需要的尺度和要求去改造客观世界，创造条件使网络文化系统内生主体的主体力量成为对象化的产物。“互联网+”从世界属人的角度来看，即属人世界，这主要凸显网络文化系统内生主体的创造性作用。比如运用电子商务进行模拟商业，打破了时空的界限，商品的流通速度得到加快，这是所谓网络文化系统内生主体创造性的表现。网络文化系统内生主体实践的深刻实质就是创造性，这也是“互联网+”时代的内在本质。通过此平台，开发了网络文化系统内生主体的创造性潜能，发掘了网络文化系统内生主体的创造能力。

2. “互联网+”时代丰富网络文化系统内生主体的社会关系

“互联网+”的发展带来的虚拟环境的存在，给网络文化系统内生主体极大的自由空间，促进了网络文化系统内生主体的发展。在这个虚拟的环境里网络文化系统内生主体克服了狭隘的个体界限，建立了新型丰富的社会关系，增强了网络文化系统内生主体的本质力量。

“互联网+”时代出现了一种全新交往关系——与网有缘关系，其使网络文化系统内生主体的交往从物理时空和主体身份中脱离，并打破了长期以来的主—客两极的单线交往模式，从而形成多线条、多主体性、非中心化和多维度的新型交往关系。“互联网+”时代的时空结构使人的智慧和才能与各种类型的信息资源及信息化功能有机地结合起来，使网络文化系统内生主体能够超越时空来解决繁杂的、多元的和非系统性的问题，从而形成了越发自由的人际交往关系和加倍全面的社会关系。

“互联网+”时代突破网络文化系统内生主体的社会交往的身份限制。“互联网+”交往的世界是一个开放的、虚拟的世界，人人都拥有话语权，网络文化系统内生主体不需要受制于他人，完全可以按照自身的意愿选择和取舍交往的对象和话题。因此“互联网+”社会交往为网络文化系统内生主体营造了平等、自由的交往环境，使网络文化系统内生主体能够清闲自在地进行社会交往，能够自由地处理人际冲突的问题，进而构建新型的社会关系。

“互联网+”时代拓展了网络文化系统内生主体的社会交往的空间范围。网络文化系统内生主体的交往活动由于受到传统的社会空间的严格限制，只能在一定范围内进行。而“互联网+”时代，网络文

化系统内生主体的交往范围扩大，突破了空间的限制，拓展了交往的空间范围，使地球变得越来越小，拉近了网络文化系统内生主体间的距离，任何网络文化系统内生主体都可以跨洲越海地与另一位不相识的网络文化系统内生主体自由交谈，“互联网 +”社会交往创建了一种超越现实世界的新交往领域。此外，“互联网 +”还创新了多种交往形式，如一对多、多对一等，从而为网络文化系统内生主体的社会化提供了广阔的舞台。

“互联网 +”时代丰富了网络文化系统内生主体社会交往的共享内容。在“互联网 +”时代社会信息的大量生长和传递，最大范围地实现了网络文化系统内生主体文明财富的共有和共享。通过“互联网 +”社会交往，使网络文化系统内生主体的个体活动产生广泛的社会影响和世界影响。从一定意义上看，每个网络文化系统内生主体都能参与推动世界历史的进程，网络文化系统内生主体变成了世界范围的人，成为了世界历史的主体。

3. “互联网 +”时代满足网络文化系统内生主体的需求

由于不同的社会关系，从古至今的社会形态中，人的需求的满足程度并不一致。在等级社会中，更加容易满足上层社会人们的需求，而难以满足下层社会人们的需求。而在“互联网 +”虚拟时空里，在一定程度上网络文化系统内生主体具有平等性，他们交往的广度和深度取决于其力量的对比、需求的满足程度。

美国心理学家马斯洛提出人的需求的五层次说，其中最基本的需求是生理需求，然后依次是安全需求、归属与爱的需求、自尊的需求及自我实现的需求，这几层需求构成需求的正金字塔型结构。以马克思主义的观点而言，前两层需求为人的物质需求，而后三层需求是人的精神需求。

网络交往具有灵活性和多样性，这种自主自愿开放的网络交往，既能够满足网络文化系统内生主体的物质需要，也能够满足网络文化系统内生主体的精神需求。通过网络交往，要获得成千上万条信息所变得很容易，只要在电脑上输入关键字或点击搜索引擎即能达到目的，然后再根据自己的需要，对所获得的信息进行条件筛选，网络文化系统内生主体就可以在瞬间接触到全球范围内的信息。这样就为网络文化系统内生主体的生产、生活带来了巨大便利，从而最大限度地满足网络文化系统内生主体的多种需求。同时，在“互联网+”空间，丰富的精神资源为网络文化系统内生主体学习知识和了解社会，使自己的精神层面的提升成为可能，网络文化系统内生主体在“互联网+”时代敢于扮演社会人不敢扮演的角色，能够极大地丰富和满足人的精神需求。

人的需要随着历史的不断发展会呈现出一种上升的趋势。而“互联网+”社会交往给网络文化系统内生主体需要提供了一个全新的网络空间。网络文化系统内生主体需要在“互联网+”社会交往中得到满足，同时还激发和引起了网络文化系统内生主体新的需求。“互联网+”交往空间作为信息的海洋，为网络文化系统内生主体供应诸多信息，又通过传递未知的信息，不断激发和引起网络文化系统内生主体新的需求，从而不断升华和发展网络文化系统内生主体的需求层次。

二 “互联网+”的“反主体”向度

“互联网+”在把网络文化系统内生主体从一种羁绊中解放出来的同时，又使网络文化系统内生主体的发展面临新的问题和困境，即“反主体”向度，即网络文化系统内生主体性的内在异化、网络文化系统内生主体生存方式的显性异化和网络文化系统内生主体思维方式的隐性异化。

1. “互联网+”时代网络文化系统内生主体性的内在异化

“互联网+”时代为网络文化系统内生主体性提升创造条件的同时，也桎梏着网络文化系统内生主体的主体性。“互联网+”对网络文化系统内生主体性的立体压迫，导致网络文化系统内生主体性的内在异化。

一是自主性异化。“互联网+”条件下，传统媒介的杂志、报纸受到现代网络媒介的冲击，手机、网络等各种交互移动终端可以使网络文化系统内生主体随时随地获取多元化的信息，网络文化系统内生

主体常常被各种信息牵制，不由自主地徜徉在信息的海洋里，在海量信息的冲击下，网络文化系统内生主体的自主性逐渐悄然散失。网络文化系统内生主体的注意力、选择力和判断力不断被海量化、碎片化的信息吞噬，网络文化系统内生主体迷失在各种真假难辨的信息海洋里，乃至于深陷在选择性纠结之中。网络信息的新颖性、奇特性、即时性、娱乐性紧紧地吸附着网络文化系统内生主体的眼球，牢牢地抓住了网络文化系统内生主体的神经，对网络文化系统内生主体的自主性产生了很大的负效应，譬如，在网络世界中，各类“网虫”、“网痴”、“网迷”经常沉迷于网络游戏、网络交友中，任性地浪费着自己的时间和精力，使自身的主体性不断被消解。

二是独立性异化。互联网信息技术的迅速成长，驱动网络文化系统内生主体对它的依赖性增强。比如，网络文化系统内生主体手机不离身，一旦身边没有网络，就会变得烦躁不安、六神无主。网络文化系统内生主体即使在紧张的学习、工作和生活当中，也总会不由自主地不断拿出手机刷屏。而在闲暇生活时，则更加疯狂地刷各种微信、微博，成为“互粉”、“互黑”的主力军。正如托夫勒所言：“当我们向物质环境灌输越来越多的聪明才智时，我们自己的脑子会不会萎缩?”① 个体在“互联网+”连接一切的攻势下很难独善其身，这种依附剥夺了网络文化系统内生主体的独立性。

三是创新性异化。网络文化系统内生主体在“互联网+”的跨界融合、重塑结构的驱动下，常常不自觉地痴迷于便捷的、全方位的网络消费方式中。网络改变并超越了传统纸媒，如书籍、报纸、杂志为人提供信息的渠道。网络文化系统内生主体只需手指轻松一点，便可通过手机、计算机等工具，借助百度等搜索引擎搜寻到海量的信息数据。这种快速、便捷、智能、准确、海量搜寻数据信息的优势是传统方式难以企及的。于是，网络文化系统内生主体处处求助于网络，无论是学习、工作，还是娱乐、生活，甚至连日常生活中很简单的小事也习惯性地依赖于网络。习惯性的刷屏，习惯性的复制、粘贴，以至

---

① ［美］阿尔文·托夫勒：《第三次浪潮》，朱志焱、潘琪、张焱译，新华出版社 1996 年版，第 189 页。

于分析和消化能力在逐渐退化，更妄谈深刻的逻辑思维能力，这种复制、粘贴式的“电脑思维”，逐渐弱化了大多数网络文化系统内生主体的创新思维。

2. “互联网 +”时代网络文化系统内生主体生存方式的显性异化

在生存方面，网络文化系统内生主体在其中生产自己的生活和条件，在这种情况下，网络文化系统内生主体对于自身以及自身的生存方式和人们最相似的逻辑思维规定的方式，然而在现实中，自己能否生存下去，这种思维观念如何更好地生存是一种在头脑中的客观上的反映，人们生存的方式是人们自古以来就存在于生存价值观念中，如何生存下去，这是一种基于本能的选择。从发展的视角看，新的“互联网 +”方式借助如今的科学技术，实现人们对生活的改变，实现生存交际活动，对生存进行更深层次的理解，网络文化系统内生主体在现实中通过科学技术改变了现如今的生活方式并得到完美全方位展示，至此，网络文化系统内生主体有了一种更新的生活方式，在各个方面实现自由，实现民主和个性化的生活。

从历史更深的层面上看，现如今的中国正实现历史性的转折改变，从以往的人和物质的依赖继而向自由民主更有个性化的方式转变，人的生存方式得到极大的改变，在物质化生存和虚拟化生存之间，同样面临着更大的挑战问题，伴随“互联网 +”的方式出现，人们之间生存的方式同样得到主体的蜕变和交往的不同化。

在“互联网 +”时代，网络文化系统内生主体的生存方式隐性异化在于主体与主体间特性的生存方式。传统的主体交往被信息工具替代，在网络上可以肆意地进行心理释放，同时，一旦离开互联网所建构的虚拟社会，孤独、彷徨和无助感便又充斥着人们的内心世界。马尔库塞对当下工具范围的技术的描述非常准确，他说，技术既可以增进人的力量，又可以加速人的衰弱。由此可见，技术设置了人们的生存方式，网络技术不是使网络文化系统内生主体改变了原先固有的生活、工作等方式，而是按照网络的特性去选择生活和交互方式，当然，网络文化系统内生主体的创造性和能动性不能得以阐发，网络文化系统内生主体的思考力、判断力和批判力也会随之不断蜕变，“单

向度的人”由此产生。

马克思认为，人是“处在现实的、可以通过经验观察到的、在一定条件下进行的发展过程中的人”①，随着“互联网+”时代的到来，以往生存模式的人也随着现代科技被逐渐数字虚拟化，成为一种符号象征，正因为抽象的存在比不上现实中的人们所了解的经验，人成为抽象和具体相互交织的两重人，正因为“互联网+”时代，人们产生了创新和自由个性化实践的新方式。然而这种新的方式脱离了人的实际范围，违反了人以实用为目的的生存活动方式，人的实践能力超脱于现实中，处于漫无边际的想象，同时实践能力正以同样的速度消失衰退，在这种“互联网+”时代中，人们更加自主、更加依赖，同时在生产上大大增强其自主性，人人都是生产中的主导者，在网络中，每个人都可以成为重要的生产工具，从生产过程中，人们任何一个节点都不可或缺，都是一个重要的关键点，但是从他们具体生产身份中提起，这样的每一个节点都可以更换，每个人都是可以随之被代替的，自由性很大，流动性很大，这样一个现象同样会降低人们之间的信任感，人际关系紧张，信任危机严重，人的社会责任感大大降低，消除社会信任。

“互联网+”时代过度重视工具理性的数字化导致人的个性和价值的多样性，使主体人变得抽象化，进而导致人与人的交往机器化。沉浸在虚拟社会中的人，与现实的人产生“鸿沟”，人与人缺乏感情的交流。分工所造成的片面化反映了交往主体的潜在认同，不具有外部强制特性。

3.“互联网+”时代人的思维方式的隐性异化

“互联网+”时代为原有的社会形态加入了既不属于物质基础，也不属于上层建筑的新元素，形成了不同于以往的“互联网+”社会空间。生存在这种虚拟化、分散化的社会空间，人的思维方式也随之发生异化，主要表现为非理性的理性思维、思维结构的复杂、多元化的特点。

① 《马克思恩格斯文集》第1卷，人民出版社2009年版，第525页。

在信息大爆炸的时代，网络文化系统内生主体面对信息化浪潮，往往变得缺乏创新、没有耐心，乃至于产生信息焦虑感，经常因担心错失主要信息而时刻在攫取各种信息，但较少思考。而且网络化复制的简单性使得重复信息、垃圾信息呈爆炸式增长，但是这种信息的价值并不是和它传递的量成正比，往往呈现信息匮乏的状态，导致了我们思维的简单化。

随着“互联网+”的发展，人们的阅读方法也在改变，随之，阅读习惯、思维方式也在改变。阅读方式呈现碎片化、思维也开始碎片化，正如在虚拟空间，网络文化系统内生主体打开网页后，经常会同步进行浏览、聊天、查阅，这样，必然不能专心做一件事情，思维不断被其他的信息和想法占据，进而人的思维结构在“互联网+”时代更加多元化、复杂化。网络文化系统内生主体有了问题就问“度娘”或“谷歌”，因依赖互联网的知识储存和查找功能，通过“复制”加“粘贴”来获取知识，人们产生了疏于记忆的惰性。由此，阅读被浏览取代，思考被查找代替，人们的思考和创造能力逐步被弱化。

同时，“微”文化在“互联网+”时代也开始凸显，使我们的注意力变得分散，生活也更加碎片化，导致人的感性认识在“互联网+”社会空间中变得更加肤浅，人们对于事物的第一认识更趋向于感官上的直觉刺激，对欲望的追求也更加直观化与平常化。在“互联网+”时代造就的空间使人变得非理性，突出表现为意志薄弱、动机驱使、信仰缺失等，从而使人们开始对物质生活进行过度的追求。

第四节 “互联网+”时代网络文化系统内生主体发展的三维向度

在“互联网+”时代，对当下的网络文化系统内生主体来说，就是要通过消除或控制异化对自身发展的影响，促使自身在“互联网+”时代所需的能力、关系和个性的整体提升的过程。网络文化系统内生主体的发展能否避免其在“互联网+”时代过度异化和扭曲，

实现其和谐发展，这主要取决于“互联网＋”时代网络文化系统内生主体发展的向度，即网络文化系统内生主体在“互联网＋”时代发展的指向和方向。透过“互联网＋”对网络文化系统内生主体发展“反主体”向度的剖析，“互联网＋”时代网络文化系统内生主体发展的三维向度是：网络文化系统内生主体发展的批判向度、网络文化系统内生主体发展的主体向度和网络文化系统内生主体发展的价值向度。

一 “互联网＋”时代网络文化系统内生主体发展的批判向度

在“互联网＋”时代，如何建构网络文化系统内生主体的感性世界观，如何实现虚实和谐，防止“主体蜕变”，成为网络文化系统内生主体发展的批判向度。

1. 反思与批判：“感性异化”现象

我们所理解的感性，其特定内涵主要体现在两个方面，一方面是在网络文化系统内生主体的实践和生存等物质现实中，另一方面就是网络文化系统内生主体的观念，网络文化系统内生主体的思维方式和精神，感性存在于社会的每个方面中，伴随着人们的发展而发展。

“互联网＋”时代是人—机新感性阶段。人在感受方式、表达方式、交往方式等方面都产生了革命性的变化。

随着虚拟现实技术在“互联网＋”时代的迅速兴起，网络文化系统内生主体作为感性存在物的基础被重新审视。从传统意义上而言，网络文化系统内生主体在首要的意向上是感性的存在物。在网络文化系统内生主体的发展过程中感性世界的关键作用是无可替代的。但是，“互联网＋”时代，真实的感性世界可以为人工手段生产出来的“伪感性世界”所替代。这种“伪感性世界”，不仅打破了现实与虚幻之间的边界，而且还动摇了网络文化系统内生主体的生存基础。网络文化系统内生主体发展应对这种“感性异化”现象进行批判与反思，使虚拟现实技术成为人的感官在智能机器上的合理延伸，从而重新建构网络文化系统内生主体的感性世界观。

在社会发展进程中，人类创造的虚拟成为人们感性的基础，虚拟方式是人类独有创造的思维和行为方式，这种虚拟方式与社会现实中的实在方式相对应。“互联网+”这种时代虚拟，一方面保留了传统的方式，又创造了网络文化系统内生主体的虚拟实践，并赋予其可能，打破传统概念并赋予新的概念，如自然和文化、真与假、虚拟和现实等，扩大了人类的虚拟实践空间范围，使人类拥有一种自然的现实世界和数字化的虚拟世界。所以说，在“互联网+”中，人们的感觉方式也直接从一维向多维转变，网络文化系统内生主体既可以通过一些技术手段赋予网络空间以传统的物质世界属性，使网络文化系统内生主体能够感知到虚拟的存在，又可以通过虚拟技术方式，对不满足的客观事物进行不同于现实的再创造，即对真实属性的虚拟再创造，例如，虚拟经济、虚拟市场、虚拟现实、虚拟时间、虚拟政治等，通过这些虚拟的方式以及对他们虚拟空间的开拓能深深地改变网络文化系统内生主体对真实的想法和观念，改变网络文化系统内生主体的现实生活。总的来讲，虚拟性的实践是一种新生的实践方式，网络文化系统内生主体在实践方式上进行了历史性改革，为网络文化系统内生主体提供了更加美好的发展前景。

人全面发展的基础是感性的丰富。“互联网+”时代为网络文化系统内生主体提供了一个信息库，这个信息库包括图画、文字、语音等动感的、崭新的信息，它使网络文化系统内生主体的感觉被丰富，孕育着网络文化系统内生主体自由自在的感性。网络技术、模拟技术、人机界面技术延展了网络文化系统内生主体的感官，意味着第三次感觉解放和感性革命即将到来。这种带来的就是人—机的新感性的产生，人—机新感性将成为“互联网+”时代网络文化系统内生主体发展趋势，它向网络文化系统内生主体的感觉呈现了一个全新的界面，从而使网络文化系统内生主体发展迈入了全新的历史阶段。

2. 反思与批判：“虚拟现实”现象

“互联网+”时代网络文化系统内生主体发展，首先，作为有生命的具体的人，不管是“现实的人”还是“虚拟的人”都内在地要求在虚拟和现实两种社会场域中保持人性一致性、统一人格化。其次，“互联网+”时代网络文化系统内生主体发展，既离不开网

络文化系统内生主体在现实生活的成长，也离不开网络文化系统内生主体在虚构社会的发展，这种发展应该呈现出虚拟和现实协调的状态。

网络文化系统内生主体的现实发展是其在现实社会实践与交往过程中实现的，网络文化系统内生主体的虚拟发展是其在虚拟社会中实践与交往过程中实现的。因此，网络文化系统内生主体发展不得不面临虚拟与现实不同场域发展的境遇。

从人的发展观的角度，网络文化系统内生主体发展面临着现实与虚拟不同发展观的境遇。虚拟与现实场域由于不同特质的社会场域，两者之间存在着难以协调的二元关系。互联网以及网络文化系统内生主体的虚拟社会生活的形成，延展了网络文化系统内生主体的发展空间，但也使网络文化系统内生主体抛离了原有单一的现实社会生活轨道，需要同时在虚拟与现实这样不同的世界中进行过渡与转换。网络文化系统内生主体在现实社会形成的发展观相对稳定和牢固，网络文化系统内生主体已经形成的现实社会的世界观和方法论并不能完全适应于虚拟社会，由此导致虚拟和现实两种不同的世界观、价值观、生存观、发展观，以及不同社会角色定位和生活范式之间的差异、矛盾和冲突的境遇，从而陷入虚实难辨的发展境地。虚拟现实场域交融，其界限模糊，导致网络文化系统内生主体在虚拟与实践活动中虚实难辨。

从网络文化系统内生主体的发展方式角度，网络文化系统内生主体不仅面临虚拟实践与现实实践，还面临着人际交往和人机交往的境遇。在现实社会中，网络文化系统内生主体因生存发展需要，通过现实实践与人际交往活动建立一种具有持久性与天然亲和性的，以及较强的归属感和依赖性的人及社会关系。而在虚拟社会以“互联网+”平台的人机交往和虚拟实践方式实现，改变现实社会实践与交往规则和秩序。人机实践与交往拓展了网络文化系统内生主体的实践与交往时空，更加丰富了人际社会关系，同时有效地规避网络文化系统内生主体在现实交往中的各种问题，但是“疏远现实实践与人际来往”和过度“依赖人机交往与实践”，导致网络文化系统内生主体的发展方

式面临虚拟与现实来往、虚拟实践与现实实践的境遇。

基于上述“虚拟现实”境遇，网络文化系统内生主体全面发展的必然，在于网络文化系统内生主体的虚实协调发展，也是试探人的自由全面发展的向度。在“互联网 +”时代，网络文化系统内生主体以一种任意、自发、全面的发展方式在虚拟和现实社会占有自己的全面本质。将虚实和谐确定为“互联网 +”时代的永恒追求。虚实和谐的基本要求主要体现为以下两个方面。首先是多元性要求，所谓多元就是包括一元在内的二元、三元等。这种虚实和谐不仅包含现实，还必须包含虚拟，必须在现实与虚拟同时存在的条件下。其次是平衡性要求，即保持虚拟和现实等多元间相对均衡状态。虚实和谐要求现实世界的力量与“互联网 +”世界的力量保持一个平衡点，否则，要么是“互联网 +”世界的力量侵蚀现实世界的力量，要么是现实世界的力量威胁“互联网 +”世界的力量。固然，只有通过人类的选择和努力，才能实现虚实和谐。人的虚实和谐发展，需从以下三个方面展开：

一是优化和拓展网络文化系统内生主体的整体认识。虚实技术在“互联网 +”时代作为介质，促成虚拟和现实场域之间的信息一直传输、共时传输，交往方式实现时时多方交流，形成虚拟和现实认识场域，信息时时传输更大程度地满足网络文化系统内生主体的发展需要，地球变小，进一步拓展网络文化系统内生主体的认识视域和空间。

二是优化和拓展网络文化系统内生主体的整体实践活动。通过虚拟和现实实践相结合不断完善虚拟现实社会环境下的生存技能、实现理想的发展和构建独属于自己的理想人格。

三是优化和丰富网络文化系统内生主体的整体社会关系。同构平等和睦、相互尊重、互信互利的和谐的虚拟和现实社会关系，以人为中心的社会关系结构进行建构，并以此促进网络文化系统内生主体的发展。

3. 反思与批判：“主体蜕变”趋向

“主体蜕变”趋向即主体认知能力和想象力退化和主体“身体缺

位”。在“互联网+”时代，更需对这种“主体蜕变”趋向进行理性审视和反思。

从心理分析主义的观点出发，弗洛伊德对主体进行分析。他把人的意识结构分为三个层面，即意识、潜意识和无意识，把人格也分为三种，即“超我”、“自我”和“本我”。“超我”即人的行为方式和个性人格特征由社会道德原则和规范形成，它通过对意识的严格控制，使意识引起紧张的忧虑。“自我”指的是自身能够对所进行的思考以及感官上的感觉有一定的意识部分。“本我”则倾向于原始的自身，该阶段是人类渴望生存本能的直接体现，基本特征是能够随时随地地追求对自身的满足。站在弗洛伊德所描述的精神分析哲学的角度，使用过去单向性的主体性视角来进行分析，思想主体与实质上的身体是互相分离的，因此主体会表现出机体最为原始的本能需要。在“互联网+”社会中主体可以完全按照自己的意愿表现出相应的行为，不用被现实社会中的道德理念所约束，长此以往造成社会中的文化价值理念被削弱，并在这一基础上，自我原始的人性会被很大程度地释放出来，停留在社会中的主体在不受约束的情况下彻底地释放自身。特别是部分主体对于现实社会存在一定的偏见或者是不满自身在现实中的生活环境时，通过虚拟的互联网环境对自身进行重新塑造，当一个全新的自我形成之后，就会对现实中的主体表现出不断的怀疑。

然而从更深的角度来看，与弗洛伊德在精神分析中的相关结论有着明显的差异性，虚拟世界主要是通过互联网的运用反馈得到的一种能够进行控制的系统，仅仅是主体的一种思维映射。对于主体来说，往往对虚拟中的主体投以真实情感，并在现实中表现出对自身的深度怀疑。从这一点可以看出，虚拟主体可以在一定的情况下具有实际的权利意志，因为有着对世界进行掌控的渴望，虚拟主体心理的生动化导致对现实主体的思想形成约束，造成主体盲目地依照既定的程序完成实践认知的处理，想象力遭受严重阻碍。

因为现实主体的思想长时间处于“互联网+”中的虚拟社会之中，因此在面对社会责任上没有多少具体的感觉。应当认识到，身体是人类思想的载体，以血肉的形式真实地存在，通过适当的机制保证其不会为外界因素所伤害，同时，身体保持一定的稳定状态也是主体在现实社会中的行为标准和基础。从法律和道德规范的角度来说，身体充当的是一种界限的形式，不但是规则作用的主体，同时也是个体自我隐私的保护实体，是一个实实在在的个体。如果身体这个介质丢失，不但等于打破了主体与外界的这种清晰的界限，导致主体行为在现实中更加大胆，使其人格品行在外界表露得更加真实；同时社会中所形成的一定规范的约束也就不再具备实际效力，在一定程度上导致社会秩序的混乱。

处于“互联网＋”时代的网络文化系统内生主体在进行自我身份的重新塑造时，在不依赖于实际的生存条件的状态下对主体维度加以创新。通过不断地重组和创新，虚拟主体的身份成了一种多元化的实验探索的方向，其目的不是脱离实际存在的人，而是重新建立一个新的自我，并在不断的探究中形成一个新的主体身份，并将其具体化，使之不仅仅是一个静态的概念性物体，而是实实在在的存在着。从这一点上看，虚拟身份能够被当成一种长久的探究性活动，并且在这个过程中不断通过各种意义的符号来将其完善，在客体化自身中逐步形成。

如何遏制“主体蜕变”趋向，首先，确立网络文化系统内生主体的主体性意识。在现如今这个信息化时代，一切发展都非常地迅速，因此，网络文化系统内生主体只有对自身有一个深刻的认识，并且能够不断地自我改进、自我提升，才能够确保其主体地位。其次，就是要确立网络文化系统内生主体的自我地位。在进行相关网络活动时，网络文化系统内生主体只有充分地对自身位置有一个深刻的感知，才能够保证主体并不是其他事物所能够替代的，但网络文化系统内生主体也要对自身有一个深刻的认识，要认识到自身的不足以及自身的位置。只有网络文化系统内生主体能够审时度势，不断自我认知，能够换位思考，才能够确立自我地位。最后，网络文化系统内生主体在进行网络活动时，要加强对自身行为的规范，要对网络信息的接受者所接受的信息进行有效的控制，要控制自身不去传播和浏览不健康网站，不对其他人进行网络攻击，不捏造网络事实，合理控制使用网络

的时间等。

二 “互联网＋”时代网络文化系统内生主体发展的主体向度

从哲学方面讲，人的全面发展从本质上讲就是人的本质的全面发展。“互联网＋”时代网络文化系统内生主体的主体向度，必须从拓展网络文化系统内生主体的实践本质视域、丰富网络文化系统内生主体的社会本质内涵和张扬网络文化系统内生主体的个体性本质特性这三个方面来加以把握。

1. 拓展网络文化系统内生主体的实践本质视域

实践本质就是通过开展相应的活动，不断地提高参与者的能力，从而让参与者能够不断超越，能够对自身更加了解。实践关乎人们自身的发展以及社会的进步，网络文化系统内生主体只有通过各种实践活动，才能够逐步树立其独立的价值观，从而慢慢地从对他人的依赖中摆脱出来，使自身发展成为自己在“互联网＋”时代的生存方式。在自身的实践中，自觉提高自身素质，不断克服与现实发展的实践方式和观念不相适应之处，以达到实践能力和水平不断提高的目的。立足于社会实践，网络文化系统内生主体在不断超越中，使实践目标日益具体和丰富，对影响自身发展的因素进行积极扬弃，从而推动自身的全面发展。

“互联网＋”时代，网络文化系统内生主体的实践活动大致分为参与性实践、体验性实践和创造性实践三种类型，这些实践活动的形成和发展为网络文化系统内生主体在“互联网＋”时代的发展创造了条件。实现这些实践活动主要有以下方面：首先，创新形式多样的参与性实践方式，主要涵盖以下三个方面：一是网络文化系统内生主体参与网络碎片化信息的选择与整合、消化与吸收、加工和改造等活动；二是网络文化系统内生主体参与各种群体组织的实践活动；三是网络文化系统内生主体参与虚拟交往性实践活动。其次，丰富各种类型体验性的实践方式，如可以在各种类型虚拟银行、虚拟学校、虚拟医院等体验货币交易、学习、看病等。可以说，这种体验性的实践方式，很容易使人体验到与现实社会一样的实践效果，并且这种体验性的实践方式可以直接刺激网络文化系统内生主体的需要、动机和情趣等发展，从而促进网络文化系统内生主体在“互联网 +”时代能力和素质的提升。最后，积极倡导创造性实践方式。比如大力开展虚拟科学研究、虚拟产品开发以及虚拟生产性设计等创造性虚拟实践活动开展。

2. 丰富网络文化系统内生主体的社会本质内涵

网络文化系统内生主体的社会本质其实就是对网络文化系统内生主体的社会关系的一种诠释。网络文化系统内生主体的社会本质反映着网络文化系统内生主体的个体以及与社会的关系，从而将网络文化系统内生主体和社会紧密地联系起来，形成网络文化系统内生主体的现实生活世界。另外，网络文化系统内生主体的社会本质还决定着网络文化系统内生主体今后的发展方向，以及网络文化系统内生主体今后如何发展，在网络文化系统内生主体的发展中既体现出受动性，又体现出主动性。

在“互联网 +”时代，网络文化系统内生主体的社会关系主要包含着网络文化系统内生主体与社会和网络文化系统内生主体与自我的关系。

首先，拓展网络文化系统内生主体与社会关系。网络文化系统内生主体间的交往是发展其社会关系的首要条件，正是在交流来往中，网络文化系统内生主体的各个个体在交换心理、情感、信息时受到启发，从而使自身不断得到充实、完善和发展，逐步摆脱个体的、地域的和民族的狭隘性。应从以下六个方面拓展“互联网 +”网络文化系统内生主体与社会关系。一是网络文化系统内生主体需要不断提高自身素质，学习各种知识、掌握各种技能，建立好与“互联网 +”的交流关系；二是网络文化系统内生主体应发展好与“互联网 +”的合作关系，以便于适应综合化的科学技术需要、满足高度社会化的需要；三是网络文化系统内生主体为了科学决策，要善于获取所需信息资源、甄别信息资源的优劣、优化信息资源，发展好与“互联网 +”的信息关系；四是网络文化系统内生主体要实现自身价值，必须要发展好与“互联网 +”的交换关系，以使自身的研究成果和劳动产品交换

的范围不断扩大；五是网络文化系统内生主体要充分行使民主权利，积极参与社会生活和民主管理，发展好与“互联网+”的民主关系；六是网络文化系统内生主体要善于协调各种复杂的社会关系，发展好与“互联网+”的道德关系。

其次，协调网络文化系统内生主体与自我关系。协调网络文化系统内生主体与自我关系的目的在于，使网络文化系统内生主体内部各要素协调发展。这种发展的前提是“互联网+”提供相关信息。因此，应从以下三个方面协调二者之间的关系：一是搜集个人的、集体的和社会的信息，形成信息的交流与信息的反馈机制；二是通过自身科学知识、文化知识、艺术知识的积累，不断提高自身的科学文化素质和艺术创造素质；三是通过“互联网+”提供的思政教育信息，不断提高自身的思政教育素质。从这个视域看网络文化系统内生主体的发展，加强网络文化系统内生主体的交往能力，延伸网络文化系统内生主体的交往范围，形成广泛交往是促进网络文化系统内生主体发展的另一条有效路径。

3. 张扬网络文化系统内生主体的个体本质特性

从不同的角度来看，网络文化系统内生主体具有不同的特性，而从个体的角度上来分析的话，网络文化系统内生主体是一个独立的个体，每个个体都拥有自己独立的思想与行为，网络文化系统内生主体是多种因素的综合体，网络文化系统内生主体最大的特色就是具有个性。因此，在这个新兴的“互联网+”的时代里，我们要以网络文化系统内生主体的基本需求为出发点，努力提升网络文化系统内生主体的精神需求和物质需求，进而达到实现自我、超越自身的目的。而在“互联网+”时代，个体间的接触面也越来越广，对外界事物的了解也越来越多，因此网络文化系统内生主体的需求变得更加丰富。但是这也是浮躁的时代，经济发展的速度太快，而网络文化系统内生主体的精神生活一直没有跟上，因此网络文化系统内生主体的内心极度空虚，进而演变为各种虚假的物质需求，想要通过对物质的需求来掩盖精神资源的匮乏。在这个浮躁的时代下，网络文化系统内生主体真正的物质需求以及精神需求逐渐被遮蔽。因此，“互联网+”的时代，就是为了提升网络文化系统内生主体的精神需求，让网络文化系统内生主体的精神需求和物质需求相平衡，这才是真正的网络文化系统内生主体的本质发展。

首先，强化自身主体性意识。在马克思主义的思想中，人是所有社会发展活动的主体，纵观全球的历史资料，每一次世界进步，世界性大事件发生的背后都是人在推动。而到了“互联网＋”这个具有特殊意义的时代，我们要充分了解马克思主义哲学中的相关知识，要对网络文化系统内生主体有一个清醒的认知，在时代的发展过程中，要充分发挥出网络文化系统内生主体的作用，提高网络文化系统内生主体的主观性。另外，要充分发掘网络文化系统内生主体自身的潜能，努力提升网络文化系统内生主体自我。同时我们要对时代的发展有一个清晰的认知，时代发展的基础就是每个个体的进步与发展，无论是在经济方面、文化方面还是政治方面。

其次，坚持适度的原则。我们应该认识到，要发展网络文化系统内生主体的自我个性，首先应主动克服一切消极因素，要在充分掌握自然和社会发展规律的基础上来超越自然和社会，以提高自身驾驭自然和社会的能力。网络文化系统内生主体的实践活动不能脱离社会实践，必须尊重自然规律和社会发展规律。同时，对自然和社会的超越又要掌握适度的原则，要基于现实又高于现实。通过实践活动的对象、方式、过程，网络文化系统内生主体的个性得以表现。

在“互联网＋”的时代，网络文化系统内生主体在追求个性发展的过程中，一定要坚持适度发展的原则，在实践活动过程中，尊重客观规律，推动自身个性的有效发展，不断为自身作为个体特性发展创造条件。

三　“互联网＋”时代网络文化系统内生主体发展的价值向度

从网络文化系统内生主体发展的价值层面来说，自由与全面发展始终是网络文化系统内生主体在“互联网＋”时代所追求的价值目标，其价值目标的实现离不开高扬“互联网＋”时代人文价值、“互联网＋”时代个体价值赋予和“互联网＋”时代社会价值引领这三

个方面。

1. 高扬“互联网+”时代人文价值

高扬人文价值，是“互联网+”时代网络文化系统内生主体发展的必然向度。人工智能技术在“互联网+”时代的蓬勃发展，使主体人与机器的合理边界问题成为网络文化系统内生主体关注和思索的问题。“互联网+”时代的本质特征就是互联网技术的智能化，这种智能化一方面体现为“物”的智能化，同时还体现为网络的智能化、数据的智能化。今天的智能化则是要求机器趋向于主体人，使智能化机器不仅成为网络文化系统内生主体的延伸，还能替代网络文化系统内生主体的许多能力。那么网络文化系统内生主体人与机器的边界到底怎样区分就成为人工智能时代的人学反思的核心问题。

不难发现，工具理性高度发达的人工智能机器，缺少人文价值理性。因此，我们有理由认为，主体人与智能机器之间的明确界限就是人文价值理性。也就是说，当在工具理性维度上的物越来越具备“人工智能”时，在价值理性维度上的主体人就应当不断锻造出“人文智能”，发掘“人工智能”的人文价值，“使之发现按照人的尊严——人并不仅仅是机器而已——去看待人，也是有利于政权本身的。”①

“互联网+”是为网络文化系统内生主体而存在的，而不是网络文化系统内生主体为“互联网+”而存在。因此，我们要坚决反对工具理性替代价值理性，要坚持以人为本的立场。站在正确的立场发展有科学精神的人类道德。这需要朝着这样几个方面去努力。

首先是努力提升网络文化系统内生主体的人文价值理性，降低技术理性对网络文化系统内生主体的影响。在这个“互联网+”的时代里，最注重的就是公平、公正、合作、共赢。而且随着时代的发展，网络文化系统内生主体越来越重视“互联网+”的本质发展，随着对网络文化系统内生主体的重视，其相关的价值观也会逐渐为人们所接受，而这些价值观念中包含了人文价值理性，通过对“互联网+”价值观念了解的深入，网络文化系统内生主体会逐渐摆脱对技术理性的

① ［德］康德：《历史理性批判文集》，何兆武译，商务印书馆1990年版，第31页。

依赖，进而为创造和谐、友善的社会打下坚实的基础。

其次是要平衡好人工智能与网络文化系统内生主体的关系。人工智能是社会发展的一大突破，是网络文化系统内生主体对事物作出的突破性创新，但是在发展人工智能的时候，网络文化系统内生主体一定要保证自身的主导地位。发展人工智能是为了更好地服务人类，而不是让人工智能统治人类的生活，因此要发挥出网络文化系统内生主体的主导地位，做到人工智能与人类发展相平衡。

最后是培育人文精神。人文精神可谓是人类传承和文化的精粹，其贯穿在人类生存和发展的方方面面，给人类发展的社会结构、文化心理甚至思维方式带来了深远的影响。正是因为人文精神在人类发展和传承过程中的重要作用，在社会步入“互联网＋”时代之后，人们更应该将传统的人文精神在网络这个新的传播载体上不断发扬光大，特别是“互联网＋”时代不同于以往的时代，其更加迫切地需要良好的人文环境，也只有在和谐良好的人文环境下，“互联网＋”时代才能取得更好的成就和发展。另一方面，人文精神作为一个阶段社会传承发展的精华，应该被不断地传承并发扬光大，不能因为步入一个新时代就将其抛弃。只有在这样的环境下，人类社会才能不断地发展传承到现在，取得一个又一个辉煌的成果。

2. “互联网＋”时代个体价值赋予

在“互联网＋”时代，精神上的失落和生活日趋同质化都在困扰着每个网络文化系统内生个体的全面发展。对“互联网＋”的依赖导致了网络文化系统内生主体精神世界的空虚，同质化导致精神世界的匮乏和平面化，要使网络文化系统内生主体不因“互联网＋”时代而单向度化，并使网络文化系统内生主体全方位发展。

若想有效避免个体被网络单向影响，避免“互联网＋”的副作用影响到人类现实的生活，就必须在各个方面强调个体的价值赋予作用，让个体形成正确的人生观、价值观、世界观，让所有个体都保持健康饱满的精神状态，这样才是对“互联网＋”的正确运用与发展。

随着人类社会的飞速发展，网络文化系统内生个体的价值向度和价值观念在某种程度上已经无法跟上时代发展的步伐，一个严峻的现

实就是个体在现今的社会中正逐渐被“符号化”或者“工具化”，个体价值向度和价值观之间的差异性正在逐渐消逝，为了从根源上解决这种问题，就必须要让个体充分认识到自身价值向度和价值世界的重要性，重塑其价值观，唯有如此才能避免个体在社会压力下逐渐沦为工具，让所有个体都能追逐自己的精神世界和梦想。

因此，我们的教育就要引导网络文化系统内生主体重视自身的价值世界，培养自身的价值理性，丰富自身的道德情感，以有价值的人类生活为追求目标，实现对生命的不断超越和人格的不断升华，而不是用科技的工具理性遮蔽自身的双眼，迷失自我，异化精神，出卖灵魂。

3. “互联网+”时代社会价值引领

要想彻底摆脱现在到处充斥着技术理性的哲学模式，让意识形态体系彻底走出否定性思维的影响，让其远离不自由的恶性循环，就必须要对哲学话语进行彻底的重新定义，避免个体受单向度化哲学的影响和制约，重塑个体间健康、全面的意识形态，让个体能够自由而全面地发展。

作为“互联网+”时代网络文化系统内生主体的发展哲学的凝练，五大发展理念为哲学在“互联网+”时代构建起一个基于中国现实国情的价值认同提供可能，形成网络文化系统内生主体在“互联网+”时代的“社会性格”。“五大发展理念”崇尚理性、张扬人的精神、凸显人的地位、探寻发展规律，开辟了科学发展的全新境界。

对于我国当代社会来说，其社会人文精神的核心体现就是社会主义核心价值观，其不仅是我国社会的精神支柱，更是人民的价值追求。随着我国社会逐渐步入新的“互联网+”时代，社会各界逐渐认识到个体价值观培育和践行的重要性，纵观世界范围内国家和地区的发展历史，可以发现，不同社会阶段的价值观和社会科技水平和文明程度之间的关系是互相交织、互相影响的。社会的物质力量和精神力量总是在不经意间互相影响，若未能真正地找到两者之间的协调平衡点，就很容易导致社会的物质力量和精神力量发生冲突。只有找到最符合当前社会形势的核心价值观，并将其在社会各个方面贯彻践行，才能够真正将冲突消弭于无形，促进社会的进一步发展。在“互联网＋”时代，其虚拟性质较为明显，该阶段必将会出现较为严重的物质力量和精神力量冲突，所以必须结合我国社会的实际状况，营造虚拟世界的共同精神家园，发挥“互联网＋”时代的虚拟空间对精神文明的传播引领作用，充分将物质和精神的力量协调统一，将社会主义核心价值观的理念深入到所有个体心中，将其转化为个体的精神支柱和行为准则，进而让社会发展更加稳定。

我们必须立足于“互联网＋”时代的现实，从马克思主义价值观的高度，运用马克思主义的辩证法，从科学的实践观的视角来处理自我价值与社会价值的辩证统一关系，形成正确的价值观。

首先，“互联网＋”时代的价值观重构离不开马克思主义唯物辩证法的指导。马克思主义的唯物辩证法的总特征是联系和发展，其揭示的世界的普遍联系的规律为“互联网＋”重视“连接关系”提供了科学指导，昭示着网络文化系统内生主体与社会的有机联系，在连接一切的连接关系的过程中，网络文化系统内生主体的价值和“互联网＋”的价值得以实现。“互联网＋”将网络文化系统内生主体的自我价值和社会价值相结合，个人的全面发展和社会的进步就是通过网络文化系统内生主体的不断创造逐步实现。利用“互联网＋”的技术优势使人类摆脱低效烦琐的脑力劳动，进行自由创造的知识创新活动，网络文化系统内生主体实现自由全面发展。

其次，“互联网＋”时代的价值观重构离不开马克思主义的实践观。在“互联网＋”时代，网络文化系统内生主体自我价值的实现和检验都需要通过“互联网＋”条件下完成，这个过程也是实践的过程。“互联网＋”时代，网络文化系统内生主体在客观实践的过程中认识世界和改造世界，并将改造的结果重新应用于客观实践中。马克思主义的实践观强调，要遵循事物的发展规律，达到人的实践目的。马克思主义的实践观为网络文化系统内生主体提供了方法论原则，指明了实践的方向。必须时刻遵循实践的现实性原则和合目的性原则，面对“互联网＋”发展带给人类的不确定性的价值观，必须对偏差的价值观予以批判和摒弃，进而形成正确的价值观。

“互联网+”时代网络文化系统内生主体性发展的价值向度，要充分体现其主观能动性，防止其自我价值趋于主导地位的倾向，防止网络文化系统内生主体的价值观偏向；同时，“互联网+”时代，网络的传播方式和网络平台的扩大，增加了各种价值观的传播途径，各种错误的价值观难免会渗入其中。要坚持“互联网+”时代正确的价值观导向，需要马克思主义的科学指导。马克思主义科学的世界观和方法论，对帮助网络文化系统内生主体树立正确的价值观具有重大的现实性意义。

第五章

网络文化系统内生主体的精神世界样态

网络时代是现代化社会各要素之间日益联系密切的突出时代，网络的发展可谓日新月异，并以其自身虚拟性为人们在现实生活中构建了一个虚实结合的便捷互动平台。对于中国网络先进文化建设，我们的研究不能仅仅停留在网络文化系统内生主体的物质文化生活层面，而应进一步延伸到网络时代对于网络文化系统内生主体的精神层面的影响。以一种新的研究视角分析网络时代网络文化系统内生主体的精神世界问题及重建路径，以利于中国网络先进文化建设精神层面的深度研究。

第一节　网络文化系统内生主体的精神世界分析的意义

随着电子计算机及各种社交工具在网络中的普及，网络的发展已经不仅仅局限于最初的军事科技领域，而是触及世界各国的经济、政治、文化、生态环境、社会交往等诸多领域，因而形成继农业时代、工业时代之后的第三代新兴文明时代——网络时代。网络使时间与空间的限制被打破，人与人交流的空间距离被缩小，信息传播的时速被加快。网络的开放、自由、快捷、便利在为物质文明不断注入新鲜血液的同时，也前所未有地对网络文化系统内生主体的精神世界产生冲

击。在网络经济、网络政治、网络文化、网络社会的多重系统外部环境作用下，网络文化系统内生主体的精神世界发生了内部结构的变化，当这种内部变化与对外诉求无法达到统一时，精神世界中的深层隐患便因此爆发，引发了精神世界的诸多外显问题。

一　网络文化系统内生主体的精神世界重建问题凸显

从农业时代的传统道德观塑造，到工业时代的西方社会思潮传播，再到网络时代多元价值观的形成。网络文化系统内生主体的精神世界随着时代的变化不断更新原有精神基因，同时也在多元价值的共同作用下面临挑战。在以“仁、义、礼、智、信”为核心的传统道德主流经历冲击后，逐渐被“功利、拜金、个人、享乐”等负面思潮思想影响，导致网络时代的网络文化系统内生主体经常会有孤独无助、急躁失望、茫然若失等负面情绪的存在。失去了传统精神支柱，却又寻求不到完整的现代精神依靠，网络文化系统内生主体的精神世界便出现种种问题，网络时代网络文化系统内生主体的精神现状也令人堪忧，处于网络时代的网络人更是现代化社会人在网络世界被进一步“物化”的升级版。基于对网络时代大背景的理性分析，对网络时代网络文化系统内生主体的精神现状的综合考察以及对网络文化系统内生主体的精神世界问题成因的系统解析可以看出，网络文化系统内生主体的精神世界重建问题迫在眉睫。虽然人的精神世界是对物质世界的反射，但在一定程度上精神世界同样可以折射出物质世界中隐蔽起来的种种矛盾与弊端。网络时代存在的网络语言异化、西方社会思潮冲击以及网络化生活对网络文化系统内生主体的主流意识形态、传统价值观以及尚未成熟的心理空间都产生了前所未有的冲击。若未能及时寻求到有效的解决方法，那么网络文化系统内生主体的精神世界将会在不断物化、网络化的社会中四处飘零。因此，基于网络时代背景，以系统论方法对网络文化系统内生主体的精神世界问题成因进行内部结构与外部环境的系统分析，并在此基础上提出重建网络文化系统内生主体的精神世界的可行性路径，亦是本书研究的重点所在。

人的精神世界，立足于物质世界而越位其上，存在于人脑之中而超越本体。从古至今，人的精神世界一直在“无意识”地备受关注。从古代神话到宗教形成，人们在精神世界中努力寻求一个凝聚点以达成集体共识。于是，上帝出现了，“他”以其自身规范领导着人们的集体信念，每一个人的内心都存在着共同信仰。随着资本主义的不断发展，商品拜物教使人们的精神世界陷入物化处境，人们在科学发达的年代逐渐感受到了理性主义的强势主导。伴随着尼采的一声：“上帝死了！上帝不会再复活了！是我们把他杀死了！”人们最初纯粹的信仰逐渐被工具的理性精神吞噬，变得日益功利化。随着网络时代的到来，焦急、浮躁、急功近利等多种消极情绪加速异化，影响着网络文化系统内生主体的精神世界。本研究针对网络时代网络文化系统内生主体的精神世界中的语言文字异化、传统文化基因突变以及心理空间被负面效应挤压等问题进行成因分析，并从强化意识、升华网络哲学世界观、解构网络心理空间以及建构精神世界的三维网络场域出发，提出网络文化系统内生主体的精神世界重建维度。增强网络文化系统内生主体对网络语言异化的辨识能力；以网络哲学世界观延续传统文化基因；在感性、理性、超越三个层面解构网络心理空间；以文化、语言、价值认同三维网络场域建构网络文化系统内生主体的精神世界，对网络时代网络文化系统内生主体的精神世界研究具有一定的理论意义。

同时，网络时代以其快捷便利的生活节奏改变了网络文化系统内生主体的生活方式，以其多元开放的爆炸式信息传递冲击着网络文化系统内生主体的精神世界。网络经济环境动摇了网络文化系统内生主体的精神世界中的原有物质根基，改变了精神世界中的利益导向，加剧了精神世界中的物质欲望；网络政治虚拟公共领域影响着网络文化系统内生主体作为“政治人”在网络环境中的诉求，网络政治话语权的解构与网络政治安全问题为网络文化系统内生主体的群体心理及精神世界的稳定性带来了新的挑战；网络文化环境的文化单向传播、网络文化的冲击以及由此形成的网络文化虚拟空间对网络文化系统内生主体的传统精神世界及真实心理空间产生了挤压，西方资本主义国家凭借网络平台的无限制传播和网络文化的虚拟空间，大肆宣扬新自由主义、功利主义、虚无主义等各种西方思潮，动摇了网络文化系统内生主体的精神世界中的传统精神基因，使得网络文化系统内生主体的精神世界充满浮躁、焦虑、缺乏安全感等不良精神情绪，引发了心理疾病与精神疾病等问题；网络社会环境在社会转型中产生了许多新的社会矛盾，网络文化系统内生主体的精神世界因受到网络群体心理的影响而难以集中社会凝聚力，社会价值认同危机也因此产生。本书从经济、政治、文化、社会四个视角对网络时代网络文化系统内生主体的精神世界进行系统外因的分析，对如何营造一个安全稳定的外部系统网络环境提供多角度分析，对进一步维持网络文化系统内生主体的精神世界的稳定性具有一定的实践意义。

纵观所搜集研究的专著、硕博士论文、期刊等诸多参考文献，国内学者多是对网络时代人的生活方式或人类的存在方式与思维方式进行分析研究，或是对网络时代精神文明及精神生活的建设进行剖析，从具体领域进行研究；国外学者则多对人的精神现象进行剖析，并运用于专业的医学治疗当中，少有升华到精神世界这一高度者。同时尽管有学者对人的精神世界进行研究，但研究视角多聚焦于现代化视域、市场经济视域、知识经济时代视域，少有基于网络时代这一新时代背景进行剖析。因此，本书立足于网络时代视域，以网络文化系统内生主体的精神世界为研究对象，从心理学、社会学、语言学等视角对网络时代网络文化系统内生主体的精神世界进行剖析，提出网络时代网络文化系统内生主体的精神世界重建的可行性路径，具有一定的理论意义与实践意义。

二　精神世界问题的国内外研究现状

当弗洛伊德以系统的“无意识”理论发现了人类精神世界的新领域后，精神分析学说在西方掀起精神分析研究的热潮。继荣格、马斯洛、弗洛姆等人的不断研究与探索，精神分析学说从最初的医学领域逐渐被应用于社会各个领域。近年来，国外学者对于精神世界的研究多应用于医学领域，少有较为系统的理论深究，如杰里米·D. 沙弗安在《精神分析与精神分析疗法》一书中，基于精神分析理论对人的心理咨询实践进行讨论，然而最后的落脚点并未回归到传统的精神分析，而是落在了医学实践上。① 值得庆幸的是，国外学者对于人的精神世界研究不在少数，他们多以中国的传统文化及思想为研究对象，以诗词歌赋为传统人的精神世界的代表象征，同时与所处具体时代相结合，对中国的未来表示看好。如美国的丁韪良博士在《汉学菁华：人的精神世界及其影响力》一书中，以中国历史为根据，阐述了中国古代的技艺、科学、宗教、哲学在不同阶段的不同变革，以此来说明人的精神世界并不是像外界所认为的那样“迂腐”、“落后”，相反，人的精神世界既独立又包容，既坚持传统又接受创新。英国著名精神分析师克里斯托弗·博拉斯在《精神分析与人的心理世界》一书中，以精神分析角度深度挖掘人的心理，结合中国传统文化精髓，通过自己的自由联想在中国优秀传统文化与当代精神分析思想之间建立联系，为我们提供了国外研究人的精神世界的独特借鉴。国内对于人的精神世界研究多偏向于某一具体领域，或基于特定的时代背景，或基于人的精神生活、思维方式的转变进行研究，鲜有立足于网络时代并对网络文化系统内生主体的精神世界进行全面系统研究的，同时，对于人的精神世界重建路径研究也多有重复。从目前所搜集到的资料来看，国内学者对于精神世界问题的研究主要涉及以下几个方面：

1. 精神世界的概念界定及结构划分

（1）“精神世界”的概念界定。有的学者从心理学角度出发，认为：“人的精神世界也就是人的主观世界，包括人的一切心理活动。”② 有的依据精神的活动性结构与现象性结构，从逻辑角度出发认为精神世界是：“人的意识活动所生成的世界，它包括意识活动本身和意识活动的结果两个方面。”③ 将“意识活动”作为人的精神世界的主心骨。有的学者认为：“精神世界是人的精神活动所形成的世界，

① ［美］杰里米·D. 沙弗安：《精神分析与精神分析疗法》，郭本禹、方红译，重庆大学出版社 2015 年版，第 45—51 页。

② 刘耀霞：《关注人的精神世界与促进人的全面发展》，《理论导刊》2006 年第 2 期。

③ 张健：《论人的精神世界》，河南人民出版社 2011 年版，第 116 页。

它既包括精神活动的结果又包括精神活动本身。”① 通过对人的精神行为及所形成的精神产品等精神世界现象性领域进行研究，得出精神活动结果的表现。有的则从人心、本性、自身、民生四个方面对人的精神世界进行论述，并指出能够产生自我意识的个体内心才是把握人精神世界的核心。② 这种观点有点脱离唯物主义，倾向唯心主义，故应该批判地对待。

目前学术界大部分学者从意识层面出发，将“意识活动及其活动结果总和”看作人的精神世界的衡量指标；也有学者认为单纯从意识角度来理解精神世界是远远不够的，应上升到实践哲学与历史唯物主义角度上；一些学者鉴于意识受物质制约，主张回归经济语境，从实际经济物化角度对人的精神世界进行剖析。本书认为，对于“精神世界”的概念界定，既不能离开实际经济社会语境，又不能舍弃原属于精神世界意识与精神的层面，应兼顾二者对精神世界进行辩证、完整的定义。

（2）精神世界的结构层次划分。国内学者胡潇认为对精神世界的探索就是对人类意识的追究，因此基于意识的主体性结构并进行结构学解析，解构出对象意识与自我意识、无意识及其内部诸要素、思维与想象三对关系。③ 其对意识主体性结构的分析为人类精神世界在意识层面的划分提供了理论依据。张健则在意识层面对精神世界进行深究，依据意识活动的不同性质，将人的精神世界分为四大层面、九大领域与三大要素：四大层面分别是心理层面、认识层面、伦理层面与精神层面；九大领域分别是认知领域、情感领域、思维领域、意志领域、审美领域、道德领域、理想领域、信念领域、信仰领域，其中思维领域还包括真理性层面的求真认识与价值性层面的应然性认识；三大要素包括能力要素、道德品质要素、精神境界要素。④ 张成诗将人

---

① 田伟霞：《论人的超越性与精神世界建构》，硕士学位论文，山东师范大学，2010年，第14页。

② 姜生：《吾心便是宇宙——论人的精神世界》，《山东图书馆季刊》2007年第3期。

③ 胡潇：《意识的起源与结构》，中国社会科学出版社2004年版，第132—293页。

④ 张健：《精神世界概念》，《肇庆学院学报》2004年第3期。

的精神世界分为三个层面：第一层面是知识、技术、技能等；第二层面是竞合意识、规则意识、效益意识等；第三层面是世界观、人生观、价值观等。[①] 高文莹将人的精神世界划分为理性世界与非理性世界两大部分，理性世界由人的理性、理智与思维等理性因素所构成，非理性世界则由人的本能、欲望、情感与意志等非理性因素构成。[②] 王海滨基于人的精神世界最初级的心理、情感、道德信仰等实存性因素以及求知、反思、选择等动力性因素，概括出三个向度：第一向度是包括心理、情欲、意志等在内的感性维度；第二向度是包括思维与价值观在内的理性维度；第三向度是包括道德、信仰与境界在内的超越性维度。并由此依据不同的因素、逻辑与适应原理，提出“一体六维”精神结构六大逻辑，他将人的精神世界分为六个维度，即欲求世界、情感世界、认知世界、评价世界、道德世界、超验世界。[③]

综上所述，国内学者从多元角度对精神世界的界定及精神世界的结构层次进行详细的划分，为我们对“精神世界”这一概念研究提供了大量的可参考依据。但有些学者在分析精神世界结构时，层次过多，过于烦琐，出现概念、语义的重复，同时，仁者见仁，智者见智，每个人所处的环境时代不同，对于精神世界的定义与层次划分也不尽相同。因而尚未形成一个具有代表性且包含整个时代意义的“精神世界”内涵。

2. 网络文化系统内生主体的精神现状与问题成因

（1）网络文化系统内生主体的精神现状。学术界主要从网络文化系统内生主体现有的精神生活状态、生存方式、思维方式、心理世界的变化进行研究，并得出共识结论：当代网络文化系统内生主体的精神世界出现过度物化、道德滑坡、人文精神缺失、人类生存片面化、精神困惑丛生、庸俗文化盛行、心理空间被挤压等问题，一种可以弥

① 张成诗：《精神世界结构探析》，《吉林省行政学院学报》2006 年第 5 期。

② 高文莹：《论非理性因素与精神世界建构》，硕士学位论文，山东师范大学，2009 年，第 6—7 页。

③ 王海滨：《面向“中国问题”的人学研究——重建当代中国人的精神世界》，《毛泽东邓小平理论研究》2014 年第 10 期。

补传统与现代精神断裂的精神桥梁还未形成。张桂芳教授对近30年来的网络文化系统内生主体的精神发展历程进行了层次与时间上的梳理，将其划分为复苏与启蒙、争论与重建、学理与实践结合以及人文精神拓展四个时期。[①] 对不同时期网络文化系统内生主体的精神世界的讨论进行了综述性梳理并为以后的研究提供借鉴。邹诗鹏教授认为，网络文化系统内生主体现时代的精神生活依旧处于一种物化的状态中，表现为“精神生活舍弃自身的超越性，甘愿附生并同一于贫乏而低俗的物化方式”[②]。庞立生立足于历史唯物主义的思想框架内，认为处于商品拜物教物化处境的网络文化系统内生主体的精神生活只追求片面的精神刺激与享受，并没有转化为全面发展有个性的人，“精神生活的公共性和社会性向度逐渐失落”[③]。龙溪虎、卞桂平认为网络文化系统内生主体的精神生活存在着物化意识凸显、科技理性泛滥、道德信仰偏失以及休闲生活失位等困惑。[④] 部分学者则从网络文化系统内生主体的生存方式与思维方式的变革中折射出网络文化系统内生主体的精神世界现状，指出从现实社会生活方式的改变到已有思维方式的转变，网络文化系统内生主体的精神世界在这种冲击中失去传统依靠，产生恐惧，在道路选择上迷失方向，随波逐流。路日亮独辟蹊径，将人类精神世界中的理性因素放置到生态化生存环境中进行分析，指出人们的思维方式在工具理性和经济理性的影响下理性偏失，因而影响到人们的生态化生存。[⑤] 有的学者认为现代网络文化系统内生主体的存在被还原成“数字化生存”，人的精神生活和心灵世界被挤兑到日益边缘化的角落。[⑥] 从心理层面潜移默化地改变着人们的意识形态与情感表达。在这种大众化传播的市民社会中，网络文化系统

---

① 张桂芳：《30年来中国人文精神研究的回顾与展望》，《北京师范大学学报》（社会科学版）2009年第3期。

② 邹诗鹏：《现时代精神生活的物化处境及其批判》，《中国社会科学》2007年第5期。

③ 庞立生：《历史唯物主义与精神生活的现代性处境》，《哲学研究》2012年第2期。

④ 龙溪虎、卞桂平：《现代人的精神生活：困惑与重塑》，《求实》2010年第12期。

⑤ 路日亮：《当代人类精神世界的嬗变与生态化生存》，《中国特色社会主义研究》2013年第5期。

⑥ 何中华：《人与人的精神生活》，《前线》2002年第3期。

内生主体的精神世界从权益意识、私人自主意识和自觉博弈意识三方面开始变化凸显。[①]

（2）网络文化系统内生主体的精神世界问题的成因分析。国内学者主要立足于中国社会转型的时代背景、多元价值传播，信仰缺失以及历史遗留问题的消极影响等方面进行内外因的综合分析。部分学者认为，在社会转型中，社会经济结构的变化、文化形态的更新以及价值观念的转变都会为网络文化系统内生主体的精神世界带来新的变化，当网络文化系统内生主体无法在精神层面适应这种新变化时，相应的价值转换则会出现错位的危机。韩庆祥教授指出，当温饱问题等基本需要得到满足后，人们必然会转向精神生活质量的要求。"然而，与新体制、新环境相适应的新的精神世界一时难以形成，于是在一些人的心里就会因缺少为社会所认同的精神理念和精神支柱而陷入空虚和迷茫。"[②] 因而产生精神迷茫痛苦、思想混乱、认知偏差、心理失落以及浮躁多虑等精神世界问题。卢岚教授指出，社会转型是当代网络文化系统内生主体精神裂变的社会根源，作为规范、引导网络文化系统内生主体的精神世界的思想政治教育理论在导致精神裂变的社会转型中并没有扮演其应有角色，而是浮于社会表层，脱离平民阶层。[③]有的学者认为，社会转型时积累了大量的社会问题与社会矛盾，这些问题、矛盾相互交织，共同作用于网络文化系统内生主体的精神世界，让现代网络文化系统内生主体"产生了重压感和无奈感"，引发了网络文化系统内生主体的精神世界的精神困惑与精神懈怠等消极因素。[④] 部分学者基于网络文化系统内生主体的精神世界中的信仰缺失问题，认为由于缺少一种稳定、固有的精神信仰，网络文化系统内生主体的精神世界才因此动摇不定、问题重重。邵龙宝认为，现代网络

---

① 万希平：《市民社会崛起与精神世界变化》，《理论与改革》2007 年第 2 期。

② 刘荣荣：《关注当代人的精神世界——中央党校韩庆祥教授访谈录》，《文明与宣传》2001 年第 9 期。

③ 卢岚：《当代中国人精神裂变的社会根源——兼论思想政治教育在社会领域的生长与演绎》，《理论与改革》2015 年第 1 期。

④ 公方彬：《精神中国：当代信仰问题的深层思考》，中国工人出版社 2013 年版，第 12—14 页。

文化系统内生主体由于过度关注自我利益与欲望，忽视社会目标，对社会共同价值认同的迷茫，导致了公众信仰缺失，引发了精神世界的诸多问题。[①] 刘建军教授指出，网络文化系统内生主体的精神世界出现了信仰危机，而在追求信仰的过程中，网络文化系统内生主体又因为无法适应多元价值观的选择，而导致了信仰多元化趋势，网络文化系统内生主体的精神世界的信仰集中归属问题也变得更加茫然，如何接受与处理不同信仰间的关系也成为了一个现实问题。[②] 学者贺照田重新解析“文革”时期的精神遗留问题，从历史分析角度对中国大陆精神伦理问题进行深究，指出缺少对“文革”时期有关历史的深入考察与分析是网络文化系统内生主体的精神世界存在问题的成因之一。[③] 也有学者认为，缺乏对高层次精神产品的欣赏能力与对高贵品位的精神生活能力发展不满足等原因，也是引发现代网络文化系统内生主体的精神世界问题的原因之一。[④] 总而言之，改革开放以来，随着社会主义市场经济的建立，中国社会开始处于转型时期。经济体制的变革，上层建筑随之发生变化，网络文化系统内生主体的精神世界也随着物质世界的转型而不断变化，物质世界所带来的物欲横流及精神世界中现代与传统的违背与断裂，使得网络文化系统内生主体的精神世界出现危机。学者们多从经济、政治、社会、信仰等角度进行分析，为我们分析网络文化系统内生主体的精神世界的问题成因提供了多元化视角。然而，学者们多从精神世界的外部条件进行外因分析，少有学者从网络文化系统内生主体的精神世界内部结构出发来分析网络文化系统内生主体的精神世界问题出现的内因。

综上所述，学者们由特殊到一般，对网络文化系统内生主体的某

① 邵龙宝：《中国人的信仰问题与精神世界诉求》，《陕西师范大学学报》（哲学社会科学版）2008 年第 6 期。

② 期刊记者：《信仰：当代中国人的精神世界的重大问题——访中国人民大学马克思主义学院博士生导师刘建军教授》，《思想教育研究》2012 年第 6 期。

③ 贺照田：《当代中国精神伦理问题》，《读书》2014 年第 7 期。

④ 王坤庆：《论精神与精神教育——一种教育哲学视角的当代教育反思》，《华中师范大学学报》（人文社会科学版）2002 年第 3 期。

一现有精神现状进行分析，并以此总结出网络文化系统内生主体的普遍精神现状，如从网络文化系统内生主体的现有生活方式、思维方式、生活环境、精神生活的变化归纳总结其精神世界所存在的普遍问题，为后人系统了解网络文化系统内生主体的精神现状提供了研究基础。同时，以现时代社会背景为现实依据，对网络文化系统内生主体的精神世界问题的多元化成因进行了分析，研究涵盖了社会学、心理学、政治学、伦理学等诸多学科，为继续研究网络文化系统内生主体的精神现状与问题成因提供了广泛的现实论述与学科借鉴基础。然而，基于网络文化系统内生主体的精神世界的内生结构进行成因分析的相关论述甚少，同时少有学者从哲学视角对网络文化系统内生主体的精神世界现状与成因进行系统论的分析。

3. 网络文化系统内生主体的精神世界重建路径研究

网络文化系统内生主体的精神世界重建路径研究，学术界多从精神教育、文化依托、主观能动重塑三个方面进行路径探讨：

（1）部分学者从教育学角度出发，强调精神教育对重建网络文化系统内生主体的精神世界的重要性。持此类观点的学者多认为，良好的教育是对网络文化系统内生主体的精神世界的加深与扩展，由于中华传统对教育的重视及教育对人发展的重要性，精神教育对于重建网络文化系统内生主体的精神世界具有基础性精神建设作用。主要有两类观点：一类强调高等教育在精神教育中的地位，认为精神教育最好在高等教育中实现，同时在高等精神教育的引导下，用精神尺度衡量社会中各要素间的关系，受教育者主要是当代大学生，具有特殊性；另一类观点主要基于教育哲学的角度，从精神教育对人的精神生活与精神信念的调适作用入手，指出精神教育是当代教育摆脱唯功利主义误区及人文精神回归的重要选择，此类观点具有普遍性意义。

（2）部分学者从文化角度出发，强调文化依托对网络文化系统内生主体的精神世界重建的精神支持与基础，主要有以下三个重建路径：一是以中国优秀传统文化、国内经典阅读文本为依据，从传统经典中提炼重建网络文化系统内生主体的精神世界的理论基础；二是以

西方马克思主义文化价值批判、日常生活批判及生态批判等现代性批判理论为主进行网络文化系统内生主体的精神世界的重建提升[①]；三是根据网络文化系统内生主体的精神生活中的历史传承性、主观能动性和整体统一性，同时将崇尚中庸之道但缺少动力的传统文化、批判理论充足但缺乏建设的西方文化以及具有引领能力但整合不足的马克思主义文化三者融会贯通，从解决中国当代文化危机着手，重建网络文化系统内生主体的精神世界。

（3）部分学者从人学角度出发，强调充分发挥人的主观能动性，从能力本位、主体意识与信仰信念重建等方面进行路径探讨，旨在重建一个既提倡优秀传统价值又与时俱进批判西方价值的共同价值观。在能力本位方面，韩庆祥教授对现代网络文化系统内生主体的精神世界出现的问题进行归纳与定位，提出确立“能力为本”的人生主导价值观，在完整的逻辑思考和具有现实针对性两方面进行全民共同价值观构建。[②] 杨振闻同样基于此种观点，提出通过能力化生存建设实现社会价值和自我价值的统一来重建网络文化系统内生主体的精神世界。[③] 在主体意识方面，王海滨依据网络文化系统内生主体的精神世界内在精神结构的六个维度指出，主体应遵循六维度的逻辑顺序与定位，避免原理失位，这样可解决网络文化系统内生主体的精神世界中的一些现实精神问题[④]；张健则从逻辑与事实两个层面对主体意识结构进行解析，认为培养主体意识是重建当代网络文化系统内生主体的精神世界的重要内容之一，具体从能力意识与公民意识两方面进行建构。[⑤] 李永杰在强调培养公民意识的同时，对宗教在精神世界中的精神慰藉作用同样重视，认为宗教在重建精神世界过程中对主体自我内

---

① 董慧：《现代性批判与中华民族精神家园的重塑》，《自然辩证法研究》2010 年第 9 期。

② 韩庆祥：《重建当代中国人的精神世界》，《学习时报》2010 年 10 月 4 日。

③ 杨振闻：《能力化生存与精神世界重建》，《求索》2013 年第 3 期。

④ 王海滨：《面向“中国问题”的人学研究——重建当代中国人的精神世界》，《毛泽东邓小平理论研究》2014 年第 10 期。

⑤ 张健：《当代人的精神世界建构：主体意识及其培养》，《山东理工大学学报》（社会科学版）2004 年第 3 期。

心的和谐起着一定作用。[①] 在信仰信念重建方面，学术界有学者对徐复观关于儒家思想价值的辩证分析进行研究，指出徐复观通过激活网络文化系统内生主体的信念世界来弘扬儒家价值观念，同时又以对儒家思想价值观念的辩证研究推动信念世界的重建，对以传统信念重建网络文化系统内生主体的精神世界提供理论依据[②]；也有人指出："信仰重建是当代人的精神世界的诉求。"[③] 在重建过程中应保持人的精神意识处于信仰与怀疑的适度张力场中，并在公平正义与自由民主的制度建设中力求各种政策法规向弱势群体倾斜。在此，我并不是很认同关于"政策法规向弱势群体倾斜"的观点，政策法规本来就是建立在公平基础之上的，如果认为制定政策向弱者偏袒就可以保证制度的公平和正义，那么当这些政策将曾经维护的弱者变成强者之后呢？政策法规的制定应该依据现实国情，而不应该带有情感的偏颇，否则，重建公共信仰的意义就不复存在。

纵观国内学术界关于重建网络文化系统内生主体的精神世界所提出的诸多路径方法，学者们多从教育、文化与人学三大方面进行研究，或是提倡加强思想政治教育的研究建设，或是加大传统文化的建设力度，通过建立共同信仰与共同心理来构建共同价值观，并试图解决、改善网络文化系统内生主体现有精神生活中的种种弊端，以衔接传统与现代的方式重建国人的精神世界。然而通过研究可以发现，基于网络文化系统内生主体的精神世界内部结构层次的学理路径研究网络文化系统内生主体的精神世界较少，立足于现时代整体特征且具有创新性的重建路径甚是匮乏，缺少融汇综合学科且基于学理结构分析的重建路径。

---

① 李永杰：《重建精神世界——自我内心和谐的研究》，《中共云南省委党校学报》2010 年第 4 期。

② 任剑涛：《重建中国的信念世界——徐复观对儒教中国的精神激活》，《马克思主义与现实》2010 年第 3 期。

③ 邵龙宝：《中国人的信仰问题与精神世界诉求》，《陕西师范大学学报》（哲学社会科学版）2008 年第 6 期。

三　与精神世界相关的概念解析

1. 精神的定义

“精神”一词的内涵。罗素曾以逻辑推理为研究起点，认为凡是“不经过推理就认识的都属于精神的范围”，同时，精神“是由做出或遇到各种不同事情的人们身上表现出来的”。[①] 在罗素看来，精神是朴素的、直观的，是专属于人的“精神事件”。在罗素的朴素直观基础上，国内学者王坤庆对“精神”的含义进一步深化，认为“精神”一词的基本含义是指“事物的根本含义和人存在的本质属性”，“精神归根到底只能是人的精神”。[②] 在坚持“精神属人”的基础上加入物质元素，丰富了“精神”的含义。精神依附于物质而产生，对于物质的认识会因主体人所处的综合环境、已有思维模式以及对客体物质的认知程度而产生不同的反映层次。因此，对于“精神”一词的含义，作者给出如下定义：“精神”是主体人对客体物质不同层次的反映与认知并反作用于物质的主观因素。

2. 精神与意识的关系

“精神”与“意识”两个概念的分析。很多人将二者混为一谈，认为精神即意识，意识即精神。虽然在某种范围与领域中，二者可以等同看待，但深究其内涵层次，二者之间又存在一定的差异。国内学者张健对二者的关系进行了阐述，他认为，意识在人的精神领域生成过程中作为一种根源而存在，精神是一种结果。概括而言，精神就是意识活动（活动性）及其成果（现象性）的总和。意识是精神的产生根源，精神则作为一种过程性结果而存在。精神是具有层次性的，作为生成根源的意识同样具有层次性，在对客体的不同层次反映中，形成不同层次的精神结果。因此，意识是精神生成的主观载体，精神是意识形成的主观结果。

---

① ［英］罗素：《人类的知识》，张金言译，商务印书馆 1983 年版，第 271—272 页。

② 王坤庆：《论精神与精神教育——一种教育哲学视角的当代教育反思》，《华中师范大学学报》（人文社会科学版）2002 年第 3 期。

3. 精神与语言的关系

马克思曾说过："'精神'从一开始就很倒霉，注定要受物质的'纠缠'，物质在这里表现为……语言……语言是一种实践的、既为别人存在并仅仅因此也为我自己存在的、现实的意识……由于和他人交往的迫切需要才产生的。"① 语言是人类思维和思想的表达手段，是其内心世界精神表达的重要诉诸方式。"语言客观地、独立自主地发挥作用，另一方面它恰恰在同一程度上受到主观的影响和制约……并最终全部转入主体。"② 语言从初始产生到最终生成都为人类所特有，主体精神在语言的发挥使用中得以表达和延续；同时，语言又深受主观精神的制约，在一定程度上随着精神层次的不断变化而产生异化表达，也是主体精神反作用于物质实践的有效方式。

4. 精神世界的定义

通过对"精神"的定义，对"精神与意识"、"精神与语言"这两对关系的梳理，不难看出，"精神"不仅是属人的主观世界，同时也是对客观世界的实际反映。同样，作为汇总一切与"精神"元素相关的"精神世界"亦是如此，精神世界是对物质世界的真实反映，它并不是虚无缥缈的世界。通过对神经生理学与细胞生物学的分析，学者陈定学指出："精神就存储在大脑神经元的胞体之中，胞体是存储精神的微型仓库。"③ 精神世界是对客观世界的实际反映，它实实在在地存在于人的脑组织之中。关于精神世界的含义，国内学者李永杰从广义角度出发，认为"人的精神世界应该是包括一切精神现象在内的人的内心世界"④。从狭义的精神现象性领域出发，学者张健认为"精神世界概念作为考察人们生存现实的手段，仅仅使用精神世界的现象性结构这一内涵就足够了，换言之，这种层次的使用可以视为对

① 《马克思恩格斯全集》第3卷，人民出版社1960年版，第34页。

② ［德］威廉·冯·洪堡特：《论人类语言结构的差异及其对人类精神发展的影响》，姚小平译，商务印书馆1999年版，第76页。

③ 陈定学、陈虹：《精神世界在哪里》，《中州学刊》2004年第1期。

④ 李永杰：《重建精神世界——自我内心和谐的研究》，《中共云南省委党校学报》2010年第4期。

精神世界范畴的狭义界定”①。综上所述，本书认为，从广义上讲，精神世界是对精神本身及其所反映的实践活动的涵盖；从狭义上讲，精神世界主要是对一切属人世界中的精神现象的总括。

5. 精神世界的结构划分

弗洛伊德将人的精神世界分为意识、前意识与无意识三个层次，以此为基础，弗洛伊德在人的精神世界分析中进一步得出“本我”、“自我”以及“超我”的精神人格分析。国内学者阮宜正对弗洛伊德的“三我”学说进行详细分析并指出：“本我属于人格结构中最原始的、无意识的、非理性的部分……自我代表着人的理性和机智……主要功能是在人的需要和外部环境的要求之间进行调解……超我是个人的良心和自我理想的代表，具有对自我进行监视的功能。”② “本我”是精神世界中最原始的部分，是无意识的，属于感性层面；“自我”在精神世界中调解“本我”与外部世界之间的冲突，同时对“本我”进行有意识的约束，属于理性层面；“超我”在精神世界中则属于较高层次的部分，不仅是“自我”的监督者还是其延续升华，属于超越层面。根据以上分析，本书研究认为，人的精神世界结构大致可分为以下三个层次：一是以无意识为特征的感性层次；二是以自我意识为特征的理性层次；三是以自我意识和自我理想超越为特征的超越层次。从本能的无意识反应到理性的有意识的思考，再到自我反省理性升华的超越意识，逐层递进的精神世界的三个层次，不仅为我们了解精神世界的内在本质提供分析依据，同时为我们应对外部世界与内心世界的冲突提供调解依据。

第二节　网络文化系统内生主体的精神世界演变

网络文化系统内生主体的精神世界演变是一个漫长的历史过程，

① 张健：《精神世界概念》，《肇庆学院学报》2004 年第 3 期。

② 阮宜正：《探视心灵：精神分析的源与流》，科学出版社 2004 年版，第 15—17 页。

从先秦诸子百家争鸣到信息多元的网络时代，网络文化系统内生主体的精神世界时刻处于一种变化发展的进程中。对于不同历史时期网络文化系统内生主体的精神世界进行内涵分析，有助于我们掌握其发展规律。同时，以马克思的唯物史观为主要理论基础，将网络文化系统内生主体的传统精神世界与西方精神分析理论相结合，形成了网络文化系统内生主体的精神世界理论渊源。

一　网络文化系统内生主体的精神世界历史演变

随着物质社会的不断变迁与现实历史的不断演进，网络文化系统内生主体的精神世界在不同时期发生着量与质接连交替的不断变化：从原始社会的群体无意识到奴隶封建社会统治者以某一家学说进行群体无意识的集中思想统治，再到列强入侵、打开国门，被动地接受外来思想和对传统精神世界的主观调整，以及独立之后吸取新时代多元思想，进行精神世界的整合及主动理性超越。根据此前对于人的精神世界结构层次分析，网络文化系统内生主体的精神世界历史演变进程大致分为三个时期：

1. 传统精神世界的塑造时期

网络文化系统内生主体的传统精神世界塑造起点可追溯到先秦诸子的百家争鸣时期。中国在氏族、血缘关系的基础上建立起宗法制度以后，周人在此基础上提出敬天、孝祖和保民的伦理思想。一种以氏族血缘为纽带建立起来的集体利益道德观和对天地、生命敬畏的天命观成为中华文化较早的价值观理论基石。“（先民的）价值观念体系的核心是建立在农业文化和血缘宗法基础之上的传统道德，而这种以道德为核心的价值观最终又归结为对群体利益的维系和对生命价值的珍视。”① 到了汉朝，汉武帝推行“罢黜百家，独尊儒术”政策，儒家思想在诸子百家中脱颖而出，成为当时封建时期的统治思想。然而，此时的儒家思想并不是完全遵照孔孟之义，而是在不断演变中吸收别家思想进行改造，“东汉信奉的儒家思想并不完全是先秦孔孟的

① 陕鹏：《从先秦诸子看先民的精神世界》，硕士学位论文，山东师范大学，2008 年，第 69 页。

本义，汉代儒学的演化脉络是首先经董仲舒杂糅各家学改造儒学，尊天人感应论，使儒学杂糅法家等思想”①。同时，受道家“自然”、“自由”观念的影响，儒学在集体观基础上融入了个性发挥与自我尊重的观念，在思想上出现了多元化倾向；到了魏晋南北朝时期，在政权频繁更迭的情况下，这种思想多元化倾向愈发严重。在社会大分裂与民族大融合的背景下，传统文化受到玄学、道教及希腊文化的影响，儒家思想的主导问题和历史地位也日趋复杂化；宋代程朱理学将儒家思想从这种复杂多元的社会思潮中拯救出来并完美延续，将儒家思想重新推至中国传统精神世界的统治地位。虽然在始建之初备受打压，但其理学价值在封建统治者的不断探索中逐渐被重视，终成为官方正统哲学。“程朱理学是以儒学为主，兼糅释道的新的时代哲学。理学家把儒家著作经典化，使孔子学说成为思想界的绝对权威和衡量是非的唯一标准。”② 虽然程朱理学鼓吹“三纲五常”，严重禁锢了人们的思想，但在一定程度上却将儒家思想中的“道德”、“仁义”提升到了一个前所未有的高度；到了明清之际，社会危机将程朱理学实际化，作为当时封建社会的主流意识形态，其“经世”地位愈加突出，同时成为民间的道德纲常与文化信仰。“程朱理学作为中国封建社会后期的主流文化，已深入到了下层士人和普通民众的生活世界，成为民间文化宗仰和大众文化心理的重要组成部分。”③ 其蕴含的传统儒家思想更是被清末统治者作为道德学说巩固最后的封建统治。仁，作为孔子所创立的儒家核心思想，不仅来源于人，也是做人准则、道德精神，更是中华民族价值观的核心。孔子以后，儒家从“仁”讲出“和”，再讲出“礼”，进而讲出“用”，从“点”到“线”，再到“面”，乃至“体”，形成完整的理论体系，“仁”字成为中华民族无法割舍的精神基因。儒家学说所倡导的“仁、义、礼、智、信”被历

---

① 范书辉、王子龙：《从儒家传统精神到道家多元精神——论东汉豪族精神世界的演变》，《沧桑》2013 年第 4 期。

② 高建立：《程朱理学的正统化实现及其历史命运》，《吉林师范大学学报》（人文社会科学版）2003 年第 5 期。

③ 张昭军：《程朱理学与晚清社会》，《云南大学学报》（社会科学版）2011 年第5 期。

代统治者所尊崇，成为中国传统思想的核心及道德的主流，构成古代社会人的精神世界原点。

2. 传统精神世界的动摇时期

19 世纪中叶鸦片战争开始后，国人在外来压力下开始睁眼看世界。在外来文化强制灌输大众思想与精英阶层主动接受学习的双向互动中，中国人的传统精神世界开始接纳西方文化与思想，并在探索与世界接轨的新道路中遭到了前所未有的冲击。在急剧变化的近代社会转型中，“以家庭血缘关系为纽带的宗法制度和社会结构解体了……儒家道德价值观念在实践中受到激烈的否定与批判，传统价值体系随之崩溃”①。作为中国人传统精神世界的主流意识形态代表——儒学，因为无法与近代社会相融合，因此受到外来文化与国内知识分子的双重打压。“于是，中国的知识分子开始批判传统文化，他们号召民众拒绝旧思想、旧文学……根据科学原理，重新安排网络文化系统内生主体的精神。”② 在当时，重新调整中国人的精神世界无疑是必要的，但是对传统文化的全盘否定和传统思想的全盘批判无疑导致了中国人的精神世界在抛弃传统与接受新文化、新思想间猝不及防，根基动摇，面临瓦解。新中国成立以后，中国人的传统精神世界百废待兴，在经济、政治、文化逐渐复兴的过程中，中国人的主体意识与个性发展也在社会复苏的大环境下重新萌发，并日趋多元化发展，但传统精神世界在重寻根基的复苏阶段仍然存在许多隐患；改革开放前的十年动乱无疑是一场再次摧毁中国人的传统精神世界的精神浩劫，处于复苏阶段的传统精神世界在这场浩劫中摇摇欲坠，儒家文明自此被扣上了落后文明的印章，传统精神世界中一脉相承的精神支柱被摧毁得零散无章，教条主义、浮躁之风趁虚而入，在中国人的精神世界中盛行。“儒学在近代的‘断裂’……是因其所处的时代与社会受到自身经济结构的限制……‘忠君’与‘孝亲’的相通抑制了个体人的个

① 欧阳彬：《论近代中国传统价值体系的解体及其影响》，《长沙大学学报》2004 年第 3 期。

② 赖怡静：《改革开放后中国人的精神世界及其重建》，《科教文汇》（下旬刊）2012 年第 7 期。

性发展和自由意志的伸展……加上意识形态方面的正统化、单一化严重压制了人文精神和理性批判精神，阻碍了现代文明所需要的思想自由、社会民主的生成。”① 尽管如此，“仁、义、礼、智、信”等道德思想在中国人的传统精神世界中是一脉相承的，虽然在封建时期的不同阶段有着不同的含义，但其始终作为主流思想随时代变化而进行自我调整与修复。近代的社会转型让新文化的知识分子们完全抛弃了传统经典，使其在近代社会转型中并没有自我调整与完善的机会，取而代之的是全盘西化，中国人的传统精神世界的完整性衔接从此断裂。在这段动荡时期，“儒家精神”可谓是上无衔接，下无延续，始终处于迷茫空白的文化压制中；与此同时，国人的精神世界在原有多元化思想的基础上严重受到限制与束缚，回归到单一的思想模式，中国人的精神世界也因此产生诸多矛盾。

3. 传统精神世界的融合时期

“1978 年开展的关于真理标准问题的大讨论……人的精神得到了解放，重新成为自己的主人，人们开始大胆追求自我解放，日益重视个体的权利和要求，使现代人文思想得以催生。”② 由此可见，改革开放前关于真理标准问题的大讨论无疑是对充满矛盾的中国人的精神世界的挽回与修复，打破教条，解放思想。改革开放后，中国人不再受单一思想的固化模式束缚，开始追求个体自由与利益最大化。与此同时，各种西方思潮接踵而来，与以往不同，此时此刻对于外来文化思潮的学习不再是精英阶层的专属，而是普通大众的共同接受，中国人的精神世界又重新充满着多元文化与思想。这次外来文化的接受学习不再是被迫盲从地全部跟随，而是以自身实际自主地进行选择性学习。但由于儒家传统道德观被一度雪藏，曾经的传统精神世界也因一再的摧毁而未能完整修复，网络文化系统内生主体在精神支柱断裂时期，由于在内心未能寻找到一个共同价值而显得极度迷茫与不知所

① 邵龙宝：《中西方文明交融冲突中的儒学价值及其命运》，《同济大学学报》（社会科学版）2007 年第 1 期。

② 张桂芳：《30 年来中国人文精神研究的回顾与展望》，《北京师范大学学报》（社会科学版）2009 年第 3 期。

措。当功利主义、拜金主义、个人主义等代表物欲横流社会的西方思潮进入网络文化系统内生主体的精神世界时，国人在未能形成一个共同精神支柱的情况下选择暂时听命于具有时代因素的西方主流思想，这对网络文化系统内生主体的精神世界中的传统因素塑造是极为不利的；也有一部分人依旧对传统儒学抱有信心，希望从中可以获取与时俱进的普世价值，但面临曾经的传统摧残，他们犹豫不决，寻找不到现代与传统衔接的最佳突破口。“文化的转型，不是一夜之间一种文化突然变成另一种文化，不是骤然以一种文化取代另一种文化，而是在文化内部变动逐渐积累的基础上，又受到外来文化的刺激，并吸收其若干有益成分之后产生出新的文化。”① 儒家文化作为传统精华贯穿中国历史，已然是网络文化系统内生主体的精神世界中的精神根基，作为封建社会的统治思想，它的确与中国近代社会的转型发展不相一致，但是作为历史沉淀下来的“儒家精神”，在传统精神世界与西方思潮不断冲突融合新时期仍保存着许多可供借鉴的思想精神。对于网络文化系统内生主体的精神世界而言，仍在“仁、义、礼、智、信”等道德方面具有继承延续的意义，也为西方社会思潮充斥网络文化系统内生主体的精神世界时提供一定的道德准绳。因而在这样一个充满矛盾但又需要融合的精神世界新时期，权衡传统精华与现代思想的平衡点显得极为关键。

综上所述，网络文化系统内生主体在精神世界的形成发展中，经历了封建思想专制到被迫接受外来文化，再到解放思想，打破固化模式，主动接受西方思想的过程。历史演变的三个时期始终围绕着传统精神世界与现代精神世界的融合与衔接问题，从传统以“道德”、“仁义”为先的单一精神世界逐渐转化为自由、开放的多元精神世界。分析潜移默化的网络文化系统内生主体的精神世界历史演变，有助于我们掌握其演变规律，为今后的精神世界重建道路提供借鉴。

二　网络文化系统内生主体的精神世界理论渊源

网络文化系统内生主体的精神世界以“仁、义、礼、智、信”等

---

① 耿云志：《近代中国的文化转型：问题与趋向》，《广东社会科学》2008 年第 3 期。

传统道德观为精神起点，在不断与时代的融合中加入新元素，构成网络文化系统内生主体独有的精神世界。马克思主义作为中国社会发展的主流思想，在网络时代依然具有理论指导意义。精神生产理论作为马克思唯物史观中的重要范畴，为网络时代中国社会的物质建设与精神建设开辟了新的理论路径。同时，加以西方精神分析学说关于人类精神世界的普遍研究理论，构成网络文化系统内生主体的精神世界理论渊源。以马克思唯物史观中的精神生产理论作为主导思想，传承延续网络文化系统内生主体的传统精神世界原点，补充以西方精神分析理论，三者的有效结合丰富了网络文化系统内生主体独有的精神元素，奠定了网络文化系统内生主体的精神世界理论渊源。

1. 马克思的精神生产理论

马克思最早对“精神生产”概念的使用，是在与恩格斯第一次合写《神圣家族》时提到的。在文章中，马克思与恩格斯肯定了物质生产在社会发展中的决定作用，肯定了群众同样具备精神生产的能力，并通过对物质生产的本质分析，引申到精神生产领域，对精神生产产品的价值进行论述，“精神生产”理论在物质生产的基础上初步形成。在《德意志意识形态》中，马克思进一步为精神生产概念赋予了实践向度，“思想、观念、意识的生产最初是直接与人们的物质活动……观念、思维、人们的精神交往在这里还是人们物质关系的直接产物。表现在某一民族的政治、法律、道德、宗教、形而上学等的语言中的精神生产也是这样”①。无论是精神生产的过程，还是精神生产形成的结果，都离不开物质关系；同时，马克思的精神生产理论还打破了“精神是精神世界的创造者”这一谬论，为精神生产、精神创造与精神世界的形成找到了现实的主体——人，这一时期也是马克思精神生产理论的基本形成时期。当然，精神生产虽然由物质生产决定，但其发展也会或早或晚于物质生产，“关于艺术……它的一定的繁盛时期决不是同社会的一般发展成比例的，因而也决不是同仿佛是社会组织的骨骼的物质基础的一般发展成比例的”②。精神生产之所以会拥有相

① 《马克思恩格斯全集》第3卷，人民出版社1960年版，第29页。

② 《马克思恩格斯选集》第2卷，人民出版社1995年版，第28页。

对独立的地位，就在于物质生产发展到一定程度而形成的社会分工而致，创造精神财富的知识分子从劳动者中脱颖而出，使精神生产变得更加自由化。正如马克思所说的那样："政治、法、哲学、宗教、文学、艺术等等的发展是以经济发展为基础的。但是，它们又都互相作用并对经济基础发生作用……这是在归根到底总是得到实现的经济必然性的基础上的互相作用。"① 经济基础决定上层建筑，上层建筑反过来作用经济基础，这也是精神世界中人们对各类精神要素自由发展产生相应后果所需要警醒注意的。在当今网络时代，人们对于信息的发布、传播、筛选与接收更加自由化与自主化，人们往往更关注于利于自身发展的经济物质方面需求，将精神生产的代表——科技，引用于物质生产中并大规模扩散，以至于人们生活在科技理性与工具理性的双重夹击下，忽视了精神生产的本质：满足于人们的精神需求。

马克思的精神生产理论不仅为网络文化系统内生主体的精神世界研究奠定了物质实践基础，改变了原有"精神世界"过于虚幻空想的成分，将精神生产的主体定位于人；同时为精神生产的相对独立地位提供了理论依据。最重要的是，为精神世界中如何发展精神诸要素及其发展结果提供了规范的理论框架，对网络文化系统内生主体今后的精神世界研究及其重建路径具有理论价值意义。

2. 网络文化系统内生主体的传统精神世界原点

网络文化系统内生主体的传统精神世界是网络文化系统内生主体的精神世界的原点根基，也是网络文化系统内生主体所独有的、区别于西方精神世界的本质体现。从儒家学说"仁、义、礼、智、信"的传统道德观确立，网络文化系统内生主体的传统精神世界便已初具传统精神原点的雏形。从孔子主张的自省自克、改过迁善到孟子的持志养气、动心忍性，从朱熹的明理格物、居敬持志到王阳明的致良知、知行合一。网络文化系统内生主体的传统精神世界在传统道德观"仁、义、礼、智、信"的基础上，随着历史时代的不断更替一直被赋予新的精神基因，以至延续至今。

① 《马克思恩格斯选集》第4卷，人民出版社1995年版，第732页。

网络文化系统内生主体的传统精神世界十分注重道德伦理的首要地位，主张以“自省”、“明理”的心理活动方式进行道德观的自我塑造。随着社会历史的不断发展，这种“个体”的道德观塑造逐渐倾向于“群体”的博爱观形成，“从孔子的‘孝悌——为仁之本’经孟子的‘恻隐之心——仁之端’到宋明道学家的‘万物一体’之仁……是一个逐步突破以血缘亲情为中心的伦理道德转向博爱精神的过程”①。与西方精神世界中的“个人英雄主义”、“消费享乐主义”不同，网络文化系统内生主体的传统精神世界以“仁”为精神基点，围绕“仁”进行精神世界的自我反省，以“仁”为待人接物、礼尚往来的准则，形成了一种道德至上、向善守义的传统精神原点，并由此及彼，形成博爱众乐的精神世界。虽然到了宋明理学时期，朱熹的“存天理，灭人欲”对于人性的刻意挤压束缚了网络文化系统内生主体的个性化自由发展，但其以客观的态度去追求真理的方式，对于传统道德修养的稳定起到了一定的促进作用。王阳明在遵守“良知”的基础上加入了“行”的实践因素，虽然提倡以“知”为“行”的活动准则，但其“知行合一”理论将知与行合二为一，拯救了朱学之偏，深化了道德意识的自觉性与实践性的关系，进一步丰富了传统精神世界中的道德修养问题。

虽然在网络文化系统内生主体的传统精神世界塑造过程中，存在着过多的主观因素，缺乏客观因素的实际支撑，但是传统“仁”、“义”等道德观以及普众博爱世界观的形成，构成了网络文化系统内生主体的传统精神世界原点，网络文化系统内生主体内敛谦虚、谨慎明智的集体社会性格也因此形成，并对网络文化系统内生主体的精神世界影响至今。

3. 西方精神分析理论

如果说马克思的精神生产理论为网络文化系统内生主体的精神世界找到了一个物质实际与现实主体的基点，那么西方精神分析学说关于人类心理学的研究便为网络文化系统内生主体的精神世界在精神层

① 张世英：《儒家与道德》，《社会科学战线》2006 年第 1 期。

面进行了理论补充。西方精神分析理论从弗洛伊德的“无意识”领域发现开始，到荣格的“人格独立”与“集体无意识”理论，再到弗洛姆对马克思主义理论与弗洛伊德精神分析学说的融会贯通及马斯洛的人本主义心理学，西方精神分析理论在人类精神世界中的普遍研究有着举足轻重的作用，为网络文化系统内生主体的精神世界奠定了心理学层面的理论经验。

（1）弗洛伊德“无意识”的精神世界。弗洛伊德从精神患者与健康人群都具有的“梦”现象开始着手研究，并在“释梦”的过程中发现其背后的隐喻含义，挖掘出影响人们精神世界的关键因素——“无意识”。在弗洛伊德看来，“梦”现象并不是毫无根据的，而是依赖于主体人精神世界中未被关注或被压抑的“无意识”部分，而“释梦”的目的就在于发现真实的、潜在的“无意识”思想。弗洛伊德认为，梦是人类富有意义的心理活动，具有愿望满足与幻觉经验的特征。同样，借梦境隐匿于人类精神世界的“无意识”也正是人类真实愿望与思想的表达部分。然而由于受外部世界的条件影响，许多人不愿将自己的“无意识”思想尽显于现实世界。于是，“有意识”地对“原材料”进行省略、改动与重组便成为了解人们真正“无意识”的巨大障碍。“我们已经知道梦的不易理解乃由于梦的化妆所致，而梦的化妆则又为对于不道德的潜意识欲望冲动施行检查的结果。”① 借梦伪装对“无意识”进行刻意压制，看似顺应外部世界伦理道德的发展趋势，实则正是引发人们精神世界部分问题的源头之一。当这种伪装的“无意识”与外部世界发生冲突并最终达成一致时，便会自觉化为主体自身的理性意识，而一旦与外部世界发生冲突，并长时间得不到内心世界与外部世界的相符合统一方式时，“无意识”便因此异化爆发，产生非理性意识，引发人类精神世界的精神矛盾。

弗洛伊德通过“释梦”对“无意识”的深度发掘，挽救了因“意识”而长期被人们所忽视的却代表人类最初真实想法的“无意识”部分。对于“无意识”在人类精神世界中的地位、特征及产生

① ［奥］弗洛伊德：《精神分析引论》，高觉敷译，商务印书馆1984年版，第111页。

影响的准确定位，对于人们现实表达背后所隐藏的“无意识”挖掘，有助于我们在雾里看花的网络时代拨云见日，在最初始的精神领域捕捉到体现人现有精神世界的“无意识”问题，找到人的精神世界的真实问题所在。

（2）荣格的“集体无意识”与“人格独立”的分析心理学。荣格在弗洛伊德精神分析理论的基础上继承了其“无意识”学说，并发展了代表自己观点的理论——“集体无意识”学说。在荣格看来，弗洛伊德所认为的被压抑、被遗忘的思想感情只能算是“个人无意识”的范畴，而不能代表整体“无意识”的范畴。“……除此之外，我发现无意识中还有一些性质不是个人后天获得而是先天遗传的……我们还发现了一些先天固有的‘直觉’形式，即知觉和领悟的原型……本能和原型共同构成了‘集体无意识’。”① 在荣格看来，集体无意识的内容在人的现有意识之中从来没有出现过，它们的存在完全来自遗传，而构成集体无意识的最重要内容同时又带有遗传色彩的就是“原型”。荣格这里所说的“原型”与柏拉图的“理念”有些相似，只不过荣格的“原型”更多来源于发生在古代神话、部落传说及原始艺术现象，同时又在现代人的精神世界中依然可以找到类似痕迹的普遍意象，是一切心理反应具有普遍一致性的先验形式。为此，荣格认为这种反复发生的共同意象背后一定有供人们赖以生存的共同心理土壤，是超个人的并且具有某种集体性质的深层无意识心理结构，也就是体现着人类共同点与相通之处的“集体无意识”。除了著名的“集体无意识”理论，荣格在人类精神世界的另一大贡献便是对“人格独立”的研究。他主张将“人”看作是完整健康的生命个体，并进行人格上的独立分析。荣格根据意识与外部世界的关系，将人类性格的心理机能分为：最初感官功能的感觉、具有识别意义的思维、传达事物对人具有价值的情感以及拥有预见能力的直觉，并根据不同的心理机能将人类性格划分为八种不同类型的性格。在荣格看来，人在不同阶段对于自己的个性认识与个性塑造在其成长中尤为重要，在原始原型的统

① ［瑞士］卡尔·古斯塔夫·荣格：《荣格文集》，冯川编译，改革出版社 1997 年版，第 5—6 页。

摄与自我协调的作用下，各种心理要素由原始的混沌统一走向个性化的分化，再由分化重新走向原始的统一，将无意识与意识合二为一，这一综合过程便被荣格称为“个性化过程”。在荣格看来，只有经历了“个性化”过程，人的精神世界才能完成无意识与意识的统一，人格才能得到真正的独立。

从荣格的理论中我们可以发现，荣格是一个特别强调无意识尤其是集体无意识的非理性心理学家。在“集体无意识”中寻找到的人类精神世界的相通之处，无疑对后来的研究具有很高的借鉴意义。同时，荣格认为现代科学越是发达，人们的精神世界越是空虚。他认为，科学可以区分为不同的探究领域，并在有限的假设下运作，但人类心理却不可以被如此地分配出去。科学包含着意识的整体，科学思想仅是心灵的功能之一，永远无法穷尽其全部的可能性。虽然荣格在其理论中表示，人们要提升作为现代人的精湛技艺，但对于现代科学腐蚀人类精神世界这一现象甚为担忧，因此，他主张人们要实现无意识与意识统一的“个性化”过程，塑造“人格独立”。在这一方面，荣格的“人格独立”无疑为网络文化系统内生主体在精神迷茫、孤独无助的网络时代打了一针“强心剂”。

（3）弗洛姆对马克思学说与弗洛伊德学说的融会贯通。同荣格一样，弗洛姆在弗洛伊德学说中寻觅到了关于人内心世界与人类性格动力的深度研究，对弗洛伊德发现无意识的过程及性格特征的动力学本质持肯定态度。因此在批判继承弗洛伊德精神分析学说的基础上，弗洛姆融入了马克思的历史唯物主义作为根基，从整体上以社会经济基础，而不是以家庭中心为基础去看待处于社会中的人。在弗洛姆看来，两种学说之间是存在共同土壤基础与相通之处的，都是运用动力学和辩证的方法来研究现实的，共同目标都是为现实中被异化了的人寻求真正的解放出路，体现了对人类世界的高度关怀。不过，二者所基于的现实基础间则存在着很大的差异，马克思认为社会经济结构是现实基础的实在，而弗洛伊德则倾向于个体的力比多组织。现实基础的不同，尽管研究目标一致，在研究过程中也会有理论上的一些分歧。也正是因为有这些分歧的存在，才使得弗洛姆在钻研两种学说的

基础上对二者进行融会贯通，向精神分析学派与马克思主义理论同时注入新元素。在弗洛姆看来，两种学说的不同之处主要表现在人的本质、人的进化以及对病态社会与病态个人的不同理解。为此，弗洛姆更欣赏马克思的历史唯物主义并奉以基石，但同时，他指出马克思与恩格斯在经济基础如何转变为上层建筑意识形态方面没有明确的解释。因此，弗洛姆便为二者的联结提出了“社会性格”作为联结纽带。相比于荣格强调个人的“个性化过程”并达到“人格独立”，弗洛姆则在弗洛伊德关于性格的动机性与倾向性的基础上，关注了一种能够引导社会大部分人的能量朝着一个方向形成的主导因素——“社会性格”。“在一个特定社会……尽管许多人的性格结构并不符合作为一个整体的大众所共有的结构的主要模式，然而，各个民族、社会和阶级仍然有一个表明各自特点的性格结构……‘社会性格’，其重要性远远超出了个性范围。”① 在弗洛姆看来，社会性格是同一社会文化时期大部分人所共同具有的性格结构核心，与此同时还保留着各自的个人性格。“社会性格”的功能便在于使社会成员有意识地行为并因自己的行为能够达到社会共同价值要求而满足，也是社会经济结构和社会思想理想间的中介。

弗洛姆以弗洛伊德学说与马克思主义理论互为补充，既弥补了弗洛伊德学说中缺乏现实研究依据的部分，又为马克思主义理论中的经济基础与上层建筑之间寻找到了一个“社会性格”的联结纽带，丰富并发展了社会存在决定社会意识的原理。同时，“社会性格”的塑造与凝聚也为网络时代网络文化系统内生主体的精神世界提供了价值认同的理论依据与重建道路的经验框架。

（4）马斯洛的需要层次理论与“自我实现”人本主义心理学。马斯洛集合了弗洛伊德、荣格、弗洛姆在心理学方面的精华，融合了多位学者在心理动力学方面的研究，形成了整体动力理论。马斯洛以一体化、有组织的人为研究整体，对其在意识中的初始动机、无意识动机、新生动机、多重动机进行探索并按照动机的基本目标和需要进

---

① ［美］埃里希·弗洛姆：《在幻想锁链的彼岸》，张燕译，湖南人民出版社 1986 年版，第 82 页。

行动机分类，也就是人类基本需要的层次理论。根据马斯洛的《动机与人格》著述，需要层次理论应分为五个层次：生理需要、安全需要、归属和爱的需要、自尊需要以及自我实现的需要。学术界也因此有如下观点：将马斯洛原有的五个需要层次扩展为六个——增加“超越性需要”层次理论。罗伯特·弗雷格在翻译马斯洛著作时认为，马斯洛在提出需要层次理论的时候，已经看到了认知需要与审美需要的超越性质：“认知能力（感性和理性学习）是一整套适应性工具，它们除了其他功能之外，还有满足我们的基本需要的作用。”① 认知需要则是马斯洛对弗洛伊德、荣格等人学说的补充，在其看来，只有认知能力能够产生主观满意的终极体验，人类的认知需要才能得到满足，动机目标才有无穷尽的追求可能。因此，在超越意义上来说，认知需要与审美需要可以归入马斯洛的第六需要层次——“超越性需要”中。② 在马斯洛的需要层次理论中，自我实现需要得到了进一步阐述，并提出“自我实现的人”。在马斯洛看来，能够成为自我实现的人需要对现实存在感知平稳性与准确性，对待未知或新奇事物拥有坦然接受的能力，目光长远且独立自主，待人温和并在多种文化的交融中保持清醒头脑，抵制潜移默化的消极文化适应，能够接受自我、人性、大部分社会生活及客观现实，为其价值系统打下稳定的基础。同时，马斯洛在实验研究过程中发现了不同于以往的特例，将目光转移到“自我实现的创造性”上。“自我实现者的创造性首先强调的是人格……自我实现创造性强调的是性格学上的品质……清楚明了、整合性和自我接受等。”③ 可以说，马斯洛的“自我实现创造性”是继荣格的“人格”、“性格”学说后人类内在性格领域的进一步发展。马斯洛同样将自我实现的创造性划分为原发层次、继发层次和整合创造性，整合创造性来源于前两者的自然融合。在马斯洛看来，“自我实

---

① ［美］亚伯拉罕·马斯洛：《动机与人格》，许金声等译，中国人民大学出版社2007年版，第30页。

② 审美需要马斯洛所述甚少，但与认知需要并列阐述，因而将其与认知需要作为一个整体，一同并入“超越性需要”中。

③ ［美］亚伯拉罕·马斯洛：《动机与人格》，许金声等译，中国人民大学出版社2007年版，第210页。

现创造性”是人在自我实现过程中的一种自我完善、自我内省、自我促进的过程，是自发、自愿而非强行压抑而成的。自我实现的人也是人类在自己了解自己的过程中不断实现、超越的过程。

马斯洛的需要层次理论与“自我实现”的人本主义心理学既是他自己自我实现的产物，也是他帮助人类了解自己过程中的一块里程碑。马斯洛基于弗洛伊德、荣格、弗洛姆等人在心理学方面的研究，进一步对人的本性进行人格与潜能上的解剖，又把人的潜能发挥看作人本性的自我实现，并将人的潜能的性质归结为一种同人的本能相类似的性质。在马斯洛看来，人的心理应与人的本性是一致的，同时在尊严、价值、创造力和自我实现的不断满足中，客观、公正、不受外来影响地去了解自己、认识他人、看待世界。马斯洛的理论为网络时代网络文化系统内生主体在精神层面的需要提供了清晰的普遍层次划分，在如何实现网络文化系统内生主体的精神世界终极关怀，如何营造网络文化系统内生主体的精神世界重建氛围提供了理论借鉴。

第三节　网络文化系统内生主体的精神世界问题

网络时代促进了生产工具智能化趋势，生产了大量的信息化知识与技能，将网络文化系统内生主体推向了信息化时代。网络文化系统内生主体在满足物质需求的同时，在开放、自由的网络环境中丰富、凸显了个性自由与自主意识，个体的潜能、价值得到了最大范围的形成与发挥。然而，网络文化系统内生主体在这种境遇中，其精神世界的世俗化趋势也开始呈现，借助现代多媒体技术，人们的精神生活不断被世俗化的社会所“物化”。正如许纪霖先生所言：“在物欲主义的世俗时代之中，不是没有自己的文化和精神生活，而是文化和精神生活发生了很大的世俗性转向……城市的大众文化和流行文化，借助全球化的公众传媒和网络世界的传播优势，逐渐占据文化的主流。”[①] 在我们享受网络时代所带来的物质精神财富时，也要意识到网络时代已经到来，这个网络时代是以网络工具为主要传播媒介，并以文字语言、社会化思潮、网络化生活等为切入点，潜移默化地影响着网络文化系统内生主体的精神世界。

一　网络语言异化对网络文化系统内生主体的主流意识形态解构

来自美国的“中国通”丁韪良曾说过：“如果我们将所有对这个民族的心灵造成影响的因素都加以衡量，那么影响最大的首推语言：一种主要用于表现感官对象的语言。”[②] 语言可以说是网络文化系统内生主体的精神世界的直观表达方式，同时也是影响网络文化系统内生主体的精神世界最直接的渠道之一。网络时代，语言作为传统的交流工具被赋予了新时代的特色，无论从内容、结构还是表达形式上都较之以往有所不同，尤其是网络时代的语言异化更是对网络文化系统内生主体的主流意识形态产生解构，其稳定性面临挑战。

1. 作为传统交流工具的语言与意识形态关系的扭曲

网络文化系统内生主体主流意识形态受网络语言异化的事实基础离不开作为传统交流工具的语言与意识形态的关系。罗素曾对作为传统交流工具的语言概括道：“语言有表达和传达两种功用……有两种互相关联的优点：第一，它是社会性质的，第二，它对‘思想’提供了共同的表达方式。”[③] 语言的这种初级表达功能和传达功能正是作为思想传达形成的结果之一的意识形态所需要的；同时语言的社会性、语言的共同表达性又为作为思想领域统治工具的意识形态提供了传播的可能性路径，从这个意义上说，语言即意识形态的传播工具。“组成社会的人总是处于一定生产关系中的……其要求一定会在社会的语言中和意识中反映出来。反过来……（社会阶级）为了实现自己的利

---

① 许纪霖：《世俗社会的中国人精神生活》，《天涯》2007 年第 1 期。

② ［美］丁韪良：《汉学菁华：中国人的精神世界及其影响力》，沈弘等译，世界图书出版公司 2010 年版，第 149 页。

③ ［英］罗素：《人类的知识》，张金言译，商务印书馆 1983 年版，第 70—71 页。

益，也一定会积极主动地利用一切方式和渠道，推广自己的意识形态。”[①] 在推广意识形态的过程中，很多阶级为达到目的，利用传播工具——语言——大做文章。例如，在翻译领域就存在这样一种现象，许多翻译者借助两种语言文字间的直接相互转换，在翻译的过程中加入利于己方或隐去不利于己方的意识形态，从而形成倾向于自己阶级观点、带有意识形态色彩的翻译成果，影响了那些无法阅读原著文本人们的思想领域。同样，在无须翻译、直达观点的阶层中，位于高层的统治者们往往利用政治语言对大众进行意识操控，以达成思想领域的整体一致。许多西方发达国家同样倾向于利用语言进行本国意识形态传播与他国意识形态干扰，以达成在意识形态领域的操控地位。

语言与意识形态相辅相成，离开语言，意识形态将只剩下一副无法表达的空壳；离开意识形态，语言也会失去其表达中的高层次地位。然而二者在现有时态中彼此包庇，产生虚假操控的现象不得不引起警戒，尤其是在真实性愈加不确定的网络时代。

2. 网络为语言异化提供遮蔽场所

“语言虽然是一个有用甚至是不可缺少的工具，却也是一个危险的工具，因为语言是从暗示物体具有一种确定、分立和看来好像具有永久的性质而开始的，但是物理学却似乎表明物体并不具备这些性质。因此哲学家就面对着使用语言来消除语言所暗示的错误信念的困难任务。”[②] 语言之于意识形态传播的确具有便捷性，但我们同样要认识到，受传播者的主观因素影响，语言在传播时必然会在一定程度上以语言文字的形式表现出遮蔽性与虚假性。同样，虚拟性的网络会再次隐蔽语言的虚假性，再次遮蔽作为传统交流工具的语言的传播、扩散，甚至会导致作为传统交流工具的语言异化。在物化盛行的世俗社会中，语言的异化的萌芽已经初显，许多人为了商品利益最大化而遮蔽掉物质本身的实质，换而传达着一种虚假性信息。网络时代的到来无疑为语言的异化过程在速度上增添了助力，在本质上使其虚假性进一步增强。如今，虚拟的网络世界与冰冷的键盘屏幕遮蔽了从前语言

---

① 单继刚：《语言、翻译与意识形态》，《哲学研究》2005 年第 11 期。

② ［英］罗素：《人类的知识》，张金言译，商务印书馆 1983 年版，第 75 页。

的语调、神态。在虚拟的网络世界中，人们心灵得到了自由的释放，正如有学者所言："在虚幻的多媒体世界里，人们可以不断更换装束、飞檐走壁、肆意地创建或毁灭事物，这些经历都超越了现实，它实际上在模拟一些类似于梦的意识形态。"① 相比于带有外来性与部分不认同性的社会主流意识形态，这种类似于梦的虚假意识形态似乎更容易满足网络文化系统内生主体的精神世界。在虚拟的网络世界中，语言可以根据具体需要展现其真实与虚假的一面，让网络文化系统内生主体在这个虚拟世界中捉摸不透所接收语言信息的真实与虚假内容，因而，在判断或者评判某件发表于网络世界中的事情会因为内容模糊而无法定夺。正如前面所引用罗素所说的话一样，利用本身就具有虚假性的语言来消除语言中的错误信息暗示本身就是一件十分困难的事情。再加上网络世界这一虚拟环境，就算是智者，也很难从这种双重虚构中寻找到语言背后的真实本质。

3. 网络时代语言多样性对主流意识形态的解构

后现代主义以崇尚价值多元的思想，认为对一个既定文本、表征和符号可以有无限多层面的可能性解释，并为世界营造了一种轻松多元，同时又松散无序的自由氛围。网络时代的到来，为后现代主义的最大化自由氛围增加了多样化元素。作为网络时代语言异化的产物——网络语言，更是以其通俗性与戏谑性冲击、调侃网络文化系统内生主体的主流意识形态地位，同时逐渐消解主流意识形态中正规、整体、传统的语言表达，代之以世俗、轻浮等字眼，人们在进行意识形态的自由选择时，一些相对轻松、充满乐趣的思想表达更容易引起人们的选择兴趣。网络语言以短时间内复制速度快、直观表达上更易引起共鸣、对话氛围轻松不压抑等特征引起了网络文化系统内生主体尤其是中国青少年群体的部分认同。可以说，同严肃的、晦涩的主流意识形态相比，网络文化系统内生主体的"无意识"表达更容易被网络语言轻松愉悦的氛围所激发，网络文化系统内生主体压抑已久的精神世界更容易释放。通过前面对精神分析的著作研究可以知道，当长

① 徐春霞：《网络世界与精神世界》，《青年记者》2009 年第 23 期。

久处于压抑状态的网络文化系统内生主体突然与外面的世界接触时，会表现出种种不适应，进而引发精神疾病。网络时代这种语言的多样性变异对社会主流意识形态必然产生多维度的解构：主流意识形态的稳定性被网络语言的随意性解构；主流意识形态的整体性被网络语言的碎片性传播解构；主流意识形态的权威性被网络语言的戏谑性解构；主流意识形态的延续性被网络语言的短促性解构。网络语言的诸多解构性不利于在主流意识形态基础上塑造网络文化系统内生主体的集体人格与价值认同。

4. 网络语言暴力对网络文化系统内生主体的精神世界冲击

语言暴力，就是指以语言为攻击工具，对他人进行造谣、辱骂、蔑视、诋毁等心理上或思想上的攻击与伤害；网络语言暴力则是在互联网这一虚拟空间下，使用异化网络语言对他人进行造谣、辱骂、蔑视、诋毁等心理上或思想上的攻击与伤害。这种攻击与伤害在网络的庇护下，言语措辞更加恶劣与暴力，在网络实名制依旧不完善的今天，网络语言暴力在超越道德与法律的底线上愈演愈烈。

网络语言暴力发展分为两个阶段：第一个阶段是使用的文字本身多有攻击性、侮辱性、嘲讽性，第二个阶段是语言的暴力作用，通过过激语言的使用，激起人们的情绪，进而延伸到行为方面，形成现实侵权。网络语言暴力在网络文化系统内生主体的精神世界中具有很强烈的视觉文字冲击与情感同化作用，很容易在情感上引起全民的公愤情绪。很多人在第一时间接触到这些激进的文字会变得异常兴奋、血脉偾张，完全不会去考虑核实信息的真实性与准确性，跟风造谣、诽谤；更有甚者完全忽略信息的时效性，盲目推崇舆论暴力一边倒，沉浸在网络语言暴力的从众心理当中。当网络语言暴力从文字暴力阶段过渡到激进暴力行为阶段时，事态则变得逐渐危机化。很多人从最开始在虚拟空间的语言暴力攻击延伸到了人肉搜索，进行现实世界的人身攻击，从伦理道德层面上升到政治法律层面，严重破坏了道德底线与法律准绳。网络文化系统内生主体的精神世界也因此变得肤浅、不稳定，甚至还埋下了暴力、愤怒等消极情绪的隐患，一旦有与之相对应的导火索出现，情绪引爆一触即发。网络语言暴力简单粗暴的表达形式很容易在网络文化系统内生主体的“集体无意识”原型中埋下消极情绪的种子，一旦有相对合适的条件，这颗种子便会肆意生长，不可控制，对未来网络文化系统内生主体的精神世界心理空间塑造与集体人格塑成产生障碍。

二　西方社会思潮对网络文化系统内生主体传统价值观的冲击

西方社会思潮一直是西方发达国家企图在思想领域、意识形态方面影响网络文化系统内生主体的精神世界的软文化武器。古有欧洲传教士在和平时期借丝绸之路之便来中国进行宗教传播；近有西方列强在烽火时期借炮火枪支之势打开中国大门进行思想灌输，而如今处于网络时代的西方社会思潮传播，在此看来则是二者主动接收与被动接受的结合。中国传统价值观是中国社会各阶层的共同精神支柱，历史虚无主义、新自由主义、个人主义等社会思潮在网络的推动下重新对中国传统价值观进行冲击。自私、利己、贪婪成为现代人精神世界中理所应当的代名词，传统道德被边缘化，网络时代西方社会思潮的快速传播及不加识别地盲目接受，对网络文化系统内生主体的传统价值观产生了严重的冲击。

1. 虚无主义对传统价值观的虚无

心理学家荣格对“现代人”有过这样一段论述：“一大帮没有价值的人正是这样一下子跳过各种发展阶段，抹去这些阶段所代表的人生任务，并由此而赋予自己一副虚假的现代气概的……真正的、为数极少的现代人……在大众缺乏辨别力的眼中与这些伪现代派混在一起。”① 在这种持有虚无主义观点的“现代人”看来，人类的存在、人类的历史是没有目的、意义和价值的，他们轻描淡写地抹杀了人类存在的意义与历史沉淀的必然。虚无主义的“跨越式超越”犹如空中阁楼一般，毫无根基可言，是一种过分的历史跳跃与现实抹杀。从屠格涅夫使“虚无主义”这个词初涉群众，到弗里德里希·海因里希·雅各比将其率先引入哲学领域，再到尼采将“虚无主义”推向高潮，

---

① ［瑞士］卡尔·古斯塔夫·荣格：《荣格文集》，冯川编译，改革出版社 1997 年版，第 99 页。

并由部分后现代主义者持续推崇。虚无主义不仅在西方世界影响深刻，同时经由多种渠道，尤其是通过现代网络媒介，进入网络文化系统内生主体的精神世界中，对中国传统价值观发起挑战。在封建统治结束后，中国传统价值观便不再具有统治意义的强制性规定，而是作为一种文化遗产、文化遗迹和传统观念而存在。在失去作为政治制度意义的境遇下，中国传统价值观在西方虚无主义面前变得更加容易被攻击。中国传统节日被西方洋节冲击，其背后的历史含义被虚无；许多饱含历史意蕴的名人大家被一炮走红的明星、网红所冲击，其正统思想、励志人生被虚无。一个国家不能没有历史，一个群体也不能没有榜样人物，一个集体更不能失去传统价值观作为道德底线的支撑。网络时代虚无主义的传播更加不真实与虚幻化，如果网络文化系统内生主体的精神世界完全被一些所谓的虚无形象所引领，被一些所谓的虚无事件所支配，那么最终所形成的社会风气也会如虚无泡沫一样一吹即散，禁不住时代的考验。

2. 新自由主义对传统价值观的渗透

新自由主义是一种倾向于经济与政治学的西方思潮，强调市场经济中自由市场的重要性。它提倡个人自由，反对国家干预，在国际政策上主张国际市场的开放，拥护经济全球化与贸易自由化。有学者这样评价新自由主义："我认为，新自由主义自诞生之日起就已经明显地带有政治倾向与政治目标，体现为一种意识形态理论……新自由主义实质上就是西方国家的'政治经济学'，是披着经济理论外衣的意识形态理论。"① 新自由主义从最初的经济领域逐渐延伸到政治、文化、社会等多个领域，西方发达国家也借新自由主义完成其在他国意识形态领域的占位，是近些年来西方输入影响较大的思潮之一。新自由主义主张公共资源私有化，反对公有制；强调贸易自由化，反对国家干预；推崇个人自由最大化，反对集权主义。从受教育程度与收入水平而言，这种对自由最大化的追求使得新自由主义在中国大部分人群尤其是中产阶级与青少年的精神世界中反响深刻。同时，中产阶级

---

① 高和荣：《揭开新自由主义的意识形态面纱》，《政治学研究》2011 年第 3 期。

与青少年群体又是网络时代的主要受众群体，所以关注新自由主义对两类群体精神世界中的传统价值观冲击显得尤为重要。在现实世界中，中产阶层中间存在着一种身份认同的障碍，很多人会因为职业与现实收入的距离差而无法形成满意的身份认同。在新自由主义自由最大化的怂恿下，中产阶层很容易抛弃传统敬业观，青少年则由于处在受教育的阶段，自身的人生观、世界观与价值观还是初级的萌芽状态，加之长期受束于学校与家庭的管制，因而正在叛逆期的青少年更容易受到新自由主义的过度自由渲染与鼓吹，造成人生观、世界观与价值观的不完整。新自由主义借助网络平台扩大其渗透范围，不仅为两类群体在思想上找到了可以自圆其说的借口，同时在情绪发泄上提供了一个"安全"虚拟平台。在中国传统价值观中，对职业的尊重，对国家权力至高无上的拥护始终是人的精神世界应有部分。而如今，新自由主义在网络时代的肆意传播，对敬业、爱国等传统价值观念产生了巨大的解构与冲击，对中国传统价值观的延续形成了障碍。

3. 功利主义对传统价值观的同化

在学者许纪霖看来，中国的"五四"时期除了以"个人观念"丰富了"个人主义"，还引带丰富了"功利主义"。"清末民初，功利主义代替过去儒家的德性人生观，开始成为一种新的人生观，在'五四'时期的启蒙知识分子之中，已经非常普遍。"① 功利主义在过去包括现在很长一段时间内都被完全批判为市侩庸俗的利己追求，其实传统意义上的功利主义是对道德规范的遵守与实现。"虽然功利主义与利益密切相关，但它不是一种关于利益的哲学，而是一种关于道德的哲学。像义务论一样，功利主义的任务也是回答这样的问题，即'我们应当做什么'，而'应当'在这里意味着道德上的正确。"②"功利"不是指功名利禄，而是指遵守某种道德体系后所获得快乐值的最大"功效"，功利主义只注重事情发展的结果，以人的幸福感实现为行为动机，以追求所得最大快乐值为衡量标准。由于功利主义只肯定

① 许纪霖：《个人主义的起源——"五四"时期的自我观研究》，《天津社会科学》2008 年第 6 期。

② 姚大志：《当代功利主义哲学》，《世界哲学》2012 年第 2 期。

事情发展的结果意义，忽视其中的过程动态，同时在与道德挂钩时，要求通过对道德体系的依附通行后计算得到快乐、幸福的功利最大化。这种单一的幸福感、快乐值计算使得人的本质变得简单化与绝对化，人的需求变得单一化，追求的目标也变得同一化。这种带有强烈功利色彩的目标追求很容易将人偏颇成为仅仅以功利计算为动机的冰冷机器。前面我们提到过，功利主义希望通过对一套完整道德体系的恪守而实现自身快乐的最大化，然而，在思想自由的网络时代，人们很难再去遵守一套固定模式的道德伦理，形成一套大众公认的道德体系十分困难。同时，人们借助网络平台的遮掩庇护随心所欲，大胆抛弃传统道德规范的约束，展开对事物目标化的追求，使得人类原有意义上的快乐本质开始异化，功利主义对于“功效”愿望的强烈实现也逐渐倾向于单一化的利益计算。这种过于计算某一目标的功利主义冲击了网络文化系统内生主体传统价值观中不为名利、宁静致远的传统思想，对中国传统价值观中的道德规范与行为准则产生反噬。

纵观全局，网络文化系统内生主体对于西方社会思潮的主动接收不再是古时的平等交流，而有时是怀着一种盲目的崇拜之情；被动接受则是因为网络文化系统内生主体的精神世界中存在着传统与现代“隔阂”，在抛弃传统与怀疑未来的纠结中，承接传统、引导当下与未来的精神体系始终没有在网络文化系统内生主体的精神世界中形成。而网络文化系统内生主体的精神世界中这一精神空地，快速被借助网络传媒的空间性的西方发达国家占领，不断用西方社会思潮填补网络文化系统内生主体的精神世界中的空白，此时的被动接受又含有一定的主动性。与以往不同的是，在通信设备极度匮乏的时代，西方社会思潮仅仅为具有一定知识储备的精英阶层所接触和理解，对于普通大众来说简直就是天方夜谭。而网络时代，经过世俗化网络包装的大众式语言文字表达，为西方社会思潮进入网络文化系统内生主体的精神世界提供了便利，去触碰曾多次被动摇的传统价值观。中国传统价值观作为中国社会各阶层的共同精神支柱与价值理念，尽管拥有上千年的积累与沉淀，但因外来思想冲击动摇了根基，同时对于网络传播中经过“改良”的西方社会思潮，普通大众因缺乏一定的辨识能力，而导致其抵制能力的更加减弱。

三　网络时代所引发的“亚健康”精神疾病①

网络时代，便捷的网络平台成为人们接收、传递信息的依赖。由于互联网自身运作的快速性，其所承载的信息传递也较之于以往提速不少。林林总总的信息通过网络优势缩短了传播时间并扩大了传播范围，各类信息以迅雷不及掩耳的翻新速度，汇聚成一道道“网络文化快餐”，在传播信息的同时冲击着人们的视觉，加快了人们的生活节奏，影响着人们的思维方式与阅读习惯，同时瓦解了网络文化系统内生主体的精神世界整体性，引发了自我认知模糊的个体困境，导致了网络文化系统内生主体超越性精神的丧失，消极、愤怒、迷茫等“亚健康”精神疾病充斥着网络文化系统内生主体的精神世界。

1. 网络化生活是升级版的“物化”生活

根据马克思的社会“三形态”说，网络文化系统内生主体的社会发展仍处于“以物为基础”的第二阶段社会形态。随着工业社会推动物质财富的日益膨胀，网络文化系统内生主体在商品拜物教的蛊惑下，“以物为基础”的物质意识愈加强烈，衡量自己生活幸福指数的标准也以生活中的“所得物”为参考。金钱、娱乐、广告等大众消费时期的代名词将物欲横流的社会推向世俗化的高潮，网络文化系统内生主体传统精神世界中的道德规范与超越精神被吞噬得所剩无几，“物化”生活持续发展。

网络时代逐渐与网络文化系统内生主体的生存方式、生活习惯、思维模式的转变息息相关。人们在最初的工作中依赖于网络时代的操作便捷与高速时效等工具性特质，也逐渐在生活中依赖于网络时代的信息多元与交流便利等生活层面的特质，互联网完成了从最初的军事领域向人们的工作领域与生活领域的逐步扩散，更贴近了人们的现实生活。可以说，现如今网络文化系统内生主体的生活与网络世界已是密不可分的联系，“网络化生活”是对现时代网络文化系统内生主体

---

① “亚健康”精神疾病是指人们在物化世界中，因现实世界的纷扰繁杂，而在精神世界中产生的“亚健康状态”，是物质世界中“亚健康”疾病在精神层面的表现。

生活现状的最为贴切的形容。

网络世界终究是一个虚拟的、包容的开放世界，网络化生活在给网络文化系统内生主体现实生活带来便捷的同时，也会为“物质”、“金钱”、“世俗”、“广告”等“物化”因素提供更为广阔的传播平台。在这个虚假平台中，传统的“物化”性质愈演愈烈，人们可以利用最短的时间与最小的平台去追求最大化的利益；同时，在原有充满着虚假浮夸气息的“物欲”基础上，网络文化系统内生主体对物质的诉求依赖逐渐转化为精神层面上的非理性诉求，功利、名誉、浮躁接踵而至。网络化生活为物化生活的持续推波助澜，是升级版的“物化”生活。

2. 网络阅读碎片化模式瓦解了网络文化系统内生主体的精神世界整体性

随着网络化生活的不断升级，新媒体逐渐介入人们的学习与阅读中，以大量的APP软件为人们提供所需信息，改变了人们传统纸质版的阅读习惯。现如今大多数网络文化系统内生主体尤其是青少年群体，更青睐于通过网络接收和阅读信息，因而形成了一种网络时代的碎片化阅读模式。这种网络碎片化的阅读模式，导致人们经常接收到一些零散的、即时的、经不起仔细推敲的信息，而在传统纸质阅读中，浏览、阅读以及自我反馈所形成的知识思维往往是连续的、完整的、自成体系的。相比而言，这种网络碎片化阅读瓦解了原始信息内容的整体性与真实性，瓦解了人们在阅读、接收信息时的思维整体性，同样对网络文化系统内生主体的精神世界整体性构成威胁。“受众接受‘碎片化’有增强时效性的传播优势，但与此同时，也降低了各类信息的真实准确性和时宜性。”[①] 在这样的网络碎片化阅读空间里，人们往往无法集中于阅读本身，因为阅读内容已经被零散化，阅读时间被即时化，收获的也尽是对零散信息的模糊印象与不明确概念。“浅阅读”、“快阅读”成为网络时代阅读的新风向，网络文化系统内生主体传统精神世界中的整体思维、全局观念被瓦解成为碎片、跳跃的思维及片面观点。浮躁、武断、莽撞成为网络文化系统内生主

① 黄薇娜、高汝武：《“碎片化”阅读对大学生主流意识形态弱化的对策研究》，《知与行》2016年第7期。

体的精神世界中的消极因素，如何让网络碎片化阅读做到“形散意不散”仍是值得推敲的问题。

3. 网络虚拟化加剧了网络文化系统内生主体的精神世界个体困境

网络是一个自身虚拟却联结现实的交流平台。自身虚拟是因为承载、推进网络运行的是冰冷的屏幕、键盘，工具性的数据与抽象型的空间。见不到彼此的交流者仅仅凭借着屏幕上的文字进行沟通，彼此的感情、情绪隐遁使双方都无法获知对方的真实情况，再加上个人信息的自发性与主观性，人们可以在虚拟的网络世界中随意编辑、篡改信息，因此，仅通过冰冷的文字核实信息背后的真实性与准确性十分困难。同时，人们在接收这种“半真半假”的信息时，往往会因为同一信息的前后矛盾与不同信息的相互冲撞而陷入怀疑与迷茫之中。网络文化系统内生主体在充满虚拟、真假的空间中很容易产生思想上的困顿，以至于陷入了对自己、对他人的认知困境。一些人由于过度沉迷于虚拟世界营造的虚假现象，不愿认清现实中的自己，因而导致了对自我认知与自我定位的不明确。当虚拟世界与现实世界发生碰撞时，曾经对于某种虚幻假象的笃定便会瞬时间化为乌有。在这种理想与现实的巨大落差中，“无意识”无法与外部社会条件相融合，人们会因为突如其来的现实而变得不知所措，在选择逃避现实时产生了痛苦、焦虑、迷惘、犹豫不决等消极情绪，对自己的未来规划因无从下手而充满困惑与恐惧。在这些消极情绪日积月累的挤压下，网络文化系统内生主体的精神世界加剧陷入了个体困境之中。

4. 网络文化世俗化趋势导致网络文化系统内生主体超越性的丧失

马尔库塞曾对高层文化与工业化时代有过这样一段论述：“今天的新奇之处是通过消除高层文化中对立的、异己的和超越性的因素——它们借助高层文化而构成现实的另一种向度——来消除文化和社会现实之间的对立。”① 如果说，工业时代便出现了文化领域的世俗化趋向，那么当今的网络时代则将这种趋向愈演愈烈。网络时代是一个相对轻松、自由、多元化的时代，与文学、文化领域的“百花齐

① ［美］赫伯特·马尔库塞：《单向度的人：发达工业社会意识形态研究》，刘继译，上海译文出版社2006年版，第53页。

放，百家争鸣”的性质相得益彰，因而很容易将许多同性质的网络时代因素投影于现实的文化领域中。由于网络平台是一个思想相对自由开放的传播平台，所以对于众多文化的产生、形成、传播、发展与影响并没有思想意义上的强制与专业性质上的筛选。在很多高层次文化走入到平常人的生活时，许多庸俗文化也顺势借助网络平台进入大众的视野并深刻影响其精神世界，导致了网络文化的世俗化趋势。同时，“随着数字化技术的发展……网络文化系统内生主体的身心两方面在广度、深度、强度上均受到空前的干扰，这显然是对网络文化系统内生主体的主体性的摧残”①。在主体性动摇与文化世俗化的内外双重夹击下，网络文化系统内生主体的超越性精神受到了严重的冲击。那种曾经“先天下之忧而忧”的家国忧患意识以及“老吾老以及人之老”的群体人文关怀，抑或是“一览众山小”的自我超越精神在网络文化的低俗、平庸感染下逐渐被同化。

① 张桂芳：《论数字化技术时代的中国人文精神》，转引自李菁华《文化复兴：人文学科的前沿思考》，上海人民出版社 2012 年版，第 181—185 页。

第六章

网络文化系统内生主体的精神世界问题成因

网络文化系统内生主体的精神世界之所以会出现诸多问题，与其精神世界内在的自我运动与异化产生息息相关。本书从系统论角度出发，将网络文化系统内生主体的精神世界看作一个完整系统，结合哲学、遗传学与心理学等学科知识，分别从语言文字、传统文化基因及心理空间三个角度出发，对网络文化系统内生主体的精神世界内生结构进行解析。基于中国社会在网络时代中经济、政治、文化以及社会发展的外部环境，对网络文化系统内生主体的精神世界问题成因进行外部系统分析。

第一节　网络文化系统内生主体的精神世界问题的内部成因

主流意识形态的解构、传统价值观的冲击以及精神世界整体性与超越性的影响，浮躁、焦虑、孤独、不安等网络时代特有的“亚健康”精神疾病，似乎成为网络文化系统内生主体的精神世界问题代名词。贝塔朗菲在有序研究人类的符号世界、价值世界以及文化世界时提到：“心理物理有机体不仅能对来自外界的刺激作出反应，而且更是一个有保持其内在活动趋势的系统。”①

① ［奥］冯·贝塔朗菲：《人的系统观》，张志伟等译，华夏出版社1989年版，第43页。

一　语言文字的表达异化

语言文字是人类所特有的，能够将人类与其他事物截然分开的，并体现人类独特行为的意义符号，由于语言文字是人类独有的展现内心世界的符号表达，所以人在创造语言文字的同时，或多或少地会加入一些主观元素。当涉及主导话语权问题时，这些元素的主观性便会愈加强烈地投入语言文字的表达中，造成语言文字的表达异化。

1. 语言文字的本质异化

语言是心灵的窗户，也是人类的心灵活动，更是一种人类社会特有的现象。同时，在人类社会所有的心灵活动和社会现象里，只有语言文字的表达才是最系统的，才是最适合的思考对象。所以，语言文字不仅是人类生存的交流基础，更是人类精神世界的外在表达。语言由语音、词汇与语法构成，并在特定的语境中通过口头、书面两种表达形式阐释语义。“传统的语言学研究，将语言分成历时研究与共时研究。历时研究主要是对语言随时间的推移而产生变化的动态研究；共时研究是对一段历史时期内语言状态的静态研究。”① 语言文字虽然是人类在社会历史中适应社会变化、发展的必然产物，但并非一成不变的。语言文字由人类发明，依赖于人类思维的实际发展与现时表述，与人类的关系是永久性的双向互动。一方面，人类根据自身的情感表达需要，创造了语言文字，并在思维的不断成熟中概括凝练，形成更高层次的语言文字表述，即价值思想、意识形态的表达；另一方面，带有人类思想意识、价值观念的语言文字又会反作用于人类本身，尤其是在一定程度上已具规模的思想内容、价值体系与社会观念等，会对未形成稳定、成熟价值观念的群体产生引导与制约。由于语言文字的发明者本身便具有不断寻求自我需要与自觉内化于心的超越性精神，所以语言文字随着人类内在的精神思想变化也会发生本质上的变化。在黑格尔看来，语言文字是异化或教化的现实，在传统世界中，“语言以本质为内容，而语言本身则是本质的形式。但现在，语

① 杨玉晨：《语篇与语言动态：语言本质探析》，《东北师大学报》（哲学社会科学版）2005 年第 2 期。

言却以它自己这个形式为内容……实现那必须予以实现的东西”①。本应该仅仅纯粹地展示本质内容的语言，在加入了具有固定倾向予以实现的精神、意识引导后，便在原有的本质基础上融入了虚妄、颠倒等杂质成分，在对外表达时产生异化。在掌握了一定的物质财富基础后，西方国家为进一步实现、巩固自身利益，转而利用解构性语言文字进行全球意识形态领域的占位与操控，一些将西方社会思潮奉若神明的人随即成为其附庸，不加辨识地跟风扩散。在传统时期的中国，语言文字的表述多为严谨、庄重、规矩成文，多与“仁义”挂钩，是道德规范准则的传音符；而网络时代网络文化系统内生主体的精神世界因充满着变数与未知，传统语言文字也随着网络的性质，转变为活泼、跳跃与轻浮的表达。人们在虚拟的网络世界中利用虚妄的语言文字进行自我保护与观点阐述，语言文字在网络文化系统内生主体的精神世界中也不再是客观事物本质的描述者与传统道德仁义的传颂师，而逐渐在网络世界中异化本质，成为自身利益表达与思想意识领域的操控者。

2. 语言文字的与时性和结构性

对语言文字的本质性剖析，让我们了解了语言文字存在的目的与意义，对语言文字的与时性与结构性的深入分析，可以更进一步地了解语言文字的内在层次。其实，语言文字不仅是人们日常交流的工具，同样也是哲学家们研究文字文本、语言语境时所关注的重点。语言在哲学家的世界里由来已久，从最初对词语、语句及语法的本体论思考，到后来的语言具体表达所指的认识论思考，再到 20 世纪初哲学领域的“语言转向”。语言在不同时期，肩负着不同的解释与意义，具有紧随时代的与时性。在古希腊时期，语言文字在哲学领域被认为是思想的外在表达，哲学家们将研究重点放在对语言文字的词语、句子等本体构成上的思考，并通过语言文字进行一个个的“命题”讨论；在罗马、中世纪时期，语言文字的研究开始逐渐向全方位扩散，哲学家们开始热衷于对语法、辩论及修辞的研究；在逻辑实证主义时

① ［德］黑格尔：《精神现象学》下卷，贺麟、王玖兴译，商务印书馆 1979 年版，第 55 页。

期，语言被赋予极强的理性逻辑，哲学家们利用语言将哲学解构后又重新进行建构，语言成为哲学领域的发言人；在实用主义时期，语言则又被赋予了更多的实用性原则，在翻译领域英文“先因后果，汉语则先果后因”[①] 的语序问题，使得语言文字成为了结果性的实用主义发声者；在现时代的网络时期，语言文字成为人类现代性的发言人，融合了过去所有时期整体表达的同时，语言文字又代表对新事物的多元化表达。乔姆斯基将语言结构分为两个结构，即“表层结构”和“深层结构”，对此，国内有学者说：“深层语法不能充分确定语义，表层结构影响语义，换句话说，转换会改变语义。”[②] 也就是说，基于语言深层结构的不明确性与隐蔽性，人们无法清楚确定语义的真实表达，而语言表层结构则在不同的描述转换中，产生不同的语义诠释。例如，在禁欲主义时期，人们对超越现有支付能力的消费行为叫作“欠债”，而在消费主义时期，人们则称其为“贷款”、“提前消费”。从对语言表层结构的操控进行倾向性表达，在精神层面进行渗透性暗示，将“欠债”名正言顺地转换为可包容理解的“贷款”消费。这是一种受到一定主观目的驱使的内在语言意识内化了的行为，当人们在无法认知表达者的“深层”意识时，只能选择接受其“表层”的表达。在网络时代，虽然语言文字的表达日趋口语化与日常化，与时性也更具时效意义，然而由于语言文字自身的本质异化再加上语言文字与时性和内在结构的复杂性，网络时代加大了语言文字表达者背后真实意图研究的难度。

3. 语言文字在双重隐蔽条件下的隐喻表达

网络语言是语言文字在网络时代异化的产物之一，网络语言由日常生活用语演变发展而来，是人们为适应网络自由、开放等特征而形成的具有轻松、戏谑成分的符号系统。无论是传统语言文字，还是异化而来的网络语言，除了具备共有的符号意义之外，在交流与表达中都会存在一定的遮掩成分，内嵌在语义之中的真实的本意借“隐喻”

---

① 李媛媛：《实用主义哲学观对语言的影响》，《中北大学学报》（社会科学版）2007年第23卷。

② 陈嘉映：《语言哲学》，北京大学出版社2004年版，第294页。

来遮盖。在语言哲学中，隐喻既属于语言，也属于思想、活动与行为，人们在现实生活中不想公之于众的活动、不想让他人所知晓的行为以及无法对外表露的自我内心真实想法，都会借助“隐喻”将真实的思想遮蔽起来，并在此过程中形成虚假的思想与虚假的意识形态。网络时代语言文字的虚假性质进一步突出，有意者在公之于众的平台上利用隐喻表达，着重突出网络语言的表层结构，而故意隐含代表语言文字真实表达的深层结构，这样，通过不断的语义转换进行虚假意识形态的渗透。比如一些网络媒体人在报道新闻的时候，为博取群众眼球或有意制造舆论导向，有意识地对事件的原本面貌进行隐藏，对其微妙现象进行夸大，引导其朝着有益于自己舆论的方向发展，误导受众群体的思想。同时，网络时代又为语言文字的隐蔽性质营造了一个虚虚实实的虚拟环境。使原本就蒙有一层“隐喻面纱”的语言文字再添一层环境中的“外衣庇护”，形成双重隐蔽条件下的网络语言。网络语言在实际生活中的表达，需要经过两次“隐喻”性的筛选，才会推向受众群体：第一层筛选是进行所有时期语言文字都会经历的、最基本的“遮蔽”加工，使语言文字所形成的成文表达仅展现其“表层结构”的内容，将真实的语义放置于“深层结构”之中隐藏起来；第二层筛选则是将第一层筛选出的“虚假”内容投掷于虚拟的网络世界中，在虚拟环境的掩护下，再镀一层虚假的“外衣庇护”。这种经过双重“隐喻”琢磨而成的网络语言，可以使所表达的思维、思想抑或是意识形态，明目张胆地传播却不露任何破绽，自愿为受众所接受而不受任何怀疑。受众群体在接受这样“双重身份”的虚假信息时，往往会因为直觉上的感官信任而忽略了对信息内容的真伪识别，并在二次传播时，再现盲目虚假。使得网络文化系统内生主体的辨识思维在这种双重隐蔽下的网络语言异化与毫无根据的再次传播表达中十分被动，难辨真假，困顿迷茫。虚假扩散蔚然成风，网络文化系统内生主体的主流意识形态地位也因网络语言文字的内部异化而动摇。

二　传统文化的基因突变

传统文化是一个国家或民族在历史的不断演变中逐渐沉淀而成、

展现民族特质与民族风貌的民族文化。传统文化是国家与民族在集体价值认同上的根与魂，是集体民族精神的凝聚因素。中国传统文化以儒家思想为核心，集结道家、墨家等多元传统思想为辅，将“仁、义、礼、智、信”视为道德规范与行为准则。儒家思想作为两千年封建王朝的统治思想，形成了历代王朝在物质上、精神上、制度上的文化实体与文化意识，拥有强大的文化基因。随着工业时代西方文化、外来思想的入侵，中国传统文化基因的地位面临冲击；同时，随着网络时代的加快到来，传统文化的自身传统基因发生“突变”，并与现代文明之间产生“裂痕”。尽管如此，我们依然可以运用传统文化自身的稳定性去控制传统基因的“突变”与弥补同现代文明之间的“裂痕”。

1. 传统文化中的文化基因

中国传统文化源远流长，博大精深，不仅包含着以儒家学说为代表的诸子百家理论，同时还包含着技艺、民俗等民族文化传统，这里所探讨的传统文化，主要是对儒家学说等中国传统文化思想理论的讨论。作为中国传统文化基因，儒家学说所提倡的“仁、义、礼、智、信”一直作为中国传统道德观与价值观的核心元素而备受推崇。“仁”作为排序首位的文化基因，不仅是儒家思想的基本之道，更是中华民族传统价值观的核心之位。“孔子虽然提出了20多个道德价值概念，但讲得最多的是‘仁’。‘仁’是孔子学说中最根本、最具普遍意义的道德范畴，是具有核心地位与主导作用的道德范畴，因而是根本之道。”[①]“仁”是传统文化中人之所以为（wéi）人的价值确立，也是人之所以为（wèi）人的人文关怀；“义”与“仁”相辅相成，是对“仁”在表现形式上的一种权衡性质的补充，“仁”、“义”二字也经常搭配使用。“义”讲究一种合理、适宜、适度的平衡关系，在对“利”的取舍中表达着一种舍“利”取“义”的仁义之道，旨在“调节社会利益关系和正确处理感觉欲望与理智理性”[②]，是对大同社

---

① 吴光：《重塑儒学核心价值观——“一道五德”论纲》，《哲学研究》2010年第6期。

② 温克勤：《仁义礼智信的形成和基本内涵》，《思想政治工作研究》2007年第6期。

会的美好向往；“礼”起源于上古时期的祭祀、宗教活动，经过儒家学说的雕琢，成为封建社会的制度典章与礼节仪式，现作为道德准则的一种，多有礼节、礼仪、礼貌之意。“礼”是“仁”实现的重要途径，儒家所提倡的“克己复礼”是为达到“仁”境界的自身修养方法，同时也是做人的基本要素与道德规范，更是一个社会文明的外在体现；“智”有明智、智慧和聪明的含义，涵盖了知识体系的定义，是人们分辨是非应具备的思辨能力。在古人来看，一个人只有具备了明辨是非、洞察事物本质的能力，才能不受外来思想的蛊惑与影响，保持自我内心的明智之心，形成坚定的价值观念，减少犯错、过失的发生。“知人者智，自知者明”，古人认为真正的智慧应该是自知与他知的统一结合，“智”是人格道德的一种，是理性精神的展现，“智”与“仁”一并成为中国传统文化基因中的精髓，构成稳定的社会性格；“信”代表着人与人之间的诚信、诚实与信任。“信”是人与人彼此交往的基础，是相互尊重的人格体现，更是推进社会有序进行的道德精神。“信”以“仁心”为基础，仁者有信，一个人只有具备了仁义之心，才能自觉遵守诚信之道。同时，“信”又为“仁”得以继承、有效延续创造了诚信、和谐的社会环境。由此可见，儒家学说致力推行的“仁、义、礼、智、信”构成了传统道德的价值观圆点，是网络文化系统内生主体的精神世界中传统文化的基础性基因。守仁心、讲仁义、尊礼仪、明智慧、守诚信是中国社会稳定和谐发展的基本道德规范，是网络文化系统内生主体的精神世界未来发展的根基。

2. 传统文化在网络时代的基因突变

“基因论认为个体上的种种性状都起源于生殖质内的成对的要素（基因），这些基因互相联合，组成一定数目的连锁群。”① 在遗传学中，个体的外显性状由生殖质内的基因决定，网络文化系统内生主体的精神世界外在表现也起源于多种精神基因的相互作用。传统文化不仅是网络文化系统内生主体的精神世界的重要精神支柱，还是现代诸多精神基因发展的传统根基。在焕然一新的网络时代，传统文化以其

① ［美］摩尔根：《基因论》，卢惠霖译，北京大学出版社 2007 年版，第 16 页。

独有的延续性、包容性和稳定性与时俱进，以传统性基因内化于网络文化系统内生主体的精神世界内部。然而较之于古代社会对传统“仁、义、礼、智、信”等优秀文化基因的推崇与遵守，网络时代人们对物质化的加速追求使得传统文化的部分基因发生突变。“突变型中引用最多或者用做遗传学资料的，一般是相当激烈的改变或畸形。于是使人们感觉到突变和原型之间有着很大的距离。”① 人们不再以传统文化中的“仁、义、礼、智、信”等为自省道德规范与自律行为准则，取而代之的是由于追求利益最大化而发生基因突变的诚信缺失、背信弃义、浮躁功利等一系列劣质基因。这些劣质基因试图一点点改变传统基因的地位并取得了一定的效果，网络文化系统内生主体的精神世界中同时掺杂着优秀传统基因与劣质变异基因的杂糅体，因而网络时代网络文化系统内生主体的精神世界对外展现出了复杂多样、矛盾多变的现状，网络文化系统内生主体也多在仁与恶、义与利、礼与俗、智与愚、信与疑之间徘徊不定，选择失衡。传统文化基因突变后，与网络文化系统内生主体最初塑造的、理想中的精神基因原型相去甚远，这种原型基因的突变，导致网络文化系统内生主体找不到集体人格塑造时可以遵循的原始痕迹，以至于在这场突变中，年长的传承者显得不知所措，年少的新生代对这种突变后的基因倍感陌生，这也加大了传统文化的重塑困难。“进化一定要通过基因上的变化，才能进行。但是这不是说，这些进化性变化和我们所看到的由突变而来的变化是同一个东西。”② 中国传统文化虽然具有延续性，并且始终随着时代的变化不断在其中注入顺应时代的新元素，但在网络时代中的传统文化延续发展并不是循序渐进的稳定“进化”延续，而是由于传统文化基因突变而引起的“突变型”延续，这种文化基因突变所形成的精神基因虽然冠以延续传统基因的名号，但实质是畸形变异的。同时，处于网络文化系统内生主体的精神世界中最深处、最根本、最真实、最具传承意义的传统精神基因，在经历动荡时期后始终未能再次被唤醒。

① ［美］摩尔根：《基因论》，卢惠霖译，北京大学出版社 2007 年版，第 48 页。
② ［美］摩尔根：《基因论》，卢惠霖译，北京大学出版社 2007 年版，第 48 页。

3. 传统文化与现代文明的“断裂”问题

在网络时代，传统文化的基因突变不仅使“仁、义、礼、智、信”等传统基因地位动摇，同时“突变型”延续的文化基因也使得传统文化面临着一个亟待解决的现实困境，即如何从精神层面与现代文明良好衔接。中国传统文化在近代中国人“睁眼看世界”的时候开始受到西方现代文明的冲击，尽管如此，传统文化基因依旧根据其根深蒂固的传统本质保持其原有特质；到了新文化运动时期，在全面反封建的斗争中，中国所有传统文化都被归列于需要“反对”的行列，尤其是针对三纲五常道德观约束的全盘否定，“仁、义、礼、智、信”等传统基因遭受到了第一次重创；第二次重创是在中国十年动乱的“文革”时期，原本依据稳定局势准备复兴的传统文化再受重创，在破“四旧”运动中，许多传统经典文本受到了洗劫，中国优秀传统文化再次在延续继承中被迫中断；关于“真理问题大讨论”是中国传统文化的复苏时期，传统文化中的人文精神、人文关怀逐渐被释放出来，传统文化也重整待发，并在改革开放后不断与新元素相碰撞、相融合，形成了新时期具有中国特色的优秀传统文化；到了网络时代，随着西方多元价值观的不断传播与网络平台的过度自由，中国传统文化在还未重建好稳固传统基因，同时又未形成现代成形价值观的情况下，传承问题再次面临挑战。在传统基因“突变”的过程中，传统文化失去了原有基础精神基因的本质含义，仁义之道变成虚假之义，礼节礼仪在繁文缛节的过度抨击中变成一具空壳，明者之智在世俗的浸染中变得愚昧无知，诚信守诺被功利之心全然覆盖。《基因论》中摩尔根说道：“遗传学证据正在开始阐明，通过染色体内或群基因位置上的颠倒……染色体都可以重新改组……这类改变势必深刻地影响连锁关系，从而深刻地影响各种性状的遗传方式。”① 精华缺失的传统文化、快速易位的网络文化、强行占位的西方社会思潮、本末倒置的精华与糟粕……这些描述都准确表明，符合现代文明社会的精神基因还未形成，人们在升级版“物化”网络社会中寻求不到一个可以遵守的

① ［美］摩尔根：《基因论》，卢惠霖译，北京大学出版社2007年版，第214页。

圆点或准则。传统文化与现代文明间的“连锁关系”在网络时代出现断裂危机，网络文化系统内生主体的精神世界在这样的“断层”中夹缝生存，既寻找不到稳定的传统根基可以依靠，又屈于对现代文明的迷茫而停滞不前。如果不及时解决这一问题，势必影响到传统文化在网络时代的重塑延续问题，同时也会影响到传统与现代结合贯穿于网络文化系统内生主体的精神世界“遗传”问题。

4. 传统文化的文化基座

“基因可以由于其组织内的一种变化而发生突变，而不必有整个基因的损失。”① 虽然网络文化系统内生主体的精神世界中出现了传统文化的基因突变以及同现代文明社会间的对接断层问题，但作为网络文化系统内生主体的精神世界中千年传承下来的完整基因，传统文化依然在网络文化系统内生主体的集体人格塑造中具有文化基座的稳定性优势。首先，中国传统文化基因从先秦诸子百家时期初具规模，传承至今已有两千多年的历史积蕴。虽然几经动荡与波折，但传统中的精华基因依然存在，未曾泯灭，并成为封建统治时期的思想纲领与网络时代的重视对象。从时间上来看，作为四大文明古国唯一维系下来的历史文化，中国传统文化兼容并包的特征在现如今的网络时代依然具有稳定性优势。其次，中国幅员广阔、人口众多，作为中国传统精神世界的基因，传统文化几乎在每一个网络文化系统内生主体的心里都留下了历史的烙印，尽管部分人并不认同甚至诋毁传统文化，但是这种在空间上形成的潜意识集体性格依然影响广泛。中国每一个地区的文化都是以传统文化基因为原型并加以地域特色的润色而成，因此，传统文化不仅在时间上影响久远，在空间上同样影响广泛。最后，传统文化在网络文化系统内生主体的精神世界中具有强大的凝聚力。传统文化、传统精神、传统价值观、传统人格塑造之所以可以延续至今，是因为符合中国社会的全方位发展与网络文化系统内生主体的精神世界全面构造，因此具有强大的基因凝聚力，这种凝聚力对内展示出集体人格塑造的价值认同，对外展示出当国家、民族受到外来

① ［美］摩尔根：《基因论》，卢惠霖译，北京大学出版社 2007 年版，第 65 页。

冲击时的一致对外凝聚力。例如，前一阵中韩关系因为“萨德”反导系统的部署而日趋僵化，广电总局随即颁布“限韩令”，在娱乐文化行业明令禁止韩国艺人在中国的演出，在网络上掀起轩然大波。中国网民此时此刻展示出了强大的民族凝聚力，一致对外宣称“国家面前无偶像”，而不再是盲目的指责与一味的跟风，这便是中国传统文化因凝聚力量而依然存在的稳定因素。由此可见，中国传统文化虽然在网络时代的西方社会思潮冲击下引发文化基因的“变异”与同现代文明之间的“断裂”，但是，无论从时间上还是空间上都可以看出网络文化系统内生主体的精神世界自始至终都隐含着一种潜在的、稳定的文化基座，即便在网络时代，这种稳定性因素依然存在。同时，从辩证否定观来看，中国传统文化应在时代的不断变化中，通过辩证地自我否定来不断完善和发展自己，防止传统文化基因的“再变异”，并在网络时代的“扬弃”过程中寻求一条衔接过去传统与现代文明的桥梁。

三　心理空间被负面效应挤压

在马克思发现“实践”在人类发展过程中的重要地位后，“实践”便加入了“物质”与“精神”，形成了马克思主义哲学的三维世界观。随着网络时代的快节奏发展，一个网络世界的“心理空间”在网络文化系统内生主体的三维世界观之外逐渐形成。网络心理空间是网络时代中客观现实作用于人类精神世界而形成的心理空间，既具有传统精神世界的内生层次结构，又具有网络时代特殊的心理特质。较之以往有所不同的是，网络心理空间在网络文化系统内生主体的感性直觉、理性认识及超越认知方面更趋于单向性与平面化发展，并形成一种新的群体现象——网络群体心理现象。同时，由此引发的诸多负面效应从感性、理性、超越三个层面逐层漫渗到网络文化系统内生主体的精神世界中，对网络文化系统内生主体的心理空间进行负面效应挤压。

1. 网络视觉冲击对网络文化系统内生主体感性直觉的误导

在网络时代，由网络快速传播所形成的网络快餐文化，通过视觉

冲击快速进入网络文化系统内生主体的网络心理空间，在网络文化系统内生主体的网络心理空间中进行感性直觉的冲击挤压。“部分网站出现的虚假信息、色情、暴力、赌博、诈骗、不负责任的言论等不良信息的传播，严重毒害网络环境，混淆了视听，也污染了人们的精神世界。”① 网络快餐文化多为即时性、短暂化、缺少内涵的消遣文化，在初入网络文化系统内生主体的网络心理空间时，以世俗、低廉等毫无营养的信息刺激并误导网络文化系统内生主体的感性直觉。同时，由于这种快速形成的直观信息未能通过进一步的筛选而面向受众群体，网络文化系统内生主体的精神世界初层感性直觉也十分容易受到这种刺激而产生消极影响，所以诸如“冲动、浮躁、盲目”等负面心理效应便很容易在人们无意识的前提下将其心理空间挤压成为一种盲目的、误区性的感性认识。

2. 碎片化思维方式对网络文化系统内生主体理性逻辑思维的分散

由于网络的出现，网络文化系统内生主体出现了以网络媒介为载体的碎片化阅读方式，人们的阅读习惯与阅读思维也随着这种阅读方式发生了改变。同时，在网络文化系统内生主体的网络心理空间中，由网络碎片化阅读方式所形成的跳跃性、碎片化思维也开始对网络文化系统内生主体原有的理性逻辑思维进行挤压。“碎片化阅读时由于大都是借助于电子媒体，其表现形式较为丰富，导致人在阅读时思维容易受到干扰……降低了对核心内容的专注性……一些大的问题难以用更翔实的论据、更精密严谨的推理去论述得更加深入，连续性被隔断，却更多了武断的成分，甚至走向偏激。”② 中国古人不仅重视在道德层面上的“仁、义、礼、智、信”传统价值观，对理性逻辑思维的构成同样予以关注，因此在传统网络文化系统内生主体的理性认识中才能既不失感性道德，又不失思考现实的理性逻辑。而网络时代的跳跃式碎片化思维方式不仅阻碍了受众群体接收信息后的准确分析与完

---

① 段笑那：《网络“去中心化”的影响及对策研究》，《辽宁工学院学报》（社会科学版）2007 年第 2 期。

② 林茂：《碎片化阅读风尚下的“全民阅读”文化建设探析》，《大众文艺》2013 年第 18 期。

整思考，同时又对网络文化系统内生主体传统精神世界中的整体理性逻辑进行碎片式瓦解。因此，诸如“片面、重复、倒位”等负面认识效应便将网络文化系统内生主体原有的理性逻辑瓦解成为完整性缺失的碎片化理性认识，“偏激、武断、情绪化”等负面心理效应便对原有的理性心理空间进行挤压。

3. 异化西方意识形态对网络文化系统内生主体超越认同的挤压

网络时代网络文化系统内生主体的精神世界中的一个显著化问题——网络文化系统内生主体主体性与超越性的丧失——一直备受关注。网络文化系统内生主体的精神世界在网络时代左右飘摇，自身的主体性与超越性已然受到网络世俗文化及西方意识形态异化的影响，网络文化系统内生主体曾经对于社会、对于国家、对于世界、对于未来的超越性认同也逐渐被淡化。“尽管人类获得了关于自然界的有效知识……但却在功利性层面上理解人生的价值与意义……使人迷失了自我、丧失了灵性、忘却人生意义的精神价值。”① 借助网络平台进行意识形态扩散的异化西方思潮通过意识形态的渗透，对网络文化系统内生主体的精神世界中超越层面的共同认知进行挤压。各种各样的异化意识形态充斥着网络文化系统内生主体的心理空间，使其在理解与追求共同的人生价值与意义中抛弃了超越层面的共同价值认知，转而选择“自私、贪婪、功利”等对原有主流意识形态具有冲击性的负面心理效应，因而导致网络文化系统内生主体共同价值认同被动摇、认知系统出现障碍的结局。

第二节　网络文化系统内生主体的精神世界问题的外部成因

网络文化系统内生主体的精神世界出现问题的原因不能仅局限于内因的分析，因此，本节将基于中国社会在网络时代中经济、政治、

① 张桂芳：《论数字化技术时代的中国人文精神》，转引自李菁华《文化复兴：人文学科的前沿思考》，上海人民出版社 2012 年版，第 181—185 页。

文化以及社会发展的外部环境，对网络文化系统内生主体的精神世界问题成因进行外部系统分析。

一　网络经济环境对网络文化系统内生主体的精神世界的影响

“人是一种物质实体，就是说人是一种‘物’。人是一种物质存在，是物质存在的一种特殊形态。”① 人的生活离不开经济发展所带来的物质基础，在人类社会发展正处于“以物为基础”的第二发展阶段，网络文化系统内生主体的精神世界在系统外部环境中受经济环境的影响也最为深刻。网络时代中国经济发展呈现了技术化知识经济发展新常态，在生产方式转变、精神利益盛行及网络金融虚拟三方面对网络文化系统内生主体的精神世界产生影响。

1. 生产方式转变冲击了精神世界中的物质根基

中国经济社会步入网络时代后，由知识、信息、技术等网络化无形资产开始逐渐分割资本等有形资产在社会经济发展中作为决定性要素的比重。“在网络经济条件下，技术、知识、信息在经济中的作用越来越大，它以知识和信息为核心……通过金融等电子手段把无形的知识和信息真实地转化为商品，从而使知识与信息成为生产力发展的决定性因素。”② 在生产力三要素中，代表生产力发展水平的劳动工具，对生产力的发展影响深刻，当劳动工具由机器化向智能化方向转换时，影响经济社会的生产方式也就发生了翻天覆地的变化。由知识、信息、技术等无形资产所凝聚而成的核心要素，正在中国经济社会中逐渐实现由物质经济到网络经济的转变，这里所谓的“转变”，不是物质资料的虚无化转变，而是谋取物质资料的方式，即社会生产方式的转变。“网络的内在属性也十分契合市场经济的本质，但网络真正成为一种生产方式则是随着技术网络的成熟、在外在推动力——社会经济形态变迁的推动下产生的。”③ 网络时代生产方式的转变主要

---

① 林德宏：《人：物质精神二象性》，《自然辩证法研究》2001 年第 9 期。

② 陈钺：《网络时代经济规律的变化及其影响》，《南开学报》2001 年第 2 期。

③ 杨志、赵秀丽：《“网络”新生产方式的革命——网络经济与生产方式关系研究系列之二》，《福建论坛》（人文社会科学版）2008 年第 10 期。

体现在以下两个方面：一方面，网络成为获取物质基础所必需的方式之一，知识、信息、技术成为网络时代中掌握知识经济的必备三大生产要素。较之以往的实际物质资源，如煤炭、钢铁、矿产，这些要素的形成，要么是由人类精神世界中对现实进行内化反映、总结而成的知识、信息，要么是人对人造机器进行研究、共同合作而形成的具有人类智慧的技术，这些都说明了新三大生产要素具有一定的抽象性。这就很容易使网络文化系统内生主体在这样的生产方式转变过程中，因物质供给的基础比重缩小和获取物质资料方式的无形化，而产生对现实世界不切实际的怀疑。另一方面，由知识、信息、技术而产生的社会新资源较之传统加工型的经济资源而言，在“量”上具有无限开采的可能性，很容易淡化网络文化系统内生主体对物质根基的依赖，同时在这种无限资源供给的经济环境中，网络文化系统内生主体很容易进入一种全部资源无限化获取的认识误区。由此可见，在网络经济环境的推动下，网络文化系统内生主体获取物质基础的生产方式发生了新的变化，在传统资源与现代资源的虚实转换中，冲击了网络文化系统内生主体传统概念中对物质基础的理解，使网络文化系统内生主体的精神世界中对于物质根基的依赖变得更加微妙。

2. 精神利益盛行改变了精神世界中的利益导向

无论是在充满机器的传统工业时代，还是在充满知识经济的网络时代，对于经济“利益”的获取是每个人、每个民族、每个国家生存发展的必然需要。“利益”不仅仅包含传统意义上的物质利益，精神利益在人们生活中的地位也同样重要，随着网络时代经济的发展，人的“精神”要素在网络世界的虚拟环境中利益地位凸显。“人们精神利益的价值在进一步抬升，物质利益的作用则相对有所下降，随着网络产业的发展，精神利益对人们追求经济利益的导向作用将越来越大。”[①] 精神利益是经济社会发展到一定程度，在物质利益基本满足的情况下而产生的更高层次的需求，它伴随物质利益产生，又超越物质

① 朱国华：《网络时代经济利益关系变动趋势之若干方面》，《山西财经大学学报》2003 年第 1 期。

利益。精神利益在客观上具有“物质实在性”①，在主观上具有“人的精神需要性”②，物质利益与精神利益的双重实现是推动社会经济发展的必然因素，只不过在网络经济环境中，精神利益的实现因生产方式的转变而地位升高。利益的适当获取不仅有助于满足个人需求，同时也是集体利益、国家利益实现的部分要求，是对社会经济发展的有效推动。然而，对于利益的过度摄取，尤其是盲目个人利益的过多要求，则会使人陷入功利主义思潮中。在网络经济环境下，网络文化系统内生主体以网络为工具，及时、大量地获取物质利益与精神利益来实现自我满足，由于网络经济环境与精神利益的实现有着契合之处，所以以精神利益实现自我满足的现象越来越普遍。网络文化系统内生主体在这种自我精神满足的同时，又不断产生追求经济利益最大化的动机，从物质利益到精神利益，再到过度个人利益实现，这种网络经济环境下的利益趋势改变了网络文化系统内生主体的精神世界中以道德为准则的利益导向，同时对集体利益、国家利益的实现产生了阻碍。

3. 网络金融虚拟加剧了精神世界中的“物质欲”

金融是在不确定的情况下人们重新整合现有资源的一种经济活动，以实现利润和价值的等效流通。金融是市场经济社会中的“优质”核心，金融化经济发展是当今世界经济发展的大趋势，不仅在网络文化系统内生主体的物质世界中产生了深刻影响，同时对网络文化系统内生主体的精神世界金融同化更是危机重重。“经济的金融化首先表现为资本的金融化，即资本增殖和资本积累模式趋向金融化。”③资本是社会财富积累及人们追求财富扩张的物质载体，金融化资本在逻辑上进一步架构起人们对物质财富追寻、占有的欲望。同时，金融以工具化形式将经济社会中的生产、交换及货币流通环节简化为抽象的数字概念，在无法接触到实体存在的情况下，为虚假金融泡沫的产

① 徐金平：《利益中精神利益探究》，《求实》2010 年第 S1 期。

② 徐金平：《利益中精神利益探究》，《求实》2010 年第 S1 期。

③ 张以哲：《生活世界金融化的深层逻辑：从经济领域到人的精神世界》，《宁夏社会科学》2016 年第 3 期。

生奠定基础。由于市场是规律与随机并存，市场主体多元化，市场体系开放化，因此导致了金融本质的不确定性。“信息技术发展推动金融交易实现了电子化和无纸化，使交易可以在瞬间完成，越来越多的人们选择将个人拥有的财富转变为金融资产以实现快速增殖。”① 网络时代的到来，为金融在经济领域中的活动提供了一个突破时间和空间的虚拟平台，在这种充斥着虚假幻象的经济活动中，货币的流通形式因变得更加抽象化与虚拟化，而愈发不容易被认识与监督到，人们可以通过互联网终端随意支配自己的资金、期货等金融产品。同时，随着互联网经济的逐步发展，许多商家将商机定位在低成本、高利润的电子金融领域，较为明显的一个现象就是虚拟货币的出现（如 Q 币、比特币等）。虚拟货币以其虚拟价值冲击着传统货币的地位，由于相关法规的滞后，虚拟货币以信用危机、虚拟买卖方式扰乱了金融市场的正常秩序，为本身已具有双重虚拟性质的金融体系再加一层假象。金融市场不仅仅是反映供求的市场，市场活动终究是人的活动，人们在金融市场中的预期心理、需求动机一样需要重视。网络金融虚拟化使得金融活动反转成为网络文化系统内生主体的具体化经济活动，加剧了网络文化系统内生主体对物质利益的过度追求。金融原本是实现价值与利润的等效流通，而网络金融虚拟则形成了利润远远大于价值的非等效流通，网络文化系统内生主体的精神世界中的“物质欲”也因此膨胀起来，在自由交易与虚拟环境的遮蔽下完成对物质的最大化利益追求。

二　网络政治环境对网络文化系统内生主体的精神世界影响

随着互联网技术的不断进步，许多网络平台不再仅仅是人们平常交流的平台，诸如微博、微信等社交软件也逐渐承担起了政治在网络世界中的运行，许多国家政府政策、方针等也都通过网络平台传递给受众群体，以完成相关信息传递的即时性与公开性。网络政治是互联网技术带给国家、政府在政治领域的新现象，是新型的政治载体，同

① 张以哲：《生活世界金融化的深层逻辑：从经济领域到人的精神世界》，《宁夏社会科学》2016 年第 3 期。

时，网络的虚拟性也为网络政治带来了现有政治格局的改变，赋予其新时期的政治特点，也提出了相应的政治挑战。中国的网络政治环境氛围营造还未成熟，在公共领域、话语权掌握以及网络政治环境安全等方面存在诸多问题，对网络文化系统内生主体的精神世界稳定发展提出了政治领域的挑战。

1. 虚拟公共领域对“政治人”的心理影响

中国政治在网络时代的发展，在融入了互联网技术的同时，首先形成了网络时代的政治社会化趋势。这一趋势的形成是由于网络时代本身的社会融合度、网络平台的对外开放性、社会政治的与时俱进及网络主体对于政治利益的普遍诉求，四者相互作用而成。政治也由传统的高层权威象征从上入下，借助网络平台在网络时代逐渐成为大众社会化的代表。网络时代的政治社会化主要体现在信息呈众载体的变化、公众参与度的提高以及政治集中度的弱化三个方面：网络时代，为顺应政治的新形势发展，中国政府许多相关政策文件的发布依赖于网络平台进行传达已成普遍化趋势，公民可以在第一时间接收到相关信息内容，不仅加快了信息传递的速度，同时也提高了公众深入政治领域与政府互动的参与热度。而这种网络政治互动在带来集思广益的积极影响时，也弱化了政治的集中化特点，导致了权力的分散与虚化。因此，网络时代的政治社会化在网络文化系统内生主体的现实世界中形成了一个虚拟的公共领域，“‘虚拟’是指建立在事物真实的物理存在基础上的虚幻或者虚无存在。从哲学上来看，‘虚拟’实质是人们从具象到拟象的认识过程”①。网络时代所形成的虚拟公共领域为网络文化系统内生主体自由表达思想、观点经验交流提供了一个彼此真实交流的便利平台，同时也提供了一个相互看不见、摸不到的虚拟环境，于交流互动而言，它是真实的，但于环境内容而言，它又是虚拟的，网络文化系统内生主体在这样的公共领域中接收着真实与虚假的信息，参与政治互动。现如今一些虚拟团体的成立对于网络世界中政治舆论导向同样影响深刻，并对网络文化系统内生主体的精神世

---

① 杨嵘均：《论虚拟公共领域对公民政治意识与政治心理的影响及其对政治生活的形塑》，《政治学研究》2011 年第 4 期。

界中的政治心理进行冲击。“虚拟公共领域兼具真实性和虚拟性双重特征，极大地改变着人类社会生活方式与交往方式。表现在政治生活领域，它通过影响政治社会化的进程而影响着公民政治意识与政治心理的形成与发展，并进而形塑着人类政治生活。”① 政治心理，是人们在参与国家政治活动时所表现出来的内心感受，并通过政治行为进行表达。网络时代在政治方面所形成的虚拟公众领域，实现了“政治人”平等参与、民主发言的权利，同时，虚拟化空间也孕育了因“政治人”内心期望与现实不符而产生的对政治、道德、现实的蔑视、虚妄等消极心理，对网络文化系统内生主体的精神世界中政治心理塑造极为不利，动摇了其政治心理的稳定性，如果不及时予以控制，其会表现出偏激的政治行为，势必影响政治社会的稳定发展。

2. 网络政治话语权的解构对群体心理的影响

“话语权”是对舆论掌控的权力，“政治话语权”则是在政治领域内对于话语权的掌握权力，政治话语权的地位主导着社会中公共事务的走向，是政治权威在政治领域内的集中体现。网络时代，利用互联网为媒介进行政治话语权的塑造已形成趋势，政治话语权在原有政治基础上融入了网络时代的一些新特质，形成了新时期的网络政治话语权，其内部结构也随之发生了变化。首先，在集中表达上，网络政治话语权功能被弱化。网络时代形成了一个政治自由、思想民主的开放环境，在人们各述所想的同时，由于话语环境、主体思想的不稳定性，很难在网络政治环境中对政治话语权的集中表达进行捕捉，政治话语权的集中表达凝聚力也因网络环境而变得分散，其原有的话语权功能也被弱化，话语权威信度也随之降低。其次，在主导话语地位上，政府在网络中对政治话语权的引领、导向地位降低。网络政治不同于传统政治在权力上的专制和掌控，它是在网络环境中实现政治运行，是政治运行在网络世界中民主自由最大化的具体实现，是民主协商式的政治模式。这也导致了政府在网络政治环境中对于政治话语权主导地位的降低，对于政治话语权的规范、引领作用被削弱，导向功

① 杨嵘均：《论虚拟公共领域对公民政治意识与政治心理的影响及其对政治生活的形塑》，《政治学研究》2011 年第 4 期。

能受到冲击。最后，政治话语权在网络时代的自身异化。政治话语权的表达同日常交流一样，都需要借助语言文字进行意志传达，网络时代语言文字的异化已成现实，在政治领域则体现为政治话语权的异化。由于网络时代推崇“个性化”、“大众化”表达，因此政治话语权在充满个性化与大众化的语言文字环境中，很容易被附上趋于世俗化、平庸化、个体化的表达，失去其作为公众话语权的集体代表，而倾向于为某一群体利益个别发声，这对政治公平的实现极为不利。政治话语权是一个国家在政治领域统领、引导群体社会不断发展的重要因素，而在“信息化时代，大众传媒将成为利益主体的话语博弈战场，‘造势’（制造舆论）与趁势（利用舆论）成为基本的行动图式”①。政治话语权在网络时代被解构，而网络文化系统内生主体在这场舆论话语权博弈中产生了倾向于各自利益的不同动机与目标，网络文化系统内生主体的精神世界也在这种导向中形成了盲目、分散、不集中的群体政治心理，导致了网络文化系统内生主体的精神世界无法凝聚发展。当某一消极舆论强势占领话语权主导地位并对群体心理进行错误引导时，网络文化系统内生主体的精神世界势必面临极大的摧毁。

3. 网络政治安全问题加剧了网络文化系统内生主体的精神世界不稳定性

在网络政治环境中，政治公共领域的虚拟化延伸，政治话语权的网络化解构，中国的政治安全问题经历了前所未有的新挑战，政治稳定也成为网络时代政治建设的新焦点。“政治稳定是社会稳定的重要组成部分……它指某一政治体系存在的有序性和连续性……政治稳定……指的是相对的持续性和政治体系的一些基本和主要的成分。”②政治稳定需要相应政治体系在社会环境中保持其有序、连贯地发展，一旦这种有序性、连贯性遭到破坏，便会带来政治安全问题，国家的政治保障与政治权威则会面对挑战与质疑。网络时代作为全球化的有效助力推进，在经济领域不断推动经济全球化发展的同时，向中国的

① 沈承诚：《论环境话语权力的运行机理及场域》，《学术界》2014 年第 8 期。

② 黄新华：《政治发展中影响政治稳定的因素探析》，《政治学研究》2006 年第 2 期。

政治安全化问题也发出了挑战，对中国政治稳定的有序性与连贯性进行冲击，主要体现在以下两个方面：一方面，政治发展所依赖的路径载体发生变化。传统政治的实现与发展主要依赖于中央政府到地方基层一级级的实际文件发放与传达，现实存在的机构与纸质版文件可以为政治传达提供有效的保障，而在网络时代的政治环境下，一些政策、规章制度的传达多依赖于互联网技术化媒介，这种虚拟数字化的路径载体在传播过程中削弱了传统政治发展所依赖的实际路径地位，其政治传播会因为缺乏实际沟通而产生遗漏现象，同时互联网在传递信息时存在着一定的安全风险，过度依赖于网络虚拟载体会影响政治稳定发展的有序性与连贯性。另一方面，政治秩序被网络虚拟化干扰。相较于传统政治秩序维护的规律性与层次性，网络时代的政治秩序发展由于其自身的自由性与不确定性，在实际维护与实际监督方面加大了难度。同时，人们在网络平台的虚拟化掩护下，可以自由、随意地表达政治意愿，其中不乏一些不安稳的因素存在。在这种政治意愿自由表达又难以实现有效监督维护的情况下，政治秩序的规律性与层次性为虚拟网络所干扰，出现了部分无序、混乱的局面。在路径载体与政治秩序的双重变化下，网络时代中国政治的稳定性受到了挑战，进而引发诸多网络政治安全问题，网络文化系统内生主体的精神世界也因为网络政治存在的安全隐患而产生对现实的慌乱、迷茫与怀疑，加剧了网络文化系统内生主体的精神世界不稳定性。

三 网络文化环境对网络文化系统内生主体的精神世界影响

如果说网络时代在网络文化系统内生主体的现实社会生活中影响最为广泛与深刻的领域，那么文化领域必然首当其冲，文化的多元性、复合性与超然性与网络时代的多元化、开放化完美吻合。文化借助网络平台继续向多元化方向发展，网络世界也以文化为依据延续其在现实生活中的存在意义。然而，文化的主体是人，网络世界的主体也是人，人在网络世界中的表达诉求、文化创造是存在强烈的主观意识的，因此网络文化环境融入了大量的主观性因素，人的主观意识在其中发挥着重要作用，客观实际的表达因而受到了网络文化环境中主

观意识的影响。同时从文化传播“单向性”、网络文化平庸化及网络文化虚拟空间挤压三方面对网络文化系统内生主体的精神世界在文化层面的影响进行解析。

1. 网络文化传播“单向性”对语言文字失真的影响

网络文化环境对网络文化系统内生主体的精神世界影响最为基础，在文化表达上最为本质的因素，便是语言文字在文化传播中的应用。然而，现如今由于网络文化传播的局限性，语言文字在网络世界的单向交流中逐渐失去本真。前面我们提到，任何语言文字都有其“隐喻”的表达方式，而网络世界无疑为这一隐性操作提供契机。众所周知，网络时代人与人之间的交流多通过电子化产品，即交流对象与网络媒介间的“单向沟通”。这种沟通为人们理解语言背后的隐喻含义增加了难度，也为意图借助网络进行“单向性”精神渗透的语言主体提供了遮蔽性的场所。作为影响语义表达的表层结构在网络世界的“单向沟通”中变得更加容易被操控，表达内容也愈加被异化。同时，西方发达资本主义国家也借助这一“单向沟通”的优势条件及语言文字的异化现实，加紧其霸权文化的单向传播，形成意识形态在文化领域的渗透，受众群体对于单方面的文化接收难以识别其本质，因而陷入盲目信从的困境中。“然而，与此同时，其主体性的失落也就越严重。在极端的形式下，他甚至成了一个装满意识形态语言的容器，陶醉于对子虚乌有的‘主体性’的盲目满足。”① 由此可见，在网络世界的“单向沟通”中，语言文字借助网络平台“隐蔽”其下，本质失真，而网络文化系统内生主体的主体性在这种语言文字失真的影响下与网络交流的单向性中被解构，逐渐趋向于“人类中心主义”的迷信崇拜，对于现实的认知存在困难，人的主体性严重失落。

2. 网络文化对传统精神世界的冲击

网络文化是文化在网络时代所形成的具有网络特质的新文化，其内容包含对传统文化的翻新与对现代文化的实际反映，是网络文化环境中最具代表性的活力因素。有人曾这样评价网络文化：“网络文化

① 钱美玲：《“主体性失落”下的语言与意识形态“元批判”与“去蔽”》，《成都理工大学学报》（社会科学版）2013 年第 3 期。

是一种来自民间的文化，其价值取向是多元的、复杂的……在某些方面形成了民众发泄对主导意识形态不满的渠道，一些不稳定、不成型的价值态度、文化品位、审美趣味……借助新媒体流传十分广泛。”①网络文化虽然是社会文化领域的构成部分，但其自发性与不可控性，以及所借助平台的虚拟性与自由性，导致了网络文化在审美趣味中的庸俗化趋势，在实际传播中的不确切性。因此，在为网络文化系统内生主体的传统精神世界补充新鲜元素的同时，网络文化也因其存在难以与传统文化相兼容的异质因素，而对网络文化系统内生主体的传统精神世界产生消极影响。网络文化系统内生主体的精神世界由传统道德守恒变成了对物欲的追求，由传统的伦理遵守变成了对刺激、快感的享受，人们的传统思维方式与价值观念因网络文化的冲击而产生危机。同时，网络文化的戏谑性与非正式性表达，也使得传统精神世界中的传统集体“原型”在流行性与同化性较强的网络文化环境中逐渐消失，解构了网络文化系统内生主体对集体凝聚力的依附，阻碍了社会集体人格的塑成。与此同时，网络时代文化传播的不稳定性也拉大了传统精神世界与现代精神世界的距离，加剧了二者过渡对接融合的难度。

3. 网络文化虚拟空间对真实心理空间的挤压

除了网络文化系统内生主体的精神世界内部因素异化对其自身心理空间的挤压，网络时代所形成的网络文化虚拟空间同样对网络文化系统内生主体的精神世界中的真实心理空间产生挤压。网络文化虚拟空间是网络文化在现实世界中进行利益表达诉诸，并为巩固其文化存在、文化传播稳定性而形成的一个虚拟空间。在网络文化系统内生主体的心理空间构建方面，因网络文化虚拟空间向现实世界的逐渐蔓延而频繁遭到挤兑，国内有学者认为：“网络的虚拟空间和‘假面舞会’本质上是相同的，都是‘去’角色化，‘去’社会化……按照自己的兴趣、爱好、期望来设计自己的形象，进行自我表达。”② 网络虚

① 金民卿、王佳菲、梁孝：《矛盾与出路：网络时代的文化价值观》，经济科学出版社 2013 年版，第 3 页。

② 金民卿、王佳菲、梁孝：《矛盾与出路：网络时代的文化价值观》，经济科学出版社 2013 年版，第 70 页。

拟空间在文化上的表达同样以“个人”为主角，并加之以世俗、平庸的渲染，虽然这种个性化表达可以释放人的天性，并形成网络文化，附加以正式包装与趋势引导。但网络文化虚拟空间毕竟是主观臆断而成、实际并不存在的空间，其空间虚假性加剧了角色的虚假性，同时在网络文化虚拟空间中，这种个性化的释放会因为得不到约束，在与现实世界碰撞时产生负面效应。心理学家荣格曾将人的心理机能分为思维、直觉、情感和感觉：“思维是一种渴望理解事物的理智功能；情感是一种价值判断的功能；感觉是一种感官知觉；直觉是一种直接地把握到的而不是作为思维和情感的结果所产生的经验或体验。”① 在网络虚拟世界的文化虚构空间中，作为理性部分的思维和情感被架空，作为感性部分的感觉和直觉则变得逐渐非理性化。文化虚拟空间所提供的过度自由与庸俗文化，使网络文化系统内生主体原有心理空间中的理性因素边缘化，非理性因素异常化。在各种自由、狂欢、肆意妄为的背后，留下的是空虚、迷茫、失落等精神世界异化问题。

四　网络社会环境对网络文化系统内生主体的精神世界影响

网络媒介日益成为网络文化系统内生主体现实生活中的主要交流媒介工具，网络时代的中国社会发展也已经置身于一个由网络编织而成的社会之中，一个崭新的网络社会成为网络文化系统内生主体现时发展的重要组成部分。网络社会由现实社会演化、转型而来，是对现实社会在时间与空间交流上的一种补充。然而，由于其自身存在的虚拟成分，因此在促进现实社会进步的同时，网络社会所营造的虚拟环境在社会转型、社会矛盾及社会认同三个方面对网络文化系统内生主体的精神世界产生影响。

1. 网络时代社会转型对网络文化系统内生主体的精神世界内部结构的影响

网络时代的社会转型意味着社会结构及社会形态在网络、科技上的更新变化。首先，在社会结构上，网络时代的社会主体依旧是现实

① ［瑞士］卡尔·古斯塔夫·荣格：《荣格的智慧——荣格性格哲学解读》，刘烨编译，中国电影出版社 2005 年版，第 3 页。

生活中的人，而其生存活动空间则由现实活动空间逐渐转化为虚拟活动空间，人们的生活方式也因加入了许多虚拟化因素而随之发生变化；其次，在社会形态上，在经历了渔猎社会、农业社会及工业社会后，中国正式步入信息社会，并在信息与技术不断的碰撞中形成了网络时代，网络时代的社会形态在原有物质基础与上层建筑统一体模式下，加入了既不属于物质基础也不属于上层建筑的新元素，形成了不同于以往的网络社会空间。由此可见，网络时代的社会转型在社会结构的变更过程中改变了网络文化系统内生主体的生活方式，在社会形态的交替过程中形成了一个现时代的网络社会空间。网络社会空间具有虚拟性、分散化特点，使人不得不存在于其中，并对其精神世界的内部结构产生影响。首先，网络文化系统内生主体的精神世界中的感性认识在网络社会空间中变得更加肤浅，人们对于事物的第一认识更趋向于感官上的直觉刺激，对欲望的追求也更加直观化与平常化；其次，网络文化系统内生主体的精神世界中的理性认知在网络社会空间中变得非理性化，意志薄弱、动机驱使、信仰缺失等诸多非理性因素在网络社会空间诱导、激发人们对物质生活的过度追求；最后，网络文化系统内生主体的精神世界中的超越精神在网络社会空间的作用下逐渐丧失，这里导致超越性精神的“丧失”主要有两方面内容：一是超越性精神过于理想化，以至于因定位目标过高而与现实不符，导致对超越性精神的质疑，对社会现实的愤怒与行为偏激；二是超越性精神彻底丧失，表现为终日不思进取，碌碌无为。网络时代的社会转型不仅对中国现有社会结构产生了巨大的影响，同时也对网络文化系统内生主体的精神世界内部结构影响颇深，因而发生结构上的改变，使其更加多元化、复杂化，为网络文化系统内生主体重新认识其精神世界本质增添了难度。

2. 网络时代社会矛盾对网络文化系统内生主体的精神世界问题的激化

中国社会在网络时代的经济体制、社会结构、利益格局、思想观念的不断变革中引发了诸多社会矛盾，“纵观我国社会矛盾，总体评价是：社会矛盾呈现出碎片化、利益化、感染化、张弛性、时代性的特点，各类社会矛盾日益增加”①。网络时代的社会矛盾从隐性走向显性，从单一走向叠加，是现实社会中各种显性与隐性矛盾在网络社会中的统一外向表达。与原有社会矛盾激化的表达方式不同，网络社会矛盾表达多借助于网络平台进行外向诉求，同时在表达内容上多以在现实社会中无法表达的隐性矛盾居多，并从隐性转为显性表达。同时，由于社会矛盾表达平台缺乏真实性，因此网络社会的社会矛盾朝着更加碎片化、利益化方向延续。网络社会矛盾的碎片化趋势不仅激化了更多社会矛盾的出现，同时也影响着网络文化系统内生主体在对待现实事件的判断性与思维方式，对网络文化系统内生主体的精神世界产生了碎片化的瓦解。社会矛盾的生成以利益为内核，在诉求方面日趋复杂化与多元化，利益化趋势驱使利益主体仰仗网络社会空间的虚拟性，无限放大其追求利益的动机、手段与方式，因而导致了社会公平、平等危机的产生，催生了民粹主义心理在网络文化系统内生主体的精神世界传播，网络文化系统内生主体也因在网络平台上的匿名言语交流而变得措辞更加激烈，网络文化系统内生主体的网络情绪也随着矛盾的激化而变得冲动、高涨，导致了网络语言暴力的发生。这种消极现象极易形成社会矛盾的积聚效应，随着事态的不断演变，影响着网络文化系统内生主体的集体社会情绪，最终从语言攻击转化为现实社会的矛盾冲突升级，诱发群体性事件。社会矛盾的激化与升级既不利于中国社会的稳定，也为网络文化系统内生主体的精神世界埋下了负面隐患。

3. 网络时代社会认同对网络文化系统内生主体价值认同的影响

社会认同是指社会主体对自己或他人在社会层面上的定义、认识与认知，包含着主体本人对于自己与他人的共同认知属性，对于社会认同研究最好的对象便是社会团体，研究内容，便是由其团体内部的凝聚力、集体人格及公共信念而产生的社会舆论导向。社会认同最主要的落脚点便是“认知”的“相同”，认知相同并非完全的“等同”，而是在社会趋势导向中的大部分群体认同，是检验一个国家民族凝聚

① 谭剑辉：《社会矛盾的多样化及治理之道》，《人民之友》2016 年第 6 期。

力的有效方式。网络时代的自由化给网络文化系统内生主体的社会认同带来的认同挑战与以往不同，在交通工具不发达的中国古代社会，人们由于客观环境因素而彼此隔绝，无法构建其集体社会认同。网络时代最大限度地打破了时间与空间上的格局限制，网络文化系统内生主体的思想、观点在超越这种格局限制的情况下进行跨越式交流，然而由于交流平台的遮蔽虚拟性与交流主体的自由主观性，这种跨越式交流存在着虚假性与非客观因素，对社会认同的凝聚构建极为不利。同时，相比于客观环境下社会认同构建问题的困难，这种由虚拟环境与异化主观因素所导致的社会认同分散化影响更为深刻，更加不利于网络文化系统内生主体的社会认同性在网络社会的持续发展。在网络社会环境的认同危机中，最明显的现象便是网络社会舆论的负面导向问题，这种负面舆论导向的制造在网络平台的虚掩遮护下，很容易成为某个人或者某一团体发起负面网络舆论导向的契机与目标。当负面舆论导向借助网络社会的大众化传播，并逐渐成为一定的舆论趋势时，社会凝聚力难以集中，社会集体人格难以形成，网络文化系统内生主体的精神世界也会因网络群体心理的影响而产生对彼此社会认同的价值怀疑，网络文化系统内生主体的精神世界因此产生价值观上的认同危机，在价值层面形成一种对社会质疑、对真理不信任、对负面舆论导向热衷追捧的错误态度，不利于精神世界的稳定、持续与长久发展。

第七章

网络文化系统内生主体的精神世界重建维度

语言文字表达的异化，传统文化基因的突变，网络心理空间负面的挤压，网络时代系统外部环境的影响……网络文化系统内生主体的精神世界在内外因的双重作用下重建任务迫在眉睫。本书研究从网络文化系统内生主体修复自我的内在世界及建构外在场域出发，从网络意识强化、网络哲学观升华、网络心理空间解构、网络现实场域建构四个方面出发，针对网络时代内外因的不同问题提出了重建网络文化系统内生主体的精神世界重要维度。

第一节　强化网络超越意识和网络全球意识

在网络时代，网络文化系统内生主体的主流意识形态在语言异化的冲击下逐渐被解构，作为主体的人也逐渐失去自我。抛开种种延伸关系，回归最初的本质关系，主体与意识的关系应该受到重视。关于主体与意识的关系，国内学者胡潇总结说，我们不可否认，主体的自我特质、人格，凝聚在其意识之中，意识是主体自我特质、人格的晶体与集中体现。从感性层面到理性层面再升华到超越层面，主流意识形态的持续发展与完善离不开主体意识的不断修复与强化。在信息爆炸的网络时代，我们更应该通过对网络超越意识与网络全球意识的强化来重建国人的精神世界。“从终极视野层面看，中国特色人文精神培育需要世界情怀。”① 我们应着眼全球、着眼世界，在意识层面寻回网络文化系统内生主体的主体性，重新构建主流意识形态的主体地位。

一 强化思辨识别的网络超越意识

网络时代信息纷乱，表述繁杂，人们很容易在这个虚虚实实的世界中迷失自我，丧失主体性与超越性，在这个众说纷纭的时代中忽略主旋律，对主流意识形态产生排斥心理。也正是基于这样一种现实：网络文化系统内生主体的主流意识形态在网络异化中逐渐被消解，强化具有思辨识别意义的网络超越意识可为这一问题寻求出路。首先，强化网络文化系统内生主体原有的思辨思维。中国古代的思辨从一开始就是立足于对现实自然与人自身的观察上，以简明扼要的语言直击要领，缜密且周全，传统中庸之道便是这种思辨思维的最佳体现。强化思辨思维，对网络世界中的不实报道、垃圾信息进行自主有效的筛选，辩证地看待网络时代所带来的多元文化。其次，提高网络文化系统内生主体的辨识能力。在众说纷纭的网络世界中准确辨别出接受信息的真伪，准确辨认出因网络语言异化所产生的“文字游戏”，理性分析外来西方社会思潮并加以选择辨识。最后，以优秀传统价值观为衡量根基，以辩证客观的主流意识形态为延续，捕捉二者间相通相融之处，加以贯通衔接，构成网络文化系统内生主体一脉相承的共同价值观。马斯洛在《存在心理学探索》一书前言中说道：“我认为人本主义的、第三种力量的心理学是过渡性的，是‘更高级的’第四种心理学，即超越个人的、超越人的、以宇宙为中心的，而不是以人的需要和兴趣为中心的，超出人性、同一性、自我实现的那种心理学的准备阶段。”② 这也是马斯洛需求理论中未曾明确提及的“超越性需要”理论。在网络时代，强化网络超越意识，网络文化系统内生主体可以

① 张桂芳：《科学发展观视阈下中国特色人文精神之培育》，《社会科学战线》2008年第5期。

② ［美］亚伯拉罕·马斯洛：《存在心理学探索》，李文湉译，云南人民出版社1987年版，第6页。

有效恢复自身精神世界中的超越性精神，可以重燃对于社会、对于未来的远大抱负，网络文化系统内生主体可以走出虚幻的网络世界，回归现实世界，在真实的现实世界体验感性直觉，深化精神世界中的理性认识。

二　强化平等理性的全球网络意识

网络时代语言异化与虚拟世界的双重庇护，使网络文化系统内生主体在信息全球的快速传播过程中受非理性因素影响强烈。在网络文化系统内生主体的精神世界遭到网络时代不良信息侵蚀的同时，我们也要辩证地意识到传播不良信息的危害，树立并强化理性传播信息的网络全球意识。网络时代是一个信息全球化时代，人们对资源信息的共享突破了时间、空间的局限，达到了前所未有的高度，如果对不良信息的传播任意放纵，那么便会产生不良信息全球化的危害。“己所不欲，勿施于人”，中国自古就倡导道德上的“仁”与“义”，我们在无形中接收的许多不实信息不应在无意中再次传播，这种恶性循环不仅破坏了仁义之道，同时也是对自我、对他人精神世界的一种不负责任的行为。“我们需要某种‘比我们更大的’东西作为我们敬畏和献身的对象。”① 因此，最为关键的是要树立并强化一种尊重整体、理性传播的网络全球意识。首先，必须注重人类共同体意识的强化。生活在同一个世界的我们，虽然个体间始终存在着不同的差异，但依然是一个庞大系统内的生存共同体，彼此依附，相互影响。在网络信息传播时，要保证信息的真实性，要顾及信息传播对社会和他人的影响，不能仅为一己之私而抛弃理应承担的责任。其次，强化主流意识形态的构建意识。这里之所以提出要强化本国主流意识形态，并不是指利用意识形态进行强行束缚或意识形态全球化的观点。而是指在内部形成一种集体认同、共同依属、代表社会整体的价值观，为网络文化系统内生主体在网络时代的迷茫寻求一个精神依靠。这种主流意识形态的构建与强化并不是社会精英的专制统领，而是由网络文化系统

---

① ［美］亚伯拉罕·马斯洛：《存在心理学探索》，李文湉译，云南人民出版社 1987 年版，第 6 页。

内生主体自我精神世界内省而成，是一种集体社会人格的塑造。最后，强化语言清晰化的平等意识。网络时代网络文化系统内生主体的精神世界之所以出现问题，原因之一就在于语言文字的本质异化。在虚拟语境的模糊表达中，信息受众群体无法凭借自己的直观感觉捕捉到真实信息，此时的信息发布者便拥有了创建话语权的权利，可以直述信息的真实，也可以创造信息的虚假，对于受众群体是不公平的对待。因此，强化语言清晰化的平等意识可以使网络世界中人与人的交流变得更为真实、更加平等，对由精神世界而产生的精神疾病与社会矛盾也因此而化解。

第二节　升华网络哲学世界观的理念

网络时代网络文化系统内生主体的精神世界重建哲学不可或缺，马克思曾说：“任何真正的哲学都是自己时代精神的精华……它是文明的活的灵魂，哲学已成为世界的哲学，而世界也已成为哲学的世界。”① 培育和升华网络哲学世界观，不仅可以为多元化的现代文明提供理性思考，而且还可以稳固传统价值观的基础地位，同时还为网络文化系统内生主体的精神世界提供人文关怀。应从以下三个方面着手来升华网络哲学世界观：理性反思、逻辑缜密、时代契合。

一　升华理性反思的网络哲学世界观

网络文化系统内生主体的网络哲学世界观塑造首先应从理性反思进行修复与升华。于传统文化延续，于西方社会思潮筛选，于现代文明建构而言，具有“明智”之义的理性反思在网络哲学世界观的塑造、升华中都是最基础的条件。“世界观是理性认识的结晶。升华世界观，必须对大量感性材料进行‘由此及彼，由表及里，去粗取精，

① 《马克思恩格斯全集》第1卷，人民出版社1956年版，第121页。

去伪存真'的工作，进行逻辑论证和分析工作。"① 升华理性反思的网络哲学世界观应从以下三个方面着手：首先，对传统文化中的时代精华与脱节糟粕分别进行理性反思。中国传统文化想要立足于网络时代，并在网络时代中依旧延续其传统精神世界的道德核心基因，就应该进行辩证的自我扬弃。对“仁、义、礼、智、信”等传统哲学世界观我们要理性认识，不可全盘否定，其中可供借鉴延续的因素应在不抛弃其本质精华的基础上进行网络时代的新元素融合，以受众易于接受的方式进行传统哲学观的塑造与引导。同时，对传统文化中抑制现代文明发展的脱节糟粕进行舍弃，如缠足、愚孝、女子地位低下等为现代文明所不能容忍的陋习与陈旧观念，保持在精神世界中对传统文化的理性反思。其次，对西方社会思潮中的可取之处与异化思想进行理性区别。虽然网络时代中的西方社会思潮对中国传统文化与主流意识形态进行强烈的冲击，但是很多西方社会思潮也是在社会、时代的不断发展中发生异化的，最初的一些思想观念也是在批判前代封建思想中建立起来的，所以如果进行本质还原还是有一定的可取借鉴之处。对于其中融入过多世俗、物欲、享乐因素的异化西方社会思潮，需进行理性认识，切不可成为网络文化系统内生主体的精神世界中的主流思想，理性反思西方社会思潮的利与弊。最后，对现代文明的内容多元化与背景时代性进行理性认识。传统文化、西方社会思潮、新时期网络文化构成了中国现代文明的文化内涵，其内容多元化也是绝无仅有。这种文明多元化是社会历史发展的客观选择，我们不应对其进行抵制，但也决不可任由其自由发展。现代文明多元化离不开时代因素的推动，以网络哲学世界观进行理性层面上的反思，有助于网络文化系统内生主体在网络时代对现代文明进行理性选择。理性反思中国传统文化、西方社会思潮及现代文明的各自利弊与三者之间的相互关系，将三者中融会贯通之处提炼出来并加以升华，形成一个理性反思的网络哲学世界观。

① 郭成林：《精神世界建设的一个重要问题——哲学世界观的升华与沦落》，《理论探讨》2001 年第 4 期。

二　升华逻辑缜密的网络哲学世界观

在对事物拥有理性反思的同时，还应进一步升华具有缜密逻辑的网络哲学世界观。逻辑是在思维上对事物的因果顺序与规律进行解释的过程，所以逻辑的缜密性思考与解释尤为重要。在网络文化系统内生主体的网络哲学世界观中升华逻辑的缜密性，对网络文化系统内生主体的精神世界进行历史逻辑上的顺序梳理，找出其演变过程与发展规律。同时，梳理网络文化系统内生主体的精神世界中的精神要素，分出主次和层次，并对其中出现问题的部分加以思维逻辑上的因果分析。首先，对中国传统价值观中的精神基因进行逻辑梳理，将“仁、义、礼、智、信”等精神原点基因放置首位，以其他优秀传统基因进行补充与辅助，同时，分析传统劣质精神基因被历史淘汰的原因与必然性，规避历史重演的情况。其次，对存在于网络时代的社会思潮进行主次排序，将能够反映出中国国情、中国现实、网络文化系统内生主体实际生活的主流意识形态放置首位，同时，对隐蔽于网络时代与语言异化之下的西方社会思潮及网络文化进行逻辑上的分析，了解其历史发展规律。分析辨识出被西方发达国家隐蔽起来的、有意与中国传统价值观相悖论的意识形态与世俗文化，瓦解西方社会企图在意识形态领域对网络文化系统内生主体的精神世界进行操控的行为。最后，对梳理清晰的中国传统价值观与规避掉的异化思想所形成的精神世界进行整体逻辑上的凝练与升华。在完成对网络文化系统内生主体的精神世界不同阶段的修复与重建，再对整体进行缜密逻辑上的主次排位，重调内部结构，形成能够应付网络时代精神异化的网络哲学世界观。

三　升华时代契合的网络哲学世界观

网络哲学世界观升华不是抽象的形而上升华，而是同实际、同时代相契合的与时升华。传统价值观的凝聚、现代价值观的提炼、传统与现代的完美衔接都离不开对时代精华的捕捉。首先，在中国传统精神世界中找出与网络时代相契合的因素。网络时代突出了人类自由体

概念，将“人”的自由最大化、利益最大化、自主最大化放置首位。其实，中国传统精神世界中同样关注“人”的地位，而且对人类主体性的描述比西方社会更为详细与全面。传统儒家学说以人为出发点，从人的生命到尊严，从人的人格到人权，再从人的主体意识到个体差异，儒家学说对人的发展进行了全面的关注。在传统哲学观中，我们不仅关注“人”的自身发展，同时还关注同在一个世界中“他人”的生存发展。除了“人”，我们更讲究“仁”。“仁者，人也”，以“仁”育“人”，先为“仁”，再为“人”。传统儒家学说对于人类主体性的阐述是以众所接受的“仁”为底线的，而不是像西方社会一样毫无根据地鼓吹“人”的自由与自主。将网络时代因素与传统价值观结合，在发挥人的主体性的同时，将“仁”作为时代道德根基的补充，实现对自己、对他人、对社会的超越性关怀。其次，对网络世界中的有益因素进行提炼。网络时代虽然为网络文化系统内生主体的精神世界带来精神层面上的冲击与解构，但是每一个时代都有其积极因素与消极因素，我们不能因为问题的出现而停滞不前。网络时代打破了人类社会在时间、空间上的交流阻碍，实现了思想、文化的自主与自由交换，对于本土思想、文化的塑造投入了大量的新鲜元素，极大地丰富了各国乃至世界在思想文化领域的精华，这也是网络时代之所以存在的必然因素，应予以接受。最后，将网络文化系统内生主体传统精神世界中与时代相呼应的精神基因与网络世界顺应时代的积极因素结合起来，从时代相契合的传统、现代因素中融合升华出与时代契合的网络哲学世界观。无论何时，哲学都是自己时代的所有物，是时代中沉淀下来的精华。在时代的不断变迁中有效提升时代精神，完善与修复传统价值观，升华与时俱进的网络哲学世界观，批判、继承与发展现代文明，以时代契合精神寻求现代共同价值观，力图在传统与现代中撷取一种涵盖全部、重点契合的时代精华。

第三节　解构网络心理空间

“电脑、因特网不是像一般的科技产品那样在传统时间和空间下推动现代化进程，而是创造了一种新的时间和空间：电脑时间和空间，创建了一个新的世界：信息世界。”① 网络时代，在网络文化系统内生主体的精神世界中形成了一个网络心理空间。这个网络心理空间又被具有诸多负面效应的信息强行挤压，面临解构困境。“现在流行的形形色色理论都有一条共同的原理：不是把人看作会反应的机器人或自动机，而看作能动的人格系统。”② 在贝塔朗菲系统方法论中，人被看作是能动的人格系统，因此，网络文化系统内生主体的网络心理空间的解构，要从发挥人的主观能动性出发，在感性、理性、超越三个层面逐层递进。

一 在感性层面严守“关卡”

感性层面是网络文化系统内生主体心理空间接触外在世界的初始直觉，同时也是最容易受外界条件影响的环节，因此，要严守网络心理空间的感性层面“关卡”。在网络时代，网络文化系统内生主体的精神世界之所以“易攻难守”，是因为经历了近代对传统文化的两次抨击与全盘否定，亲眼目睹了曾经传承数代的传统价值观被内部自我否定，网络文化系统内生主体在诧异中开始产生慌乱，对传统精神世界的坚定也开始坍塌，感性层面的心理空间也变得异常狭窄，加之网络负面效应对感性层面的心理空间快速冲击，导致网络文化系统内生主体精神世界的直观感觉层面便被击破。因此，在网络文化系统内生主体的网络心理空间中，应形成一个稳定、成熟的感性认识，以维持其网络心理空间的基本稳定。首先，在心理上要对网络世界中的信息传播树立正确认识。网络信息千变万化，网络舆论众说纷纭，对于网络信息的好与坏、优与良，网络文化系统内生主体应在心理上配备一把标尺进行衡量，切勿存在先入为主、仇视社会等一边倒心理，抑或诋毁他人、消遣娱乐等消极心理。对于网络信息的传播应形成一种负责任的心态，在不了解信息的真实情况下，不要轻下妄言。其次，切

① 王元丰：《电脑、因特网的现代性》，《自然辩证法研究》1999 年第 2 期。

② ［美］冯·贝塔朗菲：《一般系统论基础发展和应用》，林康义、魏宏森译，清华大学出版社 1987 年版，第 198 页。

勿盲目崇拜网络世界中的权威发言。在网络时代，论坛、微博、微信等大众化 APP 社交软件充斥着网络文化系统内生主体的生活，网络公众平台上不乏一些“大 V”式的人物时刻“指点江山”，“大 V”们来自社会各个领域，可以自由、全面地从各个领域对社会事件、现象和热点进行评判。许多中国网民十分热衷于“大 V”的权威，对这些“大 V”的发言全盘吸收。“大 V”们同常人一样，思想意识均带有主观色彩，盲目沉迷于他们的权威只会陷入唯心主义的陷阱中，同时，也不益于对主体在心理层面基于唯物现实的独立评判，没有调查就没有发言权。最后，应在感性层面上严守网络信息的出入。虽然感性层面是网络文化系统内生主体心理空间中的初级层面，易于形成也易受影响，但是在网络时代，由于网络视觉冲击效果较之以往更为强烈，所以在网络心理空间中所形成的感性层面远远承受不住这种网络视觉冲击所带来的强度挤压，对于精神世界中的感性认识塑造也更加困难。因此，要对网络信息在心理空间上的出入严守“关卡”，这样不仅有利于网络心理空间的塑造，同时也有利于网络心理空间的感性层面修复。

二　在理性层面整体洞察

网络时代在网络文化系统内生主体的现实生活中产生了“碎片化”生活方式与思维模式，在理性层面瓦解了对事物认知的整体性思维；同时，语言文字与网络环境的虚幻遮掩，加大了对具体事物理性洞察的难度。因此，在表层感性认识基本稳定的情况下，网络文化系统内生主体应在精神世界的理性层面提升其理性认知能力，在网络心理空间中构建一个权衡上下的理性意识。一方面，树立统筹全局、整体认知、实践检查的理性思维，对于“碎片化”的阅读习惯进行改变。将“碎片化”阅读方式所带来的信息进行内部理性统筹，复原各部分信息的完整度，然后，将这种复原后的“各部分相加所得和”的拼凑信息看作一个整体，放置于现实社会中予以考察，鉴别其是否具有真理意义；另一方面，以辩证思维的逻辑，去分析网络上的各种信息与思潮、剥去语言文字和网络环境的隐形外衣；深入其内部进行分析本质、思考逻辑结构、区分信息内容的优劣。理性层面的整体思维与明察秋毫的辨识，有利于缓解由网络“碎片化”生活方式所带来的“碎片化”思维与阅读习惯在网络文化系统内生主体的精神世界蔓延，在阅读中运用整体理性思维，在现实中运用客观事实检验，这样才能建构一个完整的网络文化系统内生主体网络心理空间。

三　在超越层面高度升华

感性层面严守“关卡”，理性层面建构整体思维与辨识意识，在超越层面进行心理空间的整体升华，唤醒超越性意识，完整网络文化系统内生主体网络心理空间的结构。在感性层面与理性层面的双层保驾护航下，位于网络文化系统内生主体网络心理空间最高层次的超越层面需要得到进一步的超越升华。这种进一步升华是建立在感性认识与理性认知基础上的升华，是连贯性的稳固性的凝聚和升华。这种升华不仅仅对于网络文化系统内生主体鉴别信息真伪的能力和识别信息真伪的能力有所提升，更是要达到一种对价值的高度认同，并唤醒网络文化系统内生主体的精神世界中的终极关怀意识。在弗洛姆的“社会性格”理论中，不止一次试图建立一个有别于个体人格独立的集体社会性格。这种集体社会性格不仅是社会群体在多变社会中保持集体凝聚的动力，更是在网络心理空间中进行超越层面的价值认同。同时，在马斯洛的需要层次理论中，我们依然可以找到超越层面高度升华的原型，马斯洛认为在所有基本需要都予以满足实现后，终会在人类精神世界中形成一种超越层次的无尽追求。感性意味个体对世界的初步认识，理性在于个体对自己的反思与对他人的认识，超越则意味着个体对于包括自己在内的整个社会的最终认识与终极人文关怀。这种追求一旦在超越层面形成，那么在信息轰炸的网络时代，网络文化系统内生主体不仅于感性层面加强了抵挡异化信息视觉心灵冲击的能力，同时在理性层面也加强了对网络信息本质解构与真伪辨别的能力，最终在超越层面升华为一种核心价值观，这种核心价值观能够融贯古今中外，能够完整解构网络时代的网络心理空间。

第四节　建构三维网络场域

在网络文化系统内生主体的精神世界内因异化与网络时代外因冲击的作用下，网络文化系统内生主体的精神世界问题产生已是事实。传统文化基因突变、语言本质异化、价值认同缺乏凝聚……在文化网络场域寻求一个理论支撑、在语言网络场域寻求一种建构、在价值认同网络场域寻求一种核心价值观，是网络时代网络文化系统内生主体的精神世界重建的突破尝试。

一　以精神生产理论建构文化网络场域

以精神生产理论为理论根基，建构独具创新的文化网络场域。我们之所以把马克思的精神生产理论作为研究的理论根基，就是因为该理论是基于物质世界的现实基础而成的，在权衡网络虚拟与社会现实的过程中，马克思精神生产理论比弗洛伊德在精神学科领域以抽象心理学形成的精神分析理论更有现实说服力。同时，精神生产理论也是马克思主义唯物史观中的理论精髓，马克思的精神生产理论在不断的深化中，逐渐成为一种文化理论。对此，学者黄力之先生说："马克思后来的精神生产概念更接近今天所说的文化概念，因为它既与一般的物质生产作了区分……又与同属观念形态的特定阶级、阶层的意识形态作了区分，符合文化的人类学特征。"① 在不同领域，以脑力劳动为主的主体人进行的精神生产就是创造时代性的精神财富，因此，人的主体性与精神财富的创造是文化领域的主要因素。根据精神生产理论，一方面，应对网络时代网络文化系统内生主体在精神世界中的主体性创造能力予以肯定，同时结合时代现实，适当对过于强调主体意识的"个人主义"思想进行批判；另一方面，对主体人在网络时代所创造的优秀精神财富予以现实与理论上的保护，维持主体人在创作中

---

① 黄力之：《马克思精神生产理论中的文化价值问题》，《上海师范大学学报》（哲学社会科学版）2009 年第 3 期。

的积极性，对一些垃圾精神生产应及时清理，减少对网络文化系统内生主体的精神世界影响。在独具一格的网络时代，在挖掘优秀传统文化与扬弃现代网络文化的基础上，我们依然离不开马克思的精神生产理论。在马克思的精神生产理论中，主体与客体是互相依赖、互相矛盾的统一体，我们只有以此为研究的理论根基，才能充分发挥网络文化系统内生主体的主观能动性，才能构建出一个有效衔接传统与现代、不断净化心灵世界的文化网络场域。

二　运用心理语言学建构语言网络场域

运用心理语言学建构一个新时代的语言网络场域。“心理语言学是……与心理学和语言学研究既有重叠和交叉，又有其独到研究领域的新学科，是一门综合语言学和心理学研究，重点探索人类心智本质和结构的科学。”① 心理语言学作为心理学与语言学的交叉研究学科，以人的心智本质为研究起点，从人的心理动机及语言专业的角度进行分析，分析网络文化系统内生主体的心理问题有着双向调节作用。网络时代语言的异化在心理层面对网络文化系统内生主体的精神世界的心理动机产生错误引导，世俗、物欲、消费、利己……诸多自身异化并加以网络虚拟包装的措辞深入到网络文化系统内生主体的心理空间领域，以至于产生了心存侥幸、物质利己、思想偏激、行为冲动等消极因素，在对外部世界的认识过程中表现出迷茫失措、盲目聚众、易于愤怒等认知不足现象，在行为动机上表现出了舍人为己、及时行乐等颓废精神状态。网络时代，重建网络文化系统内生主体的心理世界，运用心理语言学，通过语言文字来分析网络文化系统内生主体的心理动机，防止语言文字的异化成分误导其最初的心理动机。还原语言文字的本真表达，重新引导网络文化系统内生主体的心理动机，构建一个符合网络时代意义的语言网络场域。这种语言网络场域能够从心理上自觉引导主流意识形态，能够消解大众心理的负面效应，能够为大众所接受。同时，在心理语言调节过程中，试图在小范围调节基

① 汪福祥：《心理语言学的发展与未来展望》，《北京第二外国语学院学报》2003 年第 2 期。

础上逐渐凝聚成一种网络心理认同，重新构建一个区别于乌合之众的网络心理群体，有效抵制因“碎片化”思维而产生的分散心理，在语言网络场域实现话语权的引领与凝聚。

三　以价值哲学建构价值认同网络场域

价值哲学主要从主体的需要和客体能否满足主体的需要以及如何满足主体需要的角度，考察和评价各种物质的、精神的现象及主体的行为对个人、阶级、社会的意义。“以人类活动的价值问题作为哲学研究的核心问题，是价值哲学的本质特征。”① 在网络时代，作为网络时代中国价值哲学的高度凝练，社会主义核心价值观为价值哲学构建起一个价值认同的网络场域，这种网络场域基于网络文化系统内生主体的价值维度，形成网络文化系统内生主体的“社会性格”。社会主义核心价值观作为网络文化系统内生主体现实活动的价值引领，从国家、社会、公民三个层面为网络文化系统内生主体的精神世界提供了价值目标、价值导向和价值规范。国内学者韩庆祥提出“建立全民共同价值观”时曾有下面一段论述：“建立全民共同价值观，一要从逻辑的完整性上来考虑，即逻辑完整地考虑人的精神结构。我认为这一结构主要就是价值取向、思维方式、道德情操、精神状态。”② 在价值目标不明确，价值导向偏激以及道德失准的网络时代中，社会主义核心价值观对价值认同的凝聚，拯救了网络时代的价值失衡现象，并对网络文化系统内生主体的价值取向、价值活动提出了衡量的标准。“在唯物史观看来，价值观作为社会的意识形态，总是产生且寓于人们的社会物质生活条件和文化传统基础之上的。”③ 社会主义核心价值观不仅继承而且融入了中国传统文化的精华，延续了“仁、义、礼、智、信”等传统基因在网络时代的重塑。同时将现代文明的优质精神提炼出来，与传统价值观相结合，再取其共同点赋予时代因素。社会

① 冯平：《重建价值哲学》，《哲学研究》2002 年第 5 期。

② 韩庆祥：《重建当代中国人的精神世界》，《学习时报》2010 年 10 月 5 日。

③ 刘芳：《中华优秀传统文化：社会主义核心价值观的精神滋养》，《思想理论教育》2015 年第 1 期。

主义核心价值观在国家层面对网络文化系统内生主体的集体价值目标进行引导；在社会层面对网络文化系统内生主体的核心价值导向进行规划；在公民层面对网络文化系统内生主体的道德心理进行规范。"'人的本性的不断改变'就是精神世界的不断改造和提升。"① 社会主义核心价值观在保持网络文化系统内生主体传统本性的同时，在精神世界的价值认同网络场域中增加了时代积淀而成的现代精神，增加了有效衔接传统文化与现代文明"断裂"的核心认同。社会主义核心价值观对建构网络文化系统内生主体的价值认同网络场域具有重要的价值意义。

① 王坤庆：《论精神与精神教育——一种教育哲学视角的当代教育反思》，《华中师范大学学报》（人文社会科学版）2002 年第 3 期。

第八章

当代中国网络先进文化系统的规制

网络先进文化具有方向性和引领性，在网络文化系统内生主体的作用下，它可以发挥其正能量对社会发展起推动作用。从当代中国网络先进文化生成的社会环境来看，网络先进文化是推动中国特色社会主义文化发展的重要组成部分，加强其系统规制方向、系统规制内容、系统规制风险，确立其系统规制目标，发挥其系统规制功能，对建设有中国特色的社会主义文化、繁荣发展中国特色社会主义网络文化具有十分重要的意义。

第一节　网络先进文化系统规制的必要性

习近平总书记在党的十九大报告中指出："坚持正确舆论导向，高度重视传播手段建设和创新，提高新闻舆论传播力、引导力、影响力、公信力。加强互联网内容建设，建立网络综合治理体系，营造清朗的网络空间。"① 这充分显示了党对中国特色文化建设的高度重视，也为建设和管理我国网络文化指明了方向。当代中国网络文化迅猛发展，互联网空间的虚拟性、实时性、互动性、隐蔽性、开放性和海量性等特征，又使网络文化系统的导向规制面临新的挑战。为使网络文化朝着健康、文明、有序的方向发展，对网络先进文化系统加以引导

① 习近平：《决胜全面建成小康社会 夺取新时代中国特色社会主义伟大胜利——在中国共产党第十九次全国代表大会上的报告》，《人民日报》2017 年 10 月 28 日。

和规制就显得十分必要。

一　传播中国特色社会主义先进文化的需要

习近平总书记指出："舆论导向正确，就凝聚人心、汇聚力量，推动事业发展；舆论导向错误，就会动摇人心、瓦解斗志，危害党和人民的事业"，"做好网上舆论工作是一项长期任务，要创新改进网上宣传，运用网络传播规律，弘扬主旋律，激发正能量，大力培育和践行社会主义核心价值观，把握好网上舆论引导的时、度、效"，"营造清朗的网络空间"。[①] 当前，中国虽然处于发展战略机遇期和黄金期，但社会矛盾凸显、危机高发，各种危机层出不穷，各种热点应接不暇，各种舆情突发、频发，给网络规制面临严峻考验，网络文化系统的导向规制难度加大。从中国特色社会主义事业总体布局和文化发展战略出发，建设中国特色网络先进文化是党中央作出的重大战略部署。加强对具有多样性特点的网络文化建设的导向，走中国特色网络文化发展之路，是新时代加强网络先进文化系统建设和管理、满足人民群众多层次的精神文化需求的迫切需要，是新时代占领网络思想文化阵地、实现人民对美好生活向往的迫切需要，是增强国家文化软实力、增强国家国际话语权的迫切需要。

互联网作为一种文化传播载体，它具有多向度的特征，它能够承载和传播多种多样的文化。这种多向度的互联网文化载体，尽管能够传播社会主义先进文化，但社会主义先进文化不会在网络世界中自发产生。社会主义先进文化要占领多向度的互联网文化阵地，为促进社会的全面进步，为人的全面发展提供精神动力与智力支持，必须积极抓住网络文化宣传、教育的主动权，大力加强中国特色的社会主义网络先进文化建设。可以说，网络阵地的文化交锋，就是一场社会主义国家和资本主义国家意识形态和文化上的较量。中国要占领网络文化阵地，必须加强网络文化系统的规制，减少和避免网上自由化思潮、反社会主义思潮对网络文化系统内生主体的影响和规制。

---

① 葛陈荣：《网络舆论建设必须坚持以人民为中心的价值导向》，《红旗文稿》2018 年第 4 期。

习近平总书记指出："要让主旋律和正能量主导报刊版面、广播电视台、电视屏幕、主导网络空间、移动平台等传播载体，不能搞两个标准，形成'两个舆论场'。"为此，为把正确的政治方向放在第一位，坚持以人民为中心的导向，各社交网站、主流媒体、商业网站、门户网站、专业网站以及网络自媒体，一是必须在网络阵地传播正能量，弘扬主旋律，讲好中国故事、传播中国声音，增强网络话语主动权、占领网络话语主阵地、主动打好网络舆论仗，不断增强网络舆论引导力。二是需要树立正确的网络文化引导理念。用社会主义核心价值观科学引导网络文化，把握好网络文化引导的时、度、效，按网络文化时、度、效要求，并从时、度、效方面着力，掌握网络话语的先机，抢占网络话语的制高点，赢得网络文化系统规制的主导权。

二　建设中华民族共有精神家园的需要

随着以数字技术为主要特征的各种现代技术的广泛使用，我国全面进入网络化的发展阶段，网络使人们的生产方式、生活方式、行为方式以及精神生活和价值观念发生了根本性的改变。网络文化系统的无序状态以及网络霸权主义、个人主义的盛行，使中华民族共有精神家园建设面临严峻挑战。

中华优秀传统文化是中华民族共同的文化根基，是中华民族保持民族特性与创造力的源泉，是实现中华民族伟大复兴的根本立足点。但信息网络技术的产生，打破了民族文明的时空界限和地域限制，以美国为首的西方霸权主义国家，以其占有的经济和信息技术优势，逐渐确立了以网络文化为载体的信息霸权地位。西方国家利用网络文化的开放性特点对我国网络文化系统内生主体进行思想文化渗透，不断地改变网络文化系统内生主体的思维方式、行为方式和生活方式，降低网络文化系统内生主体对中华优秀传统文化的认同，动摇中华民族的文化根基，进而使之逐渐丧失民族自信心和自豪感，造成网络文明失落。而一个民族失去了其优秀的文化传统，就失去了民族的凝聚力和向心力。为此，在网络阵地保护中华优秀的传统文化已成为国家的共识和必需。

网络文化消解了中华民族共同的时代精神，而时代精神又是一个国家和民族应对时代挑战的不可或缺的思想与精神。而随着互联网的普及，特别是年青一代对网络的依赖性越来越强。网络在为网络文化系统内生主体提供丰富、全面的信息的同时，降低了网络文化系统内生主体独立思考的频度和深度，造成了网络文化系统内生主体在一定程度上的思维惰性，也降低了网络文化系统内生主体的创新意识，产生思维定势效应。网络中，这种定势思维效应固定化网络文化系统内生主体的观念，阻碍了网络文化系统内生主体思维的开放性和灵活性，造成网络文化系统内生主体思维的僵化和呆板。网络文化系统内生主体对网络所产生的依赖性，正在瓦解着中华民族的时代精神。

网络文化离散了中华民族共同的价值目标，而共同的价值目标又是一个国家传统文化和民族精神的核心。网络搭建了大家平等的、互动的平台，在这种平等的网络社会中，网络文化系统内生主体可以按照自身的意愿选择生活和行为方式，可以尽情表达自己的观点。在这种自由表达的基础上，会形成以个人主义为核心的价值目标，进而集体价值目标被自觉或不自觉地忽视。这种与中华民族共同价值目标相背离的个人主义价值目标，在一定程度上会削弱中华民族的凝聚力、向心力。在现实交往中获取的不仅仅是信息，还有信息所附带的情感，继而通过情感的认同认可身份。同时在虚拟的网络社会交往中，缺少信息所附带的情感，而仅仅通过视频、语音交流、文本信息的交流，往往会造成信息传递失真，引发交流双方的误解，不利于共同的价值观念的形成。

网络文化的动摇、消解和离散作用，如果不及时采取措施加以防范和引导，势必会影响中华民族共有精神家园的建设。为此，加强网络文化系统的导向规制，充分利用网络技术基础和文化平台，引导网络文化系统内生主体传承中华民族优秀传统文化、建设好中华民族共有精神家园势在必行。

三　社会主义核心价值观建设的需要

在网络日益普及的当代中国，网络文化会对网络文化系统内生主

体的价值观产生一定的影响。网络文化传播不同于传统的文化传播方式，它具有自由性、快捷性、交互性、开放性、海量性等特点，信息网络化对我国意识形态的规制力造成严峻的考验；网络意识形态借助其非对称性和强大的渗透性，使得西方强势的网络文化对我国意识形态的传播和防御能力构成巨大挑战。此外，具有交互性、开放性和多元性的网络，开辟了网络文化系统内生主体获取信息和言论表达的新途径，在一定程度上能够化解社会矛盾、疏导社会不良情绪，但也加大了我国意识形态的规制难度。

我们应当看到，以美国为首的西方，凭借其强大的网络信息资源形成的“强势文化”，竭尽全力在世界范围内推行其政治理念、政治文化和政治意识形态等，妄图以此来削弱我国社会主义核心价值观的影响力。事实上，西方网络文化已经成为影响中国网络文化系统内生主体世界观、人生观、价值观的重要因素。在复杂的网络文化环境中，少数人世界观、人生观和价值观发生错位，更有的人把拜金主义、享乐主义、极端个人主义当成自己的人生目标。只有加强网络文化系统的导向规制，才能有效地校正网络时代个别人价值观的迷失和错位。同时，为巩固我国社会主义意识形态的主导地位，我们也必须采取切实可行的措施，有效引导网络文化系统中的各种社会思潮的方向性，加强主流意识形态的吸引力、凝聚力，提高主流意识形态对网络文化的规制力和引导力。

第二节　网络先进文化系统规制目标

发展当代中国网络先进文化，是网络文化系统内生主体以社会主义核心价值体系为指导，通过网络平台弘扬社会主义主旋律，复归民族精神，抢占网络思想道德阵地，规范网络文化制度建设，应对综合国力竞争之所需。因此，当代中国网络先进文化的发展目标，应是立足于中国国情又放眼世界发展大势的。

一　构筑中国特色网络先进文化的宣传阵地

以网络为平台，开展中国特色网络先进文化建设，使网络成为社会主义先进文化的宣传阵地，成为社会主义核心观建设的重要阵地，成为中华优秀传统文化传承创新的重要阵地，成为中国特色社会主义性质和发展方向的网络阵地，是中国网络先进文化建设的主要目标。

1. 用先进文化占领网络文化阵地

社会主义先进文化是当代中国网络先进文化的根，是引领网络先进文化的核心力量。构筑中国特色社会主义先进文化的网络宣传阵地，必须用中国特色社会主义先进文化占领网络文化阵地，抵制多元文化冲击，奏响网上思想文化主旋律。

中国特色社会主义先进文化生发于马克思主义理论旗帜下，用先进文化占领网络文化阵地，就是坚持马克思主义理论对网络文化的指导思想，坚持历史尺度与价值尺度的统一。用先进文化规定中国特色社会主义网络文化的根本目标、发展方向、丰富内涵和发展原则，保证网络文化发展的一元性。中国特色社会主义先进文化是科学性、民族性和大众性的统一，用中国特色社会主义先进文化占领网络文化阵地，就是网络文化系统内生主体贯彻网络文化建设以科学品格和科学精神，并赋予网络文化以人民群众喜闻乐见的形式，为广大人民群众所接受，成为广大人民群众的向导。

用中国特色社会主义先进文化占领网络文化阵地，一方面，中国特色网络文化的发展要以中国特色社会主义先进文化为引领，把中国特色社会主义先进文化融入网络文化之中，成为网络文化的主要内容。另一方面，网络文化系统内生主体对中国特色社会主义先进文化进行数字化转型，通过网络传输使之得以推广和普及，以更直接的形式融入人民群众的生活中。

2. 以社会主义核心价值观引导网络文化建设

社会主义核心价值观是社会主义制度的生命之魂，是中华民族优秀价值观的体现，是社会主义先进文化的核心价值所在。构筑中国特色网络先进文化的宣传阵地，必须以社会主义核心价值观为根本，巩

固中国特色社会主义先进文化的主导地位，扩大社会主义价值观在世界的影响力。

社会主义核心价值观是中国社会主义先进文化的内核，是马克思主义中国化的最新理论成果。以社会主义核心价值观为导向建设网络先进文化：首先，网络文化系统内生主体必须坚持马克思主义在网络意识形态的指导地位，保证科学理论的指导作用，确保网络文化的社会主义方向；其次，牢记中国特色社会主义共同理想，在网络文化建设中坚定理想信念教育，以理想凝聚力量；再次，网络文化系统内生主体必须弘扬和培育民族精神和时代精神，以正确的民族价值观和时代价值观引领网络文化发展；最后，把社会主义荣辱观作为网络道德判断的价值尺度，作为社会基本价值取向和行为准则。

以社会主义核心价值观引导网络文化建设，就是以网络为平台，通过网络大众化，宣传社会主义核心价值观，以社会主义核心价值观影响网络文化系统内生主体的思想观念和行为方式，提升网络文化的感召力，强化网络文化的社会风险防范能力。

3. 以优秀传统文化充实网络文化内容

中华民族优秀传统文化是中华民族智慧的结晶，是中华民族文化的根与源。传承与弘扬中华民族优秀传统文化，是中国特色社会主义先进文化的要求，是社会主义文化建设的要点，也是网络文化建设的应有之义。构筑中国特色网络先进文化的宣传阵地，需要网络文化系统内生主体利用网络资源充分发挥优秀传统文化的巨大作用，以中华民族优秀的传统文化资源丰富中国网络先进文化的内容。

中华民族优秀的传统文化是中华民族宝贵的精神财富。以优秀传统文化充实网络文化内容：首先，要对优秀传统文化经典著作进行数字化转型，使网络成为优秀传统文化经典著作的传播平台，成为高雅文化的消费平台；其次，继承中华民族优秀文化传统，指导网络文化建设，打造具有中国风格、中国特征和中国气派的网络先进文化；最后，以网络文化为媒介，弘扬优秀传统文化的民族凝聚力，增强民族认同感，强化民族责任心，使网络文化成为民族精神的传播纽带。

二　建设中国特色社会主义网络道德高地

网络文化内容低俗泛滥，网络道德失范，人文精神缺失，是网络文化发展中日益凸显的问题，也是影响当代中国网络先进文化生成的环境因素。开展网络德育，建设中国特色社会主义网络文化道德高地，是当代中国网络先进文化建设的目标。

当代中国网络先进文化是网络文化中最先进、最科学的力量，它是社会主义先进文化在网络文化中的体现，致力于从精神上对网络文化系统内生主体进行影响和引导，使网络文化系统内生主体树立正确的世界观、人生观和价值观，树立网络道德自律意识，以达到规范网络行为的目的。研究当代中国网络先进文化，建设中国特色社会主义网络文化道德高地，就是以网络为平台，以网络先进文化为依托，对网络文化系统内生主体进行正确的价值观引导。

首先，发挥网络先进文化的影响力，以健康、积极、向上的高雅网络文化熏陶人。当代中国网络先进文化力是建设先进网络文化的推动力，以先进的网络文化影响网络文化系统内生主体，就是充分利用网络信息技术，以电子刊物、论坛、虚拟社区等形式传播积极健康的文化内容，以图文声并茂的形式吸引网民的注意力，引导网民的文化趣味，提升网民的文化品位。其次，发挥当代中国网络先进文化的导向力，以社会主义精神文明感染网络文化系统内生主体。以中国特色社会主义先进文化指导网站建设，创建先进文化网站，倡导科学精神，弘扬社会正气，使网络文化系统内生主体在网上随时受到精神的洗礼。最后，发挥当代中国网络先进文化的教化力，以公民基本道德规范网络文化系统内生主体。以先进文化塑造网络文化系统内生主体，以社会主义核心价值观引导网络文化系统内生主体，以民族精神凝聚网络文化系统内生主体，利用网络文化大力开展公民基本道德规范教育，增强网络文化系统内生主体鉴别和判断是非的能力，强化网络文化系统内生主体的道德修养。

建设社会主义网络道德高地，还需要在网络虚拟空间复归人文精神，以人性化关怀，弥补网络文化系统内生主体的精神缺失。在网络

文化发展中，继承和发扬中华民族优良传统，实现数字化与民族性的统一。重视网络文化系统内生主体的精神需求，发展网络文化系统内生主体需要的网络文化，重视网络文化系统内生主体的心理、情感的健康发展，给网络文化系统内生主体施以人文关怀。同时，引导网络文化系统内生主体关注现实生活的意义和价值，引导网络文化系统内生主体对“真”、“善”、“美”的追求，避免网络文化系统内生主体沉溺于虚拟世界而忘却本真生活状态。

三　推动中国特色社会主义文化繁荣

当代中国网络先进文化建设，反映了网络文化系统内生主体对先进网络文化的需求，是中国特色社会主义先进文化在网络虚拟空间的延伸，是中国特色社会主义文化建设不可缺少的重要组成部分。当代中国网络先进文化的建设目标，旨在顺应中国特色社会主义文化体制改革的大趋势，以当代中国网络先进文化之力对社会主义网络文化体制进行改革创新，整合网络文化资源，规范网络秩序，净化网络空间，完善网络文化监管机制，加快促进网络文化事业和文化产业的发展，以此推动中国社会主义文化的大发展、大繁荣。以网络先进文化推动中国特色社会主义文化繁荣发展，主要从这几个方面展开：

第一，规范网络文化市场秩序，净化网络文化环境。网络文化市场秩序混乱，网络文化环境污浊，是网络文化发展中的不和谐因素，必然影响到中国特色社会主义文化事业的健康发展。网络文化市场秩序混乱，一方面源自网络时代多元文化的冲击；另一方面源自网络文化管理不当，网络文化法律法规不健全，缺乏有效的网络文化监管制度。规范网络文化秩序，净化网络文化环境，实质上就是利用网络先进文化化解以上问题。首先，充分发挥当代中国网络先进文化在意识形态的教化力，把网络文化系统内生主体团结在中国特色社会主义旗帜之下，树立社会主义共同理想，自觉抵制意识形态的侵袭和多元文化的冲击。其次，健全网络文化监管机制。加强网络文化管理的科技含量，重视网络文化监管的硬件建设和网络软件开发，过滤、阻截不良网络文化信息。加强对网络文化监管人员的专业化教育，提高职业道德和职业素养。利用政府的行政管理职能，严格网络文化服务的市场准入审批程序。最后，完善网络法律法规，在立法上查漏补缺，把现实社会法律资源延伸到网络虚拟空间，将法律、法规覆盖网络所到之处，遍及网络运行的全过程。

第二，加快网络文化产业发展，推动网络文化事业进步。网络文化产业和网络文化事业是社会主义文化建设的重要组成部分，关系到社会主义文化强国建设。加快网络文化产业和网络文化事业发展，就是利用当代中国网络先进文化对其进行改革创新。一方面，构建现代网络文化产业体系，以科技创新力推动网络文化产业的跨越式发展。坚持社会效益和经济效益相统一的原则，对网络文化产业进行结构调整，加快发展文化创意产业等新兴文化产业，加快对传统文化产业的数字化转型；重视科学技术的投入，提高科技自主创新能力，增强网络文化产业的核心竞争力。另一方面，大力发展公益性网络文化事业，为网络文化系统内生主体提供基本的文化权益保障。在构建公共网络文化服务体系的同时，不断完善网络文化基础设施建设，以满足人民群众的基本文化需求；利用网络平台，推出丰富人民群众精神生活、人民群众喜闻乐见的优秀文艺作品，让人民群众尽享网络文化带来的实惠。

第三，增强汉语话语权，推动中华文化走向世界。网络时代，网络信息传播用什么样的公共语言，不仅是单纯的文化问题，也是一种权力的象征。打破当前英语在网络文化中的强势地位，提升汉语的话语地位，是增强文化软实力、推动社会主义文化大发展大繁荣的有效途径。增强汉语话语权，推动中华文化走向世界，就是利用当代中国网络先进文化对汉语语言进行数字化革新，增强中华文化在世界上的感召力和影响力。一方面，加大以中国特色社会主义先进文化为背景的中文网站的开发力度。加强汉语汉字在网络语言中的规范化建设，加快汉语汉字的信息技术处理研究，努力建设高质量、具有国际影响力的中文网站；利用网络平台弘扬中华民族优秀传统文化，在世界范围内推广汉语语言。另一方面，拓展国际文化交流的渠道，形成全方位、多渠道、多层次的世界文明对话机制。实施文化“走出去”战

略，完善支持网络文化产品和服务“走出去”政策措施；推动优秀传统文化瑰宝和当代文化精品网络传播，加大优秀网络文化产品的推广力度；加强国际传播能力建设，打造国际一流网络，提高中国特色社会主义先进文化的辐射力和影响力。

四　促进人的自由全面发展

实现人的自由而全面发展是马克思主义的逻辑终点。马克思主义认为，“任何人的责任、使命、任务就是全面地发展自己的一切能力”①。因而，每个人都有追求自由全面发展的意愿。自由发展与全面发展的辩证统一是马克思主义人的自由全面发展理论内涵。马克思认为，自由是“自由就在于根据对自然界的必然性的认识来支配我们自己和外部自然”②。人的自由发展的实现体现在生产力发展到一定程度，人能否自主地进行劳动活动。马克思主义关于人的全面发展的理论，强调人的需要、人的能力、人的社会关系以及人的个性发展的有机统一。正如马克思所说，“你自己的本质即你的需要”③，“社会关系实际上决定着一个人能够发展到什么程度”④。

当代中国网络先进文化建设是离不开人的发展问题的。健康向上的网络文化的发展，中国特色社会主义文化的繁荣，根本目的是促进人的自由全面发展。研究当代中国网络先进文化建设，旨在探寻网络文化与人的发展的矛盾关系，从人与网络文化的互动中，趋利避害，找出网络文化对人的发展的积极影响，以先进网络文化拓展人的认知能力，丰富人的道德情感，提升人的价值追求，推动人的自由全面发展。以马克思主义人的自由全面发展理论为指导，研究当代中国网络先进文化建设，推动人的自由全面发展，主要从这几个方面展开：

第一，满足网络文化系统内生主体的需要，突出网络文化系统内生主体的个性发展。网络文化系统内生主体的需要是人的本质的体

---

① 《马克思恩格斯全集》第 3 卷，人民出版社 1960 年版，第 330 页。
② 《马克思恩格斯选集》第 3 卷，人民出版社 1995 年版，第 456 页。
③ 《马克思恩格斯全集》第 42 卷，人民出版社 1979 年版，第 34 页。
④ 《马克思恩格斯全集》第 3 卷，人民出版社 1979 年版，第 295 页。

现。网络文化系统内生主体的全面发展首先要满足网络文化系统内生主体的需要，在物质需求得到满足的情况下，必须满足网络文化系统内生主体的精神文化需求。满足网络文化系统内生主体的需要，突出网络文化系统内生主体的个性发展，就是利用当代中国网络先进文化实现网络文化系统内生主体的发展目标。一方面，加强网络德育、智育、体育和美育教育，促进网络文化系统内生主体在网络空间的全面发展。推动德育、智育、体育和美育教育的数字化转型，建设和开发集德育为首位、智育为功用、体育为基础、美育为尺度，集思想性、知识性、教育性、艺术性和娱乐性于一体的教育网站和教育软件。另一方面，保持个性，彰显本色。坚持博采众长、兼容并包的网络文化发展原则，学习借鉴一切优秀文化成果并进行自我改造，突出个性，彰显本色。

第二，开发网络文化系统内生主体的潜能，增强网络文化系统内生主体的实践能力。实践是人实现自我发展的根本要素，是充分发挥人的潜能的根本途径。网络拓展了人的实践空间，为人开发自身潜能提供了平台。增强网络文化系统内生主体的实践能力，就是利用当代中国网络先进文化转变网络文化系统内生主体的思维方式，发挥网络文化系统内生主体的潜能，为网络文化系统内生主体的实践活动提供科学理论指导和价值判断。一方面，增强科学理论的指导作用。恩格斯指出："人们行动的一切动力，都一定要通过他的头脑，一定要转变为他的意志的动机，才能使他行动起来。"① 用科学的理论指导网络文化系统内生主体的实践活动，就要培养网络文化系统内生主体科学的实践精神、科学的实践方法。另一方面，挖掘网络文化系统内生主体的潜能，发挥网络文化系统内生主体的创造力。网络文化系统内生主体具有无限的潜能，网络文化系统内生主体的潜能一旦发掘就能转化为强大的实践能力。利用信息技术开发网络智力游戏，模拟现实环境，使网络文化系统内生主体通过网络空间渲染自己、释放压力，进行深刻的自我反省和体验；通过外部刺激，促进网络文化系统内生主

① 《马克思恩格斯选集》第4卷，人民出版社1995年版，第251页。

体的创造意识的增强和创造潜能的发挥。

第三，扩大网络文化系统内生主体的社会关系，增强网络文化系统内生主体的适应能力。马克思说："人的本质不是单个人所固有的抽象物，在其现实性上，它是一切社会关系的总和。"① 因此，人的全面发展在其本质上，也是人的社会关系的全面发展。扩大网络文化系统内生主体的社会关系，增强网络文化系统内生主体的适应能力，就是利用当代中国网络先进文化使人更快地适应人的存在方式的改变，更自主地融入数字化生活。首先，积极创建现代民主政治，推进网络政治民主化进程，扩展网络文化系统内生主体在网络文化中的社会政治关系。其次，大力发展网络虚拟经济，开发网络消费空间，拓展网络文化系统内生主体在网络文化中的经济关系。最后，大力发展信息技术，开发网络人际交流的多种工具，拓展网络文化系统内生主体在网络文化中的人际关系。

第三节　网络先进文化系统规制功能

网络先进文化系统规制功能，亦称网络先进文化系统价值。网络先进文化系统通过对个体的人格塑造，实现网络社会化的功能；就团体而言，网络先进文化通过整合团体的目标、规范团体的行为、引领团体的意见，实现网络社会化的功能；通过社会整合和社会导向发挥网络先进文化的作用。网络先进文化系统三个层面的规制功能互相联系、有机统一。

网络先进文化的社会整合功能主要有：①网络价值整合。这是网络整合功能中最基本、最重要的功能之一。在网络空间只有价值一致，才会有网络行为的协调，才会有共同的网络社会生活。②网络规范整合。网络规范因网络价值需要而产生，因网络文化的整合而系统化和协调一致。网络先进文化整合功能使网络规范内化为个体的行为

① 《马克思恩格斯选集》第1卷，人民出版社1995年版，第56页。

准则，进而将网络文化系统内生主体的行为纳入一定的轨道和模式，以维持一定的网络社会秩序。③网络结构整合。网络社会亦是一个多元结构的系统。网络社会的异质性越强，网络分化的程度就越高；网络多元结构越复杂，网络先进文化功能整合的作用就越重要。网络先进文化的整合功能是民族团结和社会秩序的基础。网络社会，如果缺乏网络先进文化的整合必将四分五裂，有了网络先进文化的整合功能，网络文化系统内生主体就会有民族的认同感，就会在心理上、行为上表现出一致性特征。

当代中国网络先进文化的功能体现在人类生活的方方面面，集政治、经济、社会功能于一体为人类社会和人的全面发展创造知识力、精神力、物质力和制度力。它是促进经济发展的助推器，是引领社会和谐的引路灯。

一　网络先进文化的创造知识力

培根有句名言："知识就是力量。"这里所言说的知识的力量，实际上就是一种知识力。这一方面是指，知识本身作为一种用之不竭的资源宝库，其内部蕴含着巨大的力量。从物理学意义上看，知识力包含了物理学意义上"力"的三要素，即力的大小、方向和作用点。知识根据主体的思维作用于社会实践，渗透于社会经济、政治等领域，以其自身的张力来改变社会的面貌。另一方面是指，知识主体的思维作用于人的头脑，发挥出超出知识本身的力量。在网络社会中，通过知识力创造，网络文化系统内生主体可以获得文化素质，改变自身的生存状况。在网络实践的过程中，网络文化系统内生主体以网络文化知识为武器，极大地提高了自身认识世界、改造世界的能力；同时，在网络实践的过程中，网络文化系统内生主体又不断地丰富发展了网络文化知识，不断地改造主观世界，推动社会及自身的不断发展。知识之所以能够发挥出超出本身价值的能力，就在于知识能够为网络文化系统内生主体所掌握和运用。网络知识力就是网络文化系统内生主体掌握并运用网络知识作用于主客观世界的能力的总和。

当代中国网络先进文化的知识力就体现在，它是网络文化体系中

的正能量，是中国特色网络先进生产力的代表；它所蕴含的科学的教育理念和先进的网络知识，是人类进一步认识网络世界和改造网络世界、不断拓展其创造性能力的源泉。

当代中国网络先进文化首先是科学的文化。网络科学知识是改造环境的强大力量，是实现网络社会发展的强大武器。网络科学知识能够为网络社会培育具有科学创新精神和科学创造能力的人才，并通过这些科学创新精神和科学创造能力的人才服务于网络社会，推动网络社会的发展，引领网络社会的进步。网络科学文化一旦被科学创新精神和科学创造能力的人才掌握，就能内化为具有科学创新精神和科学创造能力的人才的智力，就能开启科学创新精神和科学创造能力的人才的心智，使科学创新精神和科学创造能力的人才以科学的态度和科学方法认识问题、解决问题，进而极大地提高科学创新精神和科学创造能力的人才认识自然、驾驭自然的能力。

当代中国网络先进文化同时还是积极健康的文化。它顺应网络社会发展规律，代表网络社会发展的方向。网络时代，文化与信息技术有机结合，融为一体。如果抛开信息技术单纯来谈网络文化的先进性则有失偏颇。当代中国网络先进文化是产生于网络时代，网络文化系统内生主体一旦掌握了网络先进文化，就能把它转化为最先进的网络生产力，并运用于网络社会实践，成为网络文化系统内生主体认识世界和改造世界的最有力的武器，极大地推动网络社会的进步。

二　网络先进文化的创造精神力

当代中国网络先进文化的创造精神力是指当代中国网络先进文化对网络文化系统内生主体的价值导向所产生的积极推动力，它作为一种网络社会的整合力量和教化力量，对网络文化系统内生主体的心理、精神和基本人格进行积极影响与塑造，提升网络文化系统内生主体的思想道德素养，不断丰富网络文化系统内生主体的主观世界，使网络文化系统内生主体不断趋向于完善。

文化是维系民族生存和发展的精神纽带，它具有凝聚、协调、激励、教化等功能。当代中国网络先进文化不同于一般的文化，当代中国网络先进文化是中国特色社会主义文化体系中的先进文化部分，它是科学精神与人文精神的统一，它的性质特征、价值取向与目标要求都反映了中国特色社会主义发展方向，它蕴含着推动网络社会全面进步的精神力量和智力因素。

当代中国网络先进文化以网络为媒介进行宣传和传播。网络媒介为当代中国网络先进文化的推广与普及，以及网络先进文化精神力的发挥起到了推动作用。网络媒介以其及时性、即时性、开放性、互动性等优势，打破了传统媒介的弊端，成为网络先进文化宣传的主要阵地。它顺应了网络时代网络文化系统内生主体获取知识与信息的心理和习惯，推动了网络先进文化的大众化与普及性。通过网络媒介的传播，当代中国网络先进文化的科学价值观念得以普及，网络文化系统内生主体在先进文化的引导和熏陶下，在潜移默化中丰富自身的精神世界，提升自身素质，健全自我人格，促进自我的完善与发展。

当代中国网络先进文化是以社会主义核心价值观为灵魂，是网络社会理想的构成要素，也是网络社会道德的构成要素和支撑。当代中国网络先进文化是网络时代网上思想道德教育的主旋律。它通过网络大众化宣传社会主义核心价值观，引导网络文化系统内生主体在网络空间自觉践行社会主义价值观，以崇高的理想作为共同奋斗的精神动力，实现中华民族的伟大复兴。当代中国网络先进文化以“外在塑造，内在教化”的方式影响网络文化系统内生主体的价值观念，对网络文化系统内生主体进行思想道德教育，引导网络文化系统内生主体以真善美统一的尺度反省自我，使网络文化系统内生主体由“他律”走向“自律”，自觉坚定社会主义理想信念，自觉抵制网络时代文化霸权主义的侵袭，提升自我，升华自我，超越自我，实现自我的全面发展。

当代中国网络先进文化是对中华民族优秀文化传统的继承和创新。文化的传承和创新是一个民族文化不竭的动力。当代中国网络先进文化在继承中华民族优秀传统文化的基础上，不断汲取国外一切优秀文化成果为我所用，不断为中华文化注入新鲜活力，薪火相传中华民族精神，为中华民族的伟大复兴凝聚中国力量。

三　网络先进文化的创造物质力

当代中国网络先进文化的创造物质力是指当代中国网络先进文化在物质层面所产生的效益，能推动网络社会进步、网络经济发展的网络社会综合力。

网络先进文化不仅指网络观念上的文化，还包括物质层面和制度层面的文化。在物质层面上，当代中国网络先进文化是指由网络先进文化作用于社会实践所形成的物质成果，尤指网络先进文化产业。

"发展文化产业是社会主义市场经济条件下满足人民多样化精神文化需求的重要途径。必须坚持社会主义先进文化前进方向。"[①] 网络时代，发展网络先进文化产业是坚持中国社会主义网络先进文化前进方向，发展文化产业的具体体现。网络先进文化产业是一种高科技含量的、富有创意的、有强大竞争力的现代文化产业，它是包含了数字出版、动漫游戏、文化创意、移动多网络等在内的新兴文化产业，同时也包括对影视制作、会展、出版发行等传统文化产业进行数字化创新。

网络时代，网络文化产业在综合国力竞争中的作用愈发凸显，网络文化产业中蕴含的科技知识和所带来的经济效益，远远高于其他产业。网络文化产业已经成为当代文化消费的主战场。同时，网络文化产业也给意识形态的侵袭打开了方便之门，借助网络文化产业推行网络文化霸权主义成为西方一些发达国家企图推行其普世价值的途径。网络时代，发展中国网络先进文化产业，以当代中国网络先进文化引领影视传媒，提高人们文化消费层次，巩固中国特色社会主义阵地，是当代中国网络先进文化物质力的表现之一；以当代中国网络先进文化为导向，加强关键技术、核心技术的研发，加快科技创新成果的转化，培育出创新能力强又不缺乏民族特色的网络先进文化产业，是当代中国网络先进文化创造物质力的又一表现形式。

---

① 《中共中央关于深化文化体制改革 推动社会主义文化大发展大繁荣若干重大问题的决定》，人民出版社2011年版，第28页。

四　网络先进文化的创造制度力

当代中国网络先进文化创造的制度力是指当代中国网络先进文化中先进的网络文化管理制度，用健全的网络法律法规制度净化网络环境，保障网络文化安全，以此推动社会主义民主法制建设，彰显制度的推动力。

当代中国网络先进文化是以先进文化引领网络文化发展，引领整个网络社会发展，它以严格、严密的规章制度对网络文化系统内生主体的行为产生约束，以此影响网络文化系统内生主体的行为结果，确保网络文化为我国国家利益服务。它坚持以网络文化系统内生主体为本的价值理念，以健全的网络文化管理制度，保障网络文化消费者的利益不受侵害，以先进的科技建立网络文化安全机制，阻止危害国家文化安全及个人身心健康的文化垃圾，形成强大的“防火墙”，对网络空间的文化进行过滤，为网络文化系统内生主体营造健康、文明的网络虚拟空间。

当代中国网络先进文化中健全的网络规章制度，是对中国特色社会主义法律的有益补充，它对网络犯罪、网络欺诈、网络文化暴力等网上不法行为严厉打击，能有效预防网络行动者的主体性迷失，阻止网络帝国文化的侵袭。网络先进文化所包含的完善的法律法规，能有效化解虚拟空间多元文化冲突造成的网络空间的无序状态，以及它导致的社会失范，使网络文化系统内生主体在健康、安全、稳定、有序的环境中尽享网络带来的利益。健康有序的网络文化环境，严格完善的网络规章制度，是推动现实社会进步的强大力量。

第四节　网络先进文化系统规制策略

实施网络先进文化系统规制策略，不但可以提高网络文化质量，而且能够更好地满足网络文化系统内生主体的网络文化生活需求，防止腐朽没落文化侵蚀网络文化，使网络先进文化的社会功能得以更好

地发挥，使网络先进文化更好地促进社会进步。网络先进文化系统规制策略问题是网络文化发展对社会规制问题提出的新课题。

一　网络文化发展的法律规制际遇

在网络文化已成为社会文化信息传递的主要载体的今天，网络文化发展的法律法规问题越来越凸显。尽管我国互联网法律体系在初步形成，但却无法适应多样化发展的网络文化需要。

1. 网络先进文化缺位

随着网络时代的深入发展，海量的信息在网络上时时传播。然而在时时传播的海量信息中，趣味低级、封建迷信、造谣惑众、鱼龙混杂的信息在网上不时传播。据中国互联网违法和不良信息举报中心统计，2018 年 3 月有效举报 508.5 万件，4 月 876.5 万件，环比增长 72.4%，同比增长 2 倍。其中，中国互联网违法和不良信息举报中心受理 6.3 万件，环比、同比分别增长 46.7% 和 11.5%；各地网信办举报部门受理 625.7 万件，环比、同比分别增长 1.4 倍和 6.9 倍；全国主要网站受理 244.4 万件，环比、同比分别增长 0.7% 和 18.0%。[①]可见，网络不良信息屡禁不止。这种不文明的网络行为，使网络文化内生主体深受其害。网络先进文化缺位表现为低俗的文化病毒——网络自由主义、网络享乐主义、网络名利主义，不断侵蚀网络文化系统内生主体的心灵、不断瓦解网络文化系统内生主体的理性，严重扭曲网络文化系统内生主体的社会价值观。

2. 网络文化监管危机

由于西方国家利用英语语言和网络传播技术的优势，在网络上进行强势的信息传播，导致西方国家在网络文化空间占据强势地位。这在一定意义上而言，即构成一种借助互联网跨越时空和地域的限制的文化侵略。西方国家通过 PC 产品与移动通信产品，不断建立名目繁多、花样翻新的各类网站，再通过这些网站向其他国家传输他们的意

① 2018 年 3 月全国网络举报受理情况，2018 年 4 月中央网信办（国家互联网信息办公室）违法和不良信息举报中心（http：//www. 12377. cn/txt/2018 – 05/31/content_40363809. htm）。

识形态和价值观，传播他们的主流文化。而法律对这些越来越多的代理服务器的监管滞后，必然导致网络文化监管危机。

3. 网络侵权频现

网络为网络文化内生主体表达思想和诉求提供了一个自由的开放空间，网络文化内生主体在网络空间自由发表言论的同时，不断挑战法律的规范和道德的准则。另外，网络隐私问题不断凸显，一些人获取他人隐私信息更加便捷和隐秘。有些不法之人通过云端数据库的数据，公然侵犯他人隐私。甚至有的网络黑客，通过非法技术手段，侵入一些网络数据库，通过获取个人信息从事以谋取经济利益的非法活动。近些年来，此类事件经常见诸报端，例如，近日，美团、饿了么等多家外卖平台被爆出客户资料遭泄露、倒卖，精确到你吃的什么、在哪儿吃的！用户信息大量在互联网上被疯传贩售。还有人冒用他人名义在网上发表不当言论、发送电子邮件等。更有甚者，在网上建钓鱼网站、抢注相似域名、发布虚假信息等。

二　网络文化发展的法律规制缺失

运用法律法规对网络文化领域进行规制是网络文化规制最有效的方式，也符合国际的通行惯例。有序的网络文化环境、开放的网络信息环境需要健全和完善网络法律法规做保障。否则，离开法律规范的约束，网络文化和网络信息就会失控。只有用相关法律条款对之进行准确界定和定位，并对其他如民法、刑法、著作权法等现实社会法规条款进行网络空间的有效延伸，才能有效地实现网络文化的规制。目前，互联网和计算机等信息管理方面，我国已经出台了多部法律法规和部门规章制度，但与发展迅猛的互联网相比，我国的网络法制建设尚显严重滞后。具体表现为以下几个方面：

1. 缺失前瞻性的网络立法

目前，我国网络立法基本上采取的是“补丁”式立法，网络法律法规体系尚未完全形成，网络文化领域的新问题、新矛盾层出不穷。相对稳定的法律规范无法适应不断变化的网络环境，不断出现网络监管的空白。便捷的网络文化传播，一方面使网络侵权和网络犯罪的风

险加大，另一方面也使网络维权、网络执法的法律成本增加。相对滞后的网络立法和监管困境，表明网络立法的前瞻性缺失。随着网络技术的发展和完善，网络立法需要根据网络技术的现状和要求，为后续的发展预留足够的空间，使得网络立法具有前瞻性。

2. 缺乏统一的立法模式

目前，国际上通行的互联网立法有两种，即统一立法模式和分散立法模式。而目前我国采取的是分散立法模式。由于缺乏统一立法的根基，使得分散的立法模式难以解决网络发展中出现的新问题，难以走出循环往复的立法怪圈。由于统一立法模式的缺乏，很难保证目前分散立法的科学性和系统性，也不利于保证法律的有效性和权威性。

3. 网络立法存在缺陷

自我国正式接入国际互联网以来，面对快速发展的互联网，我国初步建立了互联网法律体系，对互联网空间进行包括法律、行政法规和部门规章三层规范体系进行保护。但是，我国的网络立法还比较分散、位阶较低，对网络的监管过多凸显政府的作用。特别值得一提的是，我国网络文化层面的立法数量严重不足、立法进度严重滞后，不能形成对网络文化内生主体权利的有效保护，对网络文化的发展难以发挥保障和促进作用。

三　网络先进文化发展的法律规制手段

要实现对网络文化的有效规制，必须加强网络文化立法管理工作，建立健全网络先进文化管理的法律法规体系，使处理网络信息违法犯罪有法可依。针对网络黑客攻击、计算机病毒制作、网络信息诈骗、网络色情引诱和网上出版物侵权等问题，必须注重“软”、“硬”法的结合，实现对网络文化发展进行有效引导和规制，为促进网络文化的平衡、健康发展保驾护航。

1. 构建网络文化“共同体”的软硬法

网络文化传播的即时性、开放性、多元性等特征，构成网络社会“共同体”。而因为网络文化发展过程中的复杂性，势必导致法律规制滞后。如果对网络社会“共同体”施以软性规制，则可以充分发挥网络文化的优长，最终构建一个和谐的网络社会。为此，首先需要通过网络文化内生主体，借助网络信息技术制定网络文化软性规则，为国家网络管理立法的完善、政府管理效率的提高，进而构建和谐的网络社会提供支持。其次需要打造“软”、“硬”结合的法治平台。政府应结合即时性、开放性、多元性发挥软法的柔性和弹性作用，克服硬法过于刚性的缺点，为发展网络先进文化预留足够的空间。与此同时，还应积极培育网络文化内生主体的理性思考能力，提高网络文化内生主体对正义和规则的理解力和判断力。

2. 建立网络文化系统规制

网络文化系统规制具体从以下四个维度进行，即网络行政系统规制、网络舆论系统规制、网络教育系统规制和网络技术系统规制。

网络行政系统规制是政府行政部门参与网络文化系统的规制，专门的网络文化监管部门通过垂直管理体制对网络文化系统进行行政规制，通过行政手段的监管遏制网络不良文化。这种行政规制，具有执行力强、执行手段多样、规制效果的明显特点，但也具有一定的局限性。

网络舆论系统规制是非常重要的网络文化规制手段。在网络文化规制中，网络舆论系统规制具有快速的形成力、广泛的传播力、极大的感染力、灵活的规制力、超强的聚焦力、说理透彻力等优势。通过这六个力引导网络舆论方向、监督网络舆论、占领网络阵地，充分发挥舆论规制在网络文化中的功能。

网络教育系统规制则不同于其他的规制手段，它主要是通过整合全社会力量和“网上道德”的自律精神，规制网络文化主体，使之在有序的网络文化状态下生活。教育规制能够支配人们的内心世界和动机，而法律、政策、社会舆论则是通过外部强制性来调整人们的行为。因此，从一般意义而言，网络教育系统规制是一种软性的道德性规制，而网络法律规制则是一种刚性的惩罚性规制。随着网络影响的日益扩大，网络伦理道德问题已引起广泛关注，所以网络教育系统规制也显得尤为重要。目前，在信息网络交流平台上，低级趣味的博客、微博、微信时有出现，破坏网络道德规范。在信息网络教育的过

程中，应当引导网络文化主体合理使用网络，树立正确的网络文化观，以此来提高网络文化主体的素质，从而使之成为遵守“网德”的好网民。

网络技术系统规制是为保障网络文化安全而实行的技术监管。通过技术监管，查找不良文化信息匿名发布者，并对其进行严厉处理，以此有效地遏制网络不良文化内容的发布，使不良网民自尊自爱。另外，有关行政管理和执法部门通过这种网络技术规制，对各类网络平台的不良信息随时管控，采用过滤技术法阻止扩散不良信息。所以，网络技术系统规制，一方面通过研究网络新技术、新应用和新功能，运用先进技术传播网络先进文化；另一方面运用先进技术实施技术监控，防止网络不良信息对国家、社会和他人造成损害，防治网络谣言的扩散、防治网络人身攻击和人肉搜索。网络技术系统规制可以规范和纠正网络文化的方向。

第九章

网络先进文化系统机制构建

网络先进文化系统是一个集传承、创新、开放、整合于一体的动态系统。在实践过程中，只有对系统结构与系统环境进行优化、整合，建立健全与要素互补的网络先进文化机制，平衡各要素文化资源的关系，使各要素文化资源以和谐的方式相互作用、互补互促，网络先进文化系统功能才能实现，“力”才能最大化释放。因此，研究当代中国网络先进文化系统的优化，必须以马克思主义文化观为指导，构建当代中国网络先进文化系统机制。

第一节　建立网络先进文化系统的生成机制

网络先进文化系统是现实社会意识形态的重要组成部分，网络先进文化系统生成机制模型的构建必须要满足必要的生成条件，包括构建的理念、理论及人力资源三个方面。生成理念、生成理论、生成主

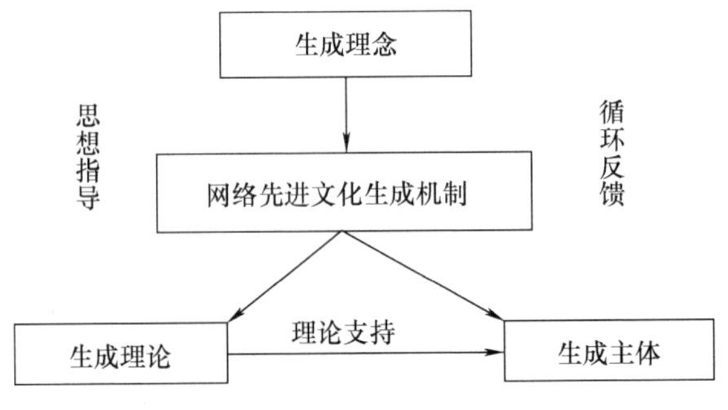

体是构建网络先进文化系统生成机制的基本要素。加强对网络先进文化系统的调控，需要树立正确的调控理念，不断加强理论支撑体系的发展，培育网络先进文化系统的生成主体，从而完善网络先进文化系统的生成机制。

一　加强网络先进文化系统建设的思想指导

习近平新时代中国特色社会主义思想是马克思主义中国化发展的最新成果，系统地回答了应该建立什么样的网络文化，如何建立网络文化的问题。在中国特色社会主义新时代，网络先进文化系统的运行应符合习近平新时代中国特色社会主义思想，满足党的十九大报告中提出的“八个明确”的基本内容。因此，网络先进文化系统内生主体必须要深入学习和贯彻习近平新时代中国特色社会主义思想，在实现社会主义现代化和中华民族伟大复兴总任务的指引下，维护网络文化安全的目标，形成正确的网络先进文化系统生成理念。在网络先进文化系统生成机制的“理念、理论、人力”三要素中，理念是基础，是培育人力资源的先导。

1. 应树立网络先进文化系统的主动介入理念

主动介入理念是生成网络先进文化系统发展机制的动因。习近平同志在党的十九大报告中指出：“增强驾驭风险本领，健全各方面风险防控机制，善于处理各种复杂矛盾，勇于战胜前进道路上的各种艰难险阻，牢牢把握工作主动权。”① 只有树立主动介入理念，才能把握网络先进文化系统调控的机会，才能使网络先进文化系统调控机制具备构建的可能性。过程即生成理念意识→形成引导动机→主动介入生成。由此可见，网络先进文化系统生成机制首先需要树立主动介入理念。

2. 坚持党对网络先进文化系统调控的领导地位

社会主义先进文化是网络先进文化系统建设工作的灵魂，只有牢牢抓住社会主义先进文化是网络先进文化系统的“定盘星”，我们才

① 习近平：《决胜全面建成小康社会 夺取新时代中国特色社会主义伟大胜利——在中国共产党第十九次全国代表大会上的报告》，《人民日报》2017 年 10 月 28 日。

能不断地引导网络先进文化系统内生主体，使之自觉接受、遵守和传播社会主义先进文化。

应坚持党对网络先进文化系统调控的领导。习近平同志曾指出："坚持党对一切工作的领导。党政军民学，东西南北中，党是领导一切的。"① 建设网络先进文化系统生成机制，必须始终坚持党的领导，将党对网络先进文化系统建设的指导视为一种必须遵循的理念。中国共产党作为中国特色社会主义事业的领导核心，是网络先进文化系统建设和网络文化安全的领导主体。当前，网络先进文化系统的生成机制，只有坚持党的领导，才能保证网络先进文化系统生成机制建设的正确性、方向性。

总之，构建网络先进文化系统生成机制，需要健全网络文化理念体系。在当前全球网络文化生态博弈中，发展网络先进文化系统生成机制需要主动介入的理念，更需要与时俱进的理念，树立始终遵循正确领导的理念。

二　加强网络先进文化系统的理论基础研究

任何系统的生成都需要一定的理论支撑。构建网络先进文化系统的生成机制更需要强大的理论支撑。马克思曾强调，"理论只要彻底，就能说服人"②。网络先进文化系统生成机制建设需要依靠理论，为此，政府、学界等作为推动网络先进文化系统发展的主体，应加大对网络先进文化相关理论的研究力度。发展网络先进文化系统理论研究的体系，扩展研究思路，增强理论研究的创新性、时代性与可行性。

应全力推进马克思主义文化理论的中国化研究。马克思主义文化理论在中国，特别是在网络发展的新时代，不断获得了新的发展。在马克思主义中国化的进程中，文化引导理念也逐渐在我国发展起来。目前已经形成了以社会学、传播学及政治学为学科基础的文化传播学

① 习近平：《决胜全面建成小康社会 夺取新时代中国特色社会主义伟大胜利——在中国共产党第十九次全国代表大会上的报告》，《人民日报》2017 年 10 月 28 日。

② 《马克思恩格斯选集》第 1 卷，人民出版社 1995 年版，第 9 页。

理论，进一步加速了马克思主义文化引导理论与我国网络先进文化系统理论的结合。当前，加强网络先进文化系统的研究，有助于进一步促进马克思主义文化引导理论与中国网络文化相结合，有助于网络先进文化系统内生主体利用马克思主义的科学方法开展网络先进文化的引导。

三　创制网络先进文化系统生成的人力条件

习近平同志强调指出："加快构建具有全球竞争力的人才制度体系，聚天下英才而用之。""向用人主体放权，为人才松绑，让人才创新创造活力充分迸发，使各方面人才各得其所、尽展其长。"[①] 随着网络的快速发展，人力资源已经成为网络先进文化系统不可或缺的重要资源。

培育理论基础扎实、技术本领过硬的复合型人才队伍。为保证网络先进文化系统生成机制的建设，培育网络先进文化系统引导主体的综合能力，需要创制年轻化的网络先进文化领军人才，促进网络先进文化系统生成机制人力资源的优化配置，避免网络先进文化调控主体的"青黄不接"、人力断档；需要建立常态化的网络先进文化人力资源系统，涵盖网络先进文化系统生成需要的技术人才、理论人才、执行人才、法律咨询人才等，加强对网络先进文化系统调控人力团队的调控理念、技术、职能以及责任意识的常态化教育，持续增强相关人力资源在网络先进文化系统生成机制中的要素和资源价值。

通过培育理论基础扎实、技术本领过硬的复合型人才队伍，对网络先进文化系统内生主体行为的积极引导，对网红作家、网络"大V"等群体，用全新的政策和方法团结吸引他们，使得他们成为网络社会公德和网络先进文化的遵守者和传播者，让更多的网络主体成为符合社会主义意识形态的潮流，维护网络先进文化的主力军和新鲜力量。

---

① 习近平：《加大改革落实工作力度，让人才创新创造活力充分迸发》，《人民日报》2016年5月7日。

第二节　创建网络先进文化系统的介入机制

网络先进文化系统生成机制为网络先进文化系统调控的介入机制建设奠定了基本条件。网络先进文化系统介入机制主要表现为介入措施、介入技术、介入内容有机协同。

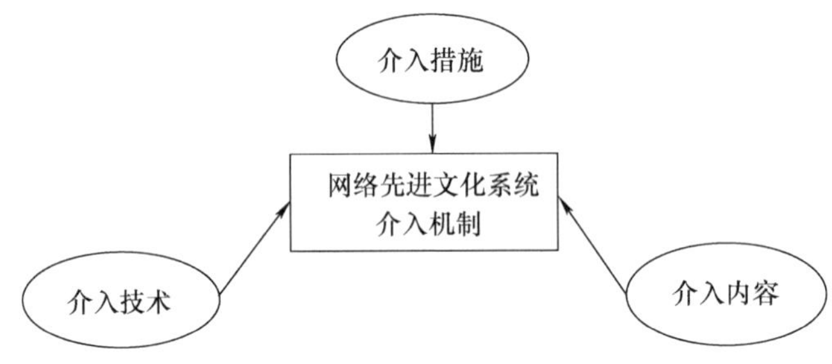

网络先进文化系统介入机制模型示意图

一　创新网络先进文化系统的介入措施

为保证网络先进文化系统有效运行，需要行之有效的介入措施。网络先进文化系统介入方式主要包括先进的指导理念、创新的网络运营和多元的主体协同治理等介入模式。

（1）先进的指导理念

网络先进文化系统的顺利运转，需要先进的理念指导。马克思指出："全部社会生活在本质上是实践的。凡是把理论引向神秘主义的神秘东西，都能在人的实践中以及对这个实践的理解中得到合理的解决。"① 网络先进文化系统介入机制构建，需要坚持马克思主义的指导地位，坚定社会主义网络先进文化的指导地位，明确网络先进文化系统引导的正确方向。"必须把对马克思主义的信仰、对社会主义和共产主义的信念作为毕生追求，坚定对中国特色社会主义的道路自信、

① 《马克思恩格斯选集》第1卷，人民出版社1995年版，第56页。

理论自信、制度自信、文化自信。”[①] 坚持马克思主义的指导地位，有助于凝聚对网络先进文化的认同，保证网络先进文化系统始终以社会主义意识形态为内核。为此，应紧密围绕马克思主义、中国特色社会主义理论以及习近平新时代中国特色社会主义思想，为网络先进文化系统的积极发展奠定基础。

首先，网络先进文化系统构建，一方面要主动争夺文化阵地，同时也要具有生活化的思维，网络文化“是线上社会与线下社会高度融渗的产物”[②]。过去，主流文化的引导存在主流官方语言与百姓生活语言脱节的问题。网络空间本身就是一个“文化交流”的空间，以往的灌输式的文化交流方式效果式微，主流媒体的文化宣传方式和思维与当前网络空间中的网络文化表现方式差距较大，不易于为网民所关注。为此，我们应不断强化网络文化思维，改变网络文化的表现形式，争取运用网络化、通俗化、生活化的方式创设网络文化新生态，进一步促进文化话语与文化生活的结合。在网络先进文化系统构建中注重网络文化平民化风格的塑造，积极倡导文明对话、平等交流和自由表达的网络文化氛围，避免使用理论性、政治性过强的网络文化表达方式。

其次，丰富和创新网络文化传播的方式。网络空间的多元文化和载体可以极大地丰富网络文化的传播方式，促进网络文化传播方式的快速创新。[③] 在网络虚拟空间中，应借助网络新平台促进网络先进文化传播的多元化发展，采取微电影、短视频、图片文字文案以及微博互动、在线答疑等形式，对网络先进文化系统相关信息进行网络二次加工，使网络文化的传播模式具有趣味性、可读性。近年来，随着榜样政治人物在网络上的“走红”，例如“习大大粉丝团”、“丽媛粉丝团”、“共青团中央”等都成为了网络热门公众号，相关领导人的政

---

① 《中国共产党第十八届中央委员会第六次全体会议公报》，《人民日报》2016 年 10 月 27 日。

② 黄冬霞、吴满意：《网络意识形态内涵的新界定》，《社会科学研究》2016 年第 5 期。

③ 刘明君等：《多元文化冲突与主流意识形态建构》，中国社会科学出版社 2008 年版，第 101 页。

治形象被进行了卡通“Q版”造型设计，使网络文化传播的方式朝着多样性的方向发展。

最后，掌握网络先进文化系统的引导权。近些年，网络上拜金主义、民粹主义、享乐主义不同程度地有所表现，网络上不时会出现一些网络谣言，甚至丑化民族英雄、历史人物等不良现象和言论。对此，网络主流媒体应发挥网络先进文化的主流引导作用，对不良的网络社会风气和现象说不，用事实和史实说话，弘扬网络正气，引领网络文化不跑偏。网络主流媒体应承担起自身的责任，通过平等“对话交流”的方式，摆事实、讲道理，传播正能量，逐渐掌握网络先进文化系统的引导权。

（2）创新网络运营机制

目前，正处于初级阶段的网络运行机制，整体规范性和协调性不够，对网络先进文化系统的理性发展造成一定的障碍。因此，应从以下几个方面创新网络运营机制。

首先，创新网络运营的信息推送机制。增大网络先进文化在各大媒体信息推送中的比例，将社会主义意识形态话语融入购物、社交、问答、论坛、研讨、新闻娱乐等各个新媒体领域。通过形式多样的网络先进文化传播来加强信息的传播强度。所以主流媒体和网络运营商应积极承担起促进网络先进文化系统发展的使命，增强其政治意识和政治责任，提高政治敏感性，形成宣传网络先进文化的自觉。在网站运营中，加大宣传马克思主义先进理论、时事政治、国际民生以及社会主义制度优越性的力度，实现信息推送的优质化，进一步扩大网络先进文化的影响力和引导力。

其次，创新网络运营的策划机制。建立网络先进文化引导策划机制，广泛搜集各大网络平台中有效粉丝的问题反馈和批评建议，充分分析和透视网络民意基础和价值诉求。加强对网络文化的管理和引导，包括对各大平台评论区舆情的监测，信息加推、屏蔽以及整合等。创新网络运营过程中网络先进文化引导力的整体策划，提高习近平新时代中国特色社会主义思想和网络先进文化系统的影响力和传播力。

（3）多元的主体协同治理

网络先进文化系统介入机制是一个开放性、多元性的系统。多元主体是网络先进文化系统介入机制的主要特点之一。为此，应进一步拓展包括政府、传统媒体、网络新媒体、社会组织机构、企业以及高校、社区等网络先进文化系统介入机制的主体结构，在多元主体共同参与的过程中，形成以政府为主导，以传统媒体与新媒体为主力的协同治理多方联动的网络先进文化系统介入机制，为网络先进文化系统生成保障机制的发展创造条件。

二　优化网络先进文化系统的介入技术

网络先进文化系统的调控离不开技术工具的介入。从本质上而言，基于技术的不断发展和创新，人类社会不断向前发展。当前，网络先进文化系统介入机制的形成，需要以一定的技术作为有效的工具。技术的不断创新将使网络先进文化系统内生主体拥有更加强大的网络文化表达技能，在网络先进文化系统的博弈中占据优势地位。

（1）加强网络文化安全技术的研发

为保证我国文化的安全，必须要以网络信息安全技术作为介入支撑。需要充分加强先进技术的研发，增强对网络先进文化系统调控技术的针对性研究，“加强网络安全预警监测”①，从技术层面建立网络文化介入运行系统，依托舆情大数据分析，建立由网络文化危机预测、事中分析、事后反馈的网络文化安全技术体系，使对网络先进文化系统引导的介入拥有强大的技术工具，保证介入的有效性。另外，为保证网络先进文化系统的理性发展，保护网络先进文化的权威性和主导性，应加快网络实名制技术的研究，促进网络文化理性的形成。同时还加强网络设备登记编号系统的管理，形成网络监测部门、网络档案管理的信息共享和协同治理。

---

①　习近平：《习近平谈治国理政》第2卷，外交出版社2017年版，第382页。

（2）提升网络先进文化调控的技术自觉

提升网络先进文化系统调控能力，需要依靠先进的技术自觉。多年来，“人权至上论”、“中国威胁论”、“普世价值论”、“文明冲突论”以及“网络自由论”等在世界范围内时有出现。特别是在网络空间中，影响越来越大，对我国的主流意识形态构成严重的威胁，损害了我国的国际形象。为此，我们应从危机中加强技术反思，依托技术创新改变网络文化的创造、设置和传播劣势。利用技术手段有效解答“西藏政策”、“一国两制”等问题，增强网络先进文化系统调控的针对性和有效性。

（3）引进和学习国外先进技术

源于西方的网络技术在近年来取得了长足的发展。我国在网络技术方面也取得了骄人的成绩。但是网络技术特别始终处于动态发展之中，我国的网络技术还有很大的发展空间。为确保我国网络先进文化系统的发展，我们需要引进和学习国外先进的技术，不断巩固自主研发成果，加强自主技术创新。在网络先进文化系统调控方面掌握核心的技术，增强网络文化的主导权，全面提升网络先进文化的影响力和引导力。

三　充实网络先进文化系统的介入内容

网络先进文化系统的运行需要介入内容的创新。习近平总书记在党的十九大报告中指出：“文化自信是一个国家、一个民族发展中更基本、更深沉、更持久的力量。必须坚持马克思主义，牢固树立共产主义远大理想和中国特色社会主义共同理想，培育和践行社会主义核心价值观，不断增强意识形态领域主导权和话语权，推动中华优秀传统文化创造性转化、创新性发展，继承革命文化，发展社会主义先进文化，不忘本来、吸收外来、面向未来，更好构筑中国精神、中国价值、中国力量，为人民提供精神指引。”①

---

① 习近平：《决胜全面建成小康社会 夺取新时代中国特色社会主义伟大胜利——在中国共产党第十九次全国代表大会上的报告》，《人民日报》2017 年 10 月 28 日。

（1）创新中华民族优秀传统文化的网络传播形式

“求木之长者，必固其根本；欲流之远者，必浚其泉源。”[①] 中华民族优秀传统文化是中国文化的重要组成部分，是中国文化底蕴的彰显和象征，是中国精神的根，它包含民族精神、爱国情怀、家国意识、团结力量、自强自信等内容，具有强大的感染力和吸引力。为此，在当前网络先进文化系统的调控中，应积极创新中华民族优秀传统文化的网络传播形式，形成网络文化全球化的“中国标志”，提升我国网络先进文化的国际影响力。2017 年 3 月，李克强总理在政府工作报告中强调指出：“发展文化事业和文化产业。加强社会主义精神文明建设，坚持用中国梦和社会主义核心价值观凝聚共识、汇聚力量。”[②] 习近平总书记也曾强调：“我们要坚持道路自信、理论自信、制度自信最根本的还有一个文化自信，要从弘扬优秀传统文化中寻找精气神。”当前，推进我国网络先进文化系统的调控应上升为一种国家层面的战略行动。

首先，应在网络空间弘扬中华民族优秀传统文化，创新中华民族优秀传统文化传播形式，赋予中华民族优秀传统文化以网络特色和印记，扩大中华民族优秀传统文化的网络影响力。习近平同志强调指出：“坚持以人民为中心的创作导向，努力创作更多无愧于时代的优秀作品，弘扬中国精神、凝聚中国力量，鼓舞全国各族人民朝气蓬勃迈向未来。”[③] 当前，应引领中国传统文化进入网络文化创意产业，在网络中以新颖独特的方式传播中华民族优秀传统文化，厚植中华优秀传统文化的“基因”。

其次，创新中华优秀传统文化的网络表现形式。“中国特色社会主义实践的文化基因是传统文化”[④]，今天需要以合适的表现形式和媒

---

① 引自魏征《谏太宗十思疏》，意思是：“要想使树木生长得茂盛，必须稳固它的根部，因为根深方能叶茂；要想水流潺潺，经久不息，必须疏通它的源头，源远才能流长。”

② 《李克强在十二届全国人大五次会议上作的政府工作报告》，《光明日报》2017 年 3 月 6 日。

③ 《习近平：坚持以人民为中心的创作导向创作更多无愧于时代的优秀作品——在主持召开文艺工作座谈会上的讲话》，《人民日报》2014 年 10 月 16 日。

④ 谭培文：《中国实践与中国话语权》，《光明日报》2015 年 1 月 15 日第 16 版。

介，促进优秀传统文化与社会主义核心价值观的有机结合。网络先进文化系统的调控形式多种多样，应加强形式与内容的不断创新，要在网络空间积极弘扬“民为本”、“和为贵”、“天下为公，世界大同”、“知行合一”、“水能载舟，亦能覆舟”的民本思想，在各种新媒体平台中增设传统文化板块，进一步依靠网络文化宣传调控网络先进文化系统。

（2）融入马克思主义中国化理论成果

在当代中国，习近平新时代中国特色社会主义思想是马克思主义中国化的最新理论成果。当前，构建网络先进文化系统介入机制，需要始终坚持马克思主义的基本原理、基本观点和基本方针，并将马克思主义中国化的理论成果融入网络先进文化系统中。

第一，应从习近平新时代中国特色社会主义思想中提炼网络先进文化系统的介入内容。2016 年，习近平同志指出：“坚持中国特色社会主义道路自信、理论自信、制度自信、文化自信，坚持党的基本路线不动摇，不断把中国特色社会主义伟大事业推向前进。”[①] 在网络先进文化系统调控和引导的过程中，应坚定发展中国道路的信念，创新“文化自信”和习近平新时代社会主义思想的网络表达方式，将马克思主义中国化发展的经典理论融入各大平台建设之中。利用多元化的文化创新载体，加深网民对毛泽东思想、邓小平理论、“三个代表”重要思想、科学发展观和习近平新时代中国特色社会主义思想内涵的深刻理解，进一步凝聚对习近平新时代中国特色社会主义思想的认同。

第二，在网络空间的创意表达中具象化中国梦内容。中国梦是凝聚社会主义文化底蕴的中华民族的梦想，在网络空间中，应在创意表达中具象化中国梦内容，加强“中国精神”的培育，推进社会主义网络先进文化系统的发展，加强中国梦的理论和实践教育、宣传。例如搜狐专题“砥砺奋进的五年”中，单独设置了“中国梦实践者”板块，用简单、鲜明的人物照片，罗列了来自不同领域、不同的实践主

① 习近平：《在庆祝中国共产党成立 95 周年大会上的讲话》，《人民日报》2016 年 7 月 2 日第 2 版。

体对中国梦的追寻历程。如生物学家潘文石、农业物联网的领航者徐珍玉、著名影视创作家卢宝华等，此类榜样人物教育内容的融入，使中国梦在网络社会的创意表达中被具象化。

第三，持续在网络空间推进马克思主义中国化、时代化和大众化。坚持和巩固马克思列宁主义在我国网络文化领域的指导地位，用当代中国的马克思主义武装网民的头脑，不断把马克思主义中国化、时代化和大众化推向深入，这是新时代建构中国网络先进文化的重要目标。用网络特有的表达方式，推动马克思主义的中国化、时代化和大众化，把当代中国的马克思主义理论的内容通俗化、形象化表达。同时，积极探索理论宣传网上新方式，使中国化的马克思主义理论成果日益深入人心。

（3）提升网络先进文化系统介入内容体系的文化包容性

首先，网络先进文化系统应是一个开放性、包容性的系统，因此网络先进文化系统介入内容体系也要具有开放性、包容性。其次，要用辩证的观点对待西方文化，要采取批判性的借鉴方式来吸收西方文化的优长，用中国方式讲好中国故事。最后，要对网络文化持包容的态度。积极推动网络文化的发展，重视网络文化的方向引导，使网络文化能够在网络先进文化系统介入机制的构建中发挥积极作用。

第三节 构建网络先进文化系统的运行机制

网络先进文化系统的运行调控应建立以环境条件、平台互动、基础保障三要素为基本结构的运行机制模型（如下图）。其中，系统外部环境条件为网络平台互动实践提供支持，基础保障为网络先进文化的调控排除障碍，最终通过平台互动推动网络先进文化系统的生成。

一 优化网络先进文化系统的运行环境

网络先进文化系统运行的环境包括网络的社会环境、制度环境及文化环境。净化网络的社会环境可以为网络先进文化成为网络主导创

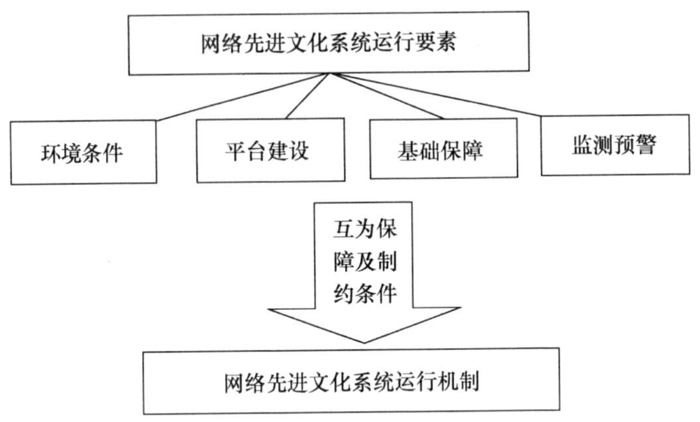

网络先进文化系统的运行机制示意图

造条件，良好的制度环境将为网络先进文化系统的理性运行提供现实依据，良好的外部文化环境则有助于涵养网络先进文化系统的良性运行。

1. 构筑生态化的网络社会环境

网络社会环境是网络先进文化系统有效运行的空间，构筑生态化的网络社会环境是网络先进文化系统运行所必要的环境系统。

首先，政府应在打造绿色网络社会环境、维护网络社会生态方面发挥出积极的主导作用。要持续不断地开展主流意识形态文化的宣传和教育，加强网络先进文化的建设，认真落实科学发展、积极利用、确保安全、依法管理的要求，高度重视网络先进文化系统调控工作，将文化的引导力上升到社会主义意识形态安全层面上来，加强网络社会的文化引导力，把握住网络社会思想文化的主旋律。政府必须要充分、全面地认识到网络社会的文化影响力，加强网络社会的宣传思想工作，形成正面舆论的强势效应。

其次，加强网络社会的综合治理，明确多元主体在净化网络社会环境中的责任和义务。不同的单位、部门和组织机构要积极承担起净化网络社会环境的责任，由政府主导，明确各单位的基本责任和义务，实现网络社会环境的动态监测，协同维护。进一步引导网络文化

系统内生主体的网络活动，依托各大主流媒体加强网络文明的宣传，依托大数据时代的信息分析技术，把握网络社会中网络文化系统内生主体的基本动向，努力打造生态化的网络社会环境，为网络先进文化的引导力发挥创造条件。

最后，弘扬网络社会文明新约，倡导网络社会道德环境风尚。采取微视频、微电影、话题讨论、公益广告创意大赛等形式，围绕网络社会文明与道德加强宣传力度，引导网络运营单位严格自律，提示网络文化系统内生主体遵守网络社会文明新约，对自己提出较高的道德要求，在网络社会中维护良好的网络社会道德秩序，坚决抵制网络炒作、造谣传谣等行为。积极开办绿色网站，加推绿色专题，培育具有网络净化责任意识的“意见领袖”，同时应持续开展“家庭绿色上网业务”，推进“青少年绿色网络行动”创造绿色健康的网络社会环境。

2. 优化网络先进文化系统生成的法治环境

马克思从社会存在决定社会意识的视角出发，指出“人们在自己生活的社会生产中发生一定的、必然的、不以他们的意志为转移的关系，即同他们的物质生产力的一定发展阶段相适合的生产关系。这些关系的总和构成社会的经济结构，即有法律的和政治的上层建筑竖立其上并有一定的社会意识形式与之相适应的现实基础”①。习近平总书记指出：“法律是治国之重器，法治是国家治理体系和治理能力的重要依托。”② 更进一步指出：“协调推进全面建成小康社会、全面深化改革、全面依法治国、全面从严治党。”③ 2015 年 10 月，党的十八届五中全会作出《中共中央关于制定国民经济和社会发展第十三个五年规划的建议》，建议中强调：“加快建设中国特色社会主义法治体系，建设社会主义法治国家。”④ 2017 年的政府工作报告中明确指出：“深

① 《马克思恩格斯选集》第 2 卷，人民出版社 1995 年版，第 32 页。

② 《习近平关于〈中共中央关于全面推进依法治国若干重大问题的决定〉的说明》，《人民日报》2014 年 10 月 29 日。

③ 《习近平：主动把握和积极适应经济发展新常态推动改革开放和现代化建设迈上新台阶——在江苏调研时的讲话》，《人民日报》2014 年 12 月 15 日。

④ 《中共中央关于制定国民经济和社会发展第十三个五年规划的建议》，《求是》2015 年 11 月 15 日。

入贯彻全面依法治国要求，尊崇法治、敬畏法律、依法办事。”[①] 因此，当前我国治国理政的重要任务和发展方向就是要全面推进依法治国，网络先进文化系统的理性发展有赖于良好的法治环境。

首先，应加强网络先进文化系统运行的立法建设。网络社会的运行使“旧有体制和传媒对信息流的控制被打破”[②]，为此应针对网络文化安全加强制度的顶层设计，用法律的武器维护网络文化安全，明确网络先进文化在网络社会中的合法主导地位，同时要强化对公民言论自由的保护，避免现代“文字狱”的发生，从根本上杜绝假借调控网络先进文化系统，侵害公民文化表达权利的行为。与此同时，要加强对网络文化信息安全的制度设计，秉持“建设、应用、安全”三原则，推进网络先进文化系统运行及管理的立法进程，优化现有法律法规，加强前瞻性立法。出台网络先进文化系统调控的针对性法律法规，党的十八届四中全会作出《中共中央关于全面推进依法治国若干重大问题的决定》（简称《决定》），《决定》强调指出：“规范媒体对案件的报道，防止舆论影响司法公正”，“形成正面引导和依法管理相结合的网络舆论工作格局”。[③] 为此，要重点强化网络先进文化系统调控的相关立法，遵循当前网络先进文化系统的运行规律，依法明确网络文化系统内生主体在维护网络文化安全方面的法律责任，注重保护网络文化系统内生主体在网络社会的文化表达权利，采用实名制依法登记建档制度，从法律制度的角度，推动网络社会文化理性的形成。依托法治的力量，约束网络文化系统内生主体的文化行为，进一步缓解网络先进文化系统调控的压力。

其次，严格网络社会执法，加大对危害我国网络文化安全的行为的惩治力度，对假借“调控网络先进文化系统”之名，行现代“文字狱”之实的行为，同样要追根问责。一要依法加强网络运营商的管

---

① 《李克强在十二届全国人大五次会议上作的政府工作报告》，《光明日报》2017 年 3 月 6 日。

② 刘刚、颜玫琳等：《网络意识形态安全的隐患及其防御》，《思想教育研究》2016 年第 6 期。

③ 《中共中央关于全面推进依法治国若干重大问题的决定》，《人民日报》2014 年 10 月 29 日。

理，严格打击网络运营商参与制造和传播谣言而获得不当利益的行为和非法活动。二要从法律的角度增强对外来非法文化的节流。对承接并为外来非法文化提供平台的国内网络企业依法采取吊销营业执照、永远纳入“黑名单”、高额罚款等措施，加强网络信息安全的监测，建立打击网络违法犯罪的国际执法合作模式从而在较大程度上抑制外来非法文化的渗透。三要开展常态化的网络社会舆情监测，全面落实严格执法，加大对造谣、传谣以及网络打手和推手的整治力度，提升造谣、传谣及恶意操控网络系统的违法成本，为网络先进文化系统调控提供执法保障，避免网络社会陷入无序循环。四要着重对于公民网络先进文化系统权利的保护，避免假借“调控网络先进文化系统”行现代“文字狱”之实，从根本上保护宪法赋予公民的言论自由权利，避免损害党和政府的形象，激化网络社会的矛盾。

最后，坚持法治与德治协同推进。法律制度作为一种刚性的规定和违法犯罪的惩治手段，对网络先进文化系统的合理发展无疑作用巨大，然而仅有法治手段远远不够，近几年来出现的“秦火火”、“立二拆四”等危害网络社会健康秩序的违法人员已经偏离了社会道德的约束，更有部分网友爱国情怀薄弱，马克思主义的理想信仰失守，不能遵循社会道德规约，在网络社会中散布消极言论，盲目发表崇拜资本主义制度的言论，对社会主义制度和当前我国社会主义初级阶段的矛盾夸大和贬低，严重损害了社会的道德基础。为此，应持续开展网络道德文明建设，树立网络道德文明榜样教育典型，弘扬法治与道德文化，引导网络文化系统内生主体的道德自律，主动从道德的视角上推动网络先进文化系统的理性发展。

3. 优化网络先进文化系统运行的文化环境

当前，我国的“网络空间资本逻辑和政治逻辑呈现出了融合与冲突并存的态势”①，对网络先进文化系统产生了消解作用，为此，需要大力推进社会主义文化的繁荣发展，使包含爱国主义的民族精神、改革创新的时代精神融入社会文化建设之中。“意识形态治理是国家治

① 张改凤、林伯海：《“给资本套上社会主义笼头”——当代中国主流意识形态网络话语权问题再审视》，《理论导刊》2017 年第 4 期。

理的文化表现”[①]，应围绕意识形态的治理工作大力弘扬主旋律文化，培育网络文化安全的文化氛围。发展红色文化旅游、“一带一路”重走丝绸之路旅游等文化活动。推动中华民族优秀传统文化的产业化发展。加大马克思主义先进理论的推广，建立社会主义意识形态文化传播体系。同时应大力发展健康的网络文化，培育和扶持紧扣主流意识形态发展的网络先进文化，依托年青一代“敢为人先”的精神以及“与时俱进”的文化创造力[②]，加速传统文化、革命文化以及网络文化的结合，为网络先进文化系统的运行创造良好的文化环境。

二　搭建网络先进文化系统交流平台

应加快建设网络先进文化系统交流互动平台，畅通网络传播渠道，加强马克思主义理论、毛泽东思想和习近平新时代中国特色社会主义思想和“文化自信”理论的大众化传播。要依托政府官方网站、微博、微信、百度贴吧等平台，进一步加强网络文化系统内生主体间的交流，围绕网络先进文化系统发展问题提供答疑、辟谣、心理疏导等服务。“打造网上文化交流共享平台，促进交流互鉴”[③]，增强与网络文化系统内生主体的积极有效互动。使政府与权威媒体能够“最大限度地赢得网民、大众的话语支持和形象认同”[④]。必须要畅通民意诉求渠道，政府网站中的信息举报平台应实现 24 小时的全程信息载入，及时处置和分析群众的举报信息。开设“在线答疑”服务，设置及时通信按钮，提高网络信访的反馈效率，缩短矛盾的运行周期，缓解网民的消极情绪。为习近平新时代中国特色社会主义思想和“文化自信”等理论的大众化传播争取时间。与此同时，应通过利益诉求平台与网络文化系统内生主体进行高效的对话和互动，真正地去倾听民意，把握网络文化系统内生主体对网络文化安全的认识程度，提升网

---

① 付安玲、张耀灿：《大数据助力网络意识形态治理及提升路径》，《马克思主义研究》2016 年第 5 期。

② 《习近平在同各界优秀青年代表座谈时的讲话》，《人民日报》2013 年 5 月 5 日。

③ 《习近平谈治国理政》第 2 卷，外交出版社 2017 年版，第 534 页。

④ 曹劲松：《政府网络传播》，江苏人民出版社 2010 年版，第 90 页。

络沟通的人性化服务能力，在问题处理的同时进行有效的网络先进文化系统的控制。建立网络先进文化系统的交流平台，必须要做好以下几个方面的工作：

1. 设置积极健康向上的网络话语议题

是否为优质的网络先进文化系统的交流平台，在很大程度上取决于网络交流平台的互动话语。积极健康向上的话语议题往往能引起大家的格外关注，同时也能聚集起一大批学者、知识分子、政府官员及社会名人的关注和参与，他们的发言往往能够引导和左右广大参与者的认知，同时富有正能量的发言往往能够获得网络文化系统内生主体的认同，进而有利于营造良好的网络环境。特别是一些社会热点事件更能激发网络文化系统内生主体的参与度，网络话语权是在一系列由热点事件引发的话题互动中产生的，而话语权的建构，是一项具有主动性的行为。一旦将社会热点设置为网络话语互动平台的议题，就会引发网络文化系统内生主体对社会的关注；对社会热点事件的不同评论也可以反映出网络文化系统内生主体的不同价值取向和认知标准，对网络文化系统内生主体的评论进行合理的引导和监测及过滤，有利于优化网络先进文化系统的运行环境，破解运行障碍。

2. 净化网络交流平台的氛围

优质的网络交流平台除了积极健康向上的话语议题外，还需要一个健康、文明、和谐的氛围。良好的网络交流氛围往往能够弘扬社会主旋律、往往强化网络文化系统内生主体对社会意识形态的认同、往往更能塑造网络文化系统内生主体的完美人格。而我国当前的网络交流平台中在一定程度上还充斥着色情、暴力等不良信息，低俗的不文明用语在网络交流平台屡见不鲜，这些“噪声”、“杂音”侵蚀着网络文化系统内生主体对网络主流文化的认同。为了净化网络交流平台氛围，需要从以下几个方面着手：第一，建立健全网络交流平台的信息筛选机制，将一些不良信息进行及时的屏蔽。第二，建立健全对不良信息和虚假信息发布者的责任追究制，一旦发现及时封锁这些人的账号，造成重大不良后果的要追究法律责任。第三，全面提升网络交流平台管理人员的素质，包括网络技术能力、信息辨别能力、管理能力等。第四，政府及相关部门要给网络平台的建设和运行提供必要的资金、人力、设备等方面的支持。

3. 引导心理预期，疏导群众问题

在我国的网络社会中，网络社会的互动机制建设不足，尤其是涉及政府与网民之间的互动不足，客观上激化了政府和网民之间的矛盾。网络文化系统内生主体本质上是现实社会的主体，在现实社会中的一些问题需要解决，则通过网络寻求政府的帮助，一旦政府没有回应，则网民与政府之间的矛盾通过网络进一步激发、蔓延，通过网络社会迅速地扩散，甚至会造成整个网络社会和现实社会的焦虑和紧张，2018 年 4 月 7 日通过搜狗搜索关键词“被骗投诉无门”，得到 22040 条结果，其中大部分都是在现实社会遇到了困境投诉无门，然后在网络上投诉又得不到处理之后，从而在网络上发帖希望引起社会的重视。习近平书记强调，对人民群众关心的问题、意见大反映多的问题，要积极关注报道，及时解疑释惑，要善于运用媒体……了解社情民意、发现矛盾问题、引导社会情绪，政府部门应对舆论监督要有承受力。网络社会作为现代社会的重要组成部分，同样也应成为处理政府与群众之间关系的重要桥梁，政府利用好了则可以疏导群众关切的问题，利国利民，成为为人民服务的重要手段，政府利用不好，则会激化网络先进文化系统的矛盾，进而将矛盾传染到现实社会。

三　健全网络先进文化系统运行的基础保障机制

1. 以人民为中心是网络先进文化系统运行的基础保障

“人民对美好生活的向往，就是我们的奋斗目标”，这是我们党在新时代的庄严承诺。党的十九大报告将“必须坚持人民主体地位”上升为党的基本方略。因此，健全网络先进文化系统运行的基础保障机制，必须坚持以人民为中心，着力从人民的切身利益出发，充分运用网络技术改进管理方式，解决人民通过网络社会所传达的现实困难，加强网络舆论的正面引导，把信息网络作为人民利益表达的新通道；运用网络，实现网上网下立体化服务人民，取信于人民。把以人民为

中心作为网络先进文化系统运行的工作理念。人民是网络社会生活的主体、推动网络发展历史的主力，也是创新网络先进文化系统运行的主题、贯穿的主线。网络先进文化系统运行，突出以人民为中心，坚持增进人民福祉、实现共同富裕、促进人的全面发展；网络先进文化系统运行，坚持人民主体地位，尊重人民首创精神，保证人民当家作主；网络先进文化系统运行，坚持为人民提供更加丰富的精神食粮；网络先进文化系统运行，要坚持把建设良好生态环境作为最普惠的民生福祉，为人民创造天蓝、地绿、水清的生产生活环境。唯有网络先进文化系统的发展进一步建立在坚实的物质基础上，才能使人民得到物质和精神的双重保障，才能使网络先进文化系统顺利运行，否则网络先进文化系统建设就会成为无源之水、无本之木。

在国家治理能力现代化的进程中，网络先进文化系统建设不可或缺，必须要坚持以人为本的理念，始终将实现网络的公平正义作为网络先进文化系统调控的价值目标，加强网络先进文化系统建设，打破利益固化的藩篱，坚决打破网络文化霸权，加强对网络社会中各种利益关系的协调，让人民共同享有改革开放的成果，共同为推进网络先进文化系统建设积极发挥作用。

2. 为网络先进文化系统运行提供物质保障

政府应出台相关的财政支持政策，加大财力，并拓展资金的筹措渠道。在新媒体文化作品方面投入更多的资金，开办网络文化创意设计大赛、征文等活动，建立奖励基金，鼓励广大青年积极投入推动网络先进文化系统调控的进程中。同时政府应引导各个网络运营商加大资金投入，让习近平新时代中国特色社会主义思想在网络先进文化系统运行中成为主流，在不同的时段和显要位置，以灵活多样的形式不断推送习近平新时代中国特色社会主义思想的相关内容，紧扣时事政治、国家发展、民族振兴、创新创造的主题。

另外，政府部门要在网监、日常维护等方面加强基础网络设施的建设，提高硬件设施的科技水平和总体质量。持续不断地为网络先进文化系统运行机制建设更新硬、软件等物质设备，采用更加先进的电子设备，并联合第三方企业加强网络先进文化系统运行机制平台建设，增强设备的工具性功能，提升网络先进文化系统的运行效率。

3. 围绕网络先进文化系统运行机制建设加强受众教育

一是要面向全体公民开展网络新媒体素养教育。通过有效的新媒体素养教育，将使公民增强对网络文化安全的敏感性，提高对网络文化的辨识能力，并自觉抵制和消解网络消极文化。应不断培育认同并志愿发展网络先进文化系统的“意见领袖”，培育诸如“人民日报”、“共青团中央”、“江宁在线”、“平安北京”、“首都网警”等具有网络影响力的公众号，进一步打造“央视新闻”海外社交媒体、求是杂志、光明日报、经济日报、中国日报、中央人民广播电台、中国国际广播电台，以及一批地方媒体为主体的融媒体平台。同时注重打造优质的网络自媒体，培育网络新一代“网红”，不断鼓励这部分网络自媒体通过自身的影响力，自觉推进网络先进文化系统的发展，增强这部分自媒体的“四个自信”理论，使“网红”群体能够在网络活动中，不断发出围绕习近平新时代中国特色社会主义思想和“四个自信”理论的话语信息，实现对普通网民对主流意识形态话语的熏陶和引导。二是要积极建立网络先进文化系统运行维护的专业化团队，持续加强网络操作技能培训，打造专业性、年轻化、掌握核心技术、思想政治素养高的专业化技术团队，团队成员应包括思想政治教育人员、法律专业人员、网络技术人员、设计策划人员、大数据分析研究人员等。持续对这部分成员加强网络文化安全教育，提升团队推进网络先进文化系统健康运行的综合能力。

四　加强监测和预警机制建设

虚拟的网络场域已成为文化传播的重要阵地。一旦疏于对网络虚拟场域的管理和控制，就会使网络虚拟场域出现混乱，各种不和谐的声音，甚至与国家主流文化不相符的话语就会占领网络的舞台，进而动摇社会的思想文化根基。对网络文化进行检测和预警，事关网络空间的和谐与稳定，更关系到我国的网络文化安全。

1. 建立网络先进文化系统的监测机制

建立健全舆情收集反馈机制，及时清理网络谣言和各类有害信息，快速建立网络信息举报平台，建立政府部门、公安部门与各大媒体的信息举报平台系统的共享机制，形成网络先进文化系统监控的多元网络体系，实现多方联动、多部门监测，全面提高网络先进文化系统引导的信度与效度。网络监测能力的提升，不仅需要监测技术和手段的创新，也需要完善的监测机制。实现监测技术和手段的创新，需要政府及社会机构的通力合作，力求在技术上实现重大突破。只有监测技术和手段的不断创新，才能为调控网络先进文化系统提供技术保障。除此之外，还需要依靠网络文化系统内生主体，全面简化举报程序，保护网络文化系统内生主体在发展网络先进文化系统方面的基本参与权利，利用广泛的群众监督，来维护我国网络社会主流意识形态的安全。

2. 要优化网络先进文化系统发展的预警机制

在网络时代，网络传播具有数字化、互动性、快捷性、大容量、再生性、便利性、选择性等特点。这种新媒体传播方式，使网上随时存在多种多样的不安全信息，带来一系列的网络文化安全问题。因此，构建网络先进文化的安全预警系统，维护国家网络文化安全，是保障国家文化安全的必要之举。尽管我国对网络文化安全问题已高度重视，但我国还没有形成网络文化安全预警机制。因此，网络文化安全预警机制的建立，网络文化安全预警系统的形成，有利于我国文化产业的大力发展，有利于从根本上维护我国网络文化的安全。

优化网络先进文化系统发展的预警机制，是未雨绸缪，是在网络先进文化系统出现危机前，及时地向相关部门发出危险信号和预测报告，使政府相关部门对网络舆情及时、准确地做出预判。进而迅速反映网络社会的关切，发布权威信息，形成首发的影响力、引导力。对此，政府及相关部门要依托大数据技术，加强日常舆情监测，加强对网络先进文化系统发展趋向和动态的前瞻性预警，制定网络先进文化系统危机的预警和应急方案。另外，也要加强对网络阵地的“事后监管”。在网络集中爆发舆情之后，要在舆情的平息期发挥网络先进文化的引导力，要针对舆情危机进行民意调查、心理辅导，时刻防范挑拨社会关系、制造国际误会的消极信息传播，及时澄清谣言，做好网络传播的信息收集与分析工作，加强网络先进文化系统的常识教育，借助网络新媒体安抚网民情绪，加强心理疏导。

参考文献

一　经典文献

《马克思恩格斯全集》第 1 卷，人民出版社 2012 年版。

《马克思恩格斯全集》第 2 卷，人民出版社 2012 年版。

《马克思恩格斯全集》第 3 卷，人民出版社 1960 年版。

《马克思恩格斯文集》第 1 卷，人民出版社 2009 年版。

《马克思恩格斯文集》第 4 卷，人民出版社 2009 年版。

《马克思恩格斯文集》第 5 卷，人民出版社 2009 年版。

《毛泽东文集》第 7 卷，人民出版社 1999 年版。

《毛泽东选集》第 1 卷，人民出版社 1991 年版。

《毛泽东选集》第 2 卷，人民出版社 1991 年版。

《邓小平文选》第 2 卷，人民出版社 1994 年版。

《江泽民文选》第 2 卷，人民出版社 2006 年版。

胡锦涛:《在中国共产党第十八次全国代表大会上的报告》，人民出版社 2012 年版。

《习近平谈治国理政》，外文出版社 2014 年版。

《习近平谈治国理政》第 2 卷，外文出版社 2017 年版。

《习近平总书记重要讲话文章选编》，中央文献出版社、党建读物出版社 2016 年版。

二　中文专著

鲍宗豪:《网络与当代社会文化》，上海三联书店 2001 年版。

常晋芳:《哲学引论——网络时代人类存在方式的变革》，广东人民出版社 2005 年版。
陈昌曙：《陈昌曙技术哲学文集》，东北大学出版社 2002 年版。
陈嘉映：《语言哲学》，北京大学出版社 2003 年版。
陈卫平、晋荣东：《人的全面发展是建设新社会的本质要求》，上海社会科学院出版社 2002 年版。
陈先达：《走向历史的深处》，中国人民大学出版社 1987 年版。
陈禹、钟佳佳：《系统科学与方法概论》，中国人民大学出版社 2006 年版。
陈章亮：《科学技术革命与马克思主义》，上海交通大学出版社 1992 年版。
陈志良等：《数字化浪潮：数字化与未来》，中国社会科学出版社 2006 年版。
戴维民：《网络信息优化传播导论》，复旦大学出版社 2004 年版。
戴震：《孟子字义疏正》卷上，上海古籍出版社 1982 年版。
段联合等：《当代中国马克思主义文化观》，中国社会科学出版社 2011 年版。
段伟文：《网络空间的伦理反思》，江苏人民出版社 2002 年版。
高清海：《社会发展哲学》，高等教育出版社 1999 年版。
高占祥：《文化》，北京大学出版社 2007 年版。
公方彬：《精神中国：当今信仰问题的深层思虑》，中国工人出版社 2013 年版。
辜鸿铭：《中国人的精神》，天津教育出版社 2007 年版。
郭良：《网络创世纪：从阿帕网到互联网》，中国人民大学出版社 1998 年版。
郭玉锦、王欢：《网络社会学》，中国人民出版社 2005 年版。
韩庆祥等：《马克思开辟的道路》，人民出版社 2005 年版。
贺善侃：《网络时代：社会发展的新纪元》，上海辞书出版社 2004 年版。
胡潇：《意识的起源与结构》，中国社会科学出版社 2004 年版。
胡泳：《众声喧哗：网络时代的个人表达与公共讨论》，广西师范大学出版社 2008 年版。
黄楠森：《人学的足迹》，广西人民出版社 1999 年版。
贾春峰：《文化》，中国经济出版社 2007 年版。
姜奇平：《后现代经济：网络时代的个性化和多元化》，中信出版社 2009 年版。
金民卿、王佳菲、梁孝：《矛盾与出路：网络时代的文化价值观》，经济科学出版社 2013 年版。
李德顺：《价值论——一种主体性的研究》，中国人民大学出版社 2013 年版。
李菁华：《文化复兴：人文学科的前沿思考》，上海人民出版社 2012 年版。
林晖：《断裂与共识：网络时代的中国主流媒体与主流价值观构建》，复旦大学出版社 2013 年版。
刘文富：《全球化背景下的网络社会》，贵州人民出版社 2001 年版。
刘文富：《网络政治——网络社会与国家治理》，商务印书馆 2002 年版。
陆俊：《重建巴比塔：文化视野中的网络》，北京出版社 1999 年版。
马元龙：《精神分析：从文学到政治》，人民出版社 2011 年版。
聂立清：《我国当代主流意识形态认同研究》，人民出版社 2010 年版。
欧阳康：《民族精神：精神家园的内核》，黑龙江教育出版社 2010 年版。
欧阳康：《文化反思与价值建构：全球化与民族精神》，人民出版社 2009 年版。
阮宜正：《探视心灵：精神分析的源与流》，科学出版社 2004 年版。
宋萌荣：《人的全面发展：理论分析与现实趋势》，中国社会科学出版社 2006 年版。
宋元林：《网络文化与人的发展》，人民出版社 2009 年版。
童世骏、何锡蓉等：《中国发展的精神因素》，上海人民出版社 2012 年版。
王永贵：《经济全球化与社会主义意识形态建设研究》，人民出版社

2005 年版。
王玉樑：《当代中国价值哲学》，中国人民出版社 2004 年版。
王跃新：《现代科学技术革命与马克思主义》，吉林大学出版社 2004 年版。
魏宏森、曾国屏：《系统论：系统科学哲学》，清华大学出版社 1995 年版。
吴克明：《网络文明教育论》，湖南师范大学出版社 2005 年版。
吴琦：《意识形态与国家安全》，华中师范大学出版社 2011 年版。
谢海光：《互联网与思想政治工作概论》，复旦大学出版社 2000 年版。
徐春：《人的发展论》，中国人民公安大学出版社 2007 年版。
薛德震：《人的哲学论纲》，人民出版社 2015 年版。
叶启绩等：《当代中国社会主义意识形态与文化和谐发展研究》，人民出版社 2010 年版。
衣俊卿：《文化哲学——理论理性和实践理性交汇处的文化批判》，云南人民出版社 2005 年版。
俞吾金：《意识形态论》，人民出版社 2009 年版。
袁贵仁、韩庆祥：《论人的全面发展》，广西人民出版社 2003 年版。
曾长秋、万雪飞：《青少年上网与网络文明建设》，湖南人民出版社 2009 年版。
张岱年、方克立：《中国文化概论》，北京师范大学出版社 2004 年版。
张桂芳：《数字化技术时代的中国人文精神》，辽宁大学出版社 2010 年版。
张健：《论人的精神世界》，河南人民出版社 2011 年版。
张震：《网络时代伦理》，四川人民出版社 2002 年版。
郑永廷：《人的现代化理论与实践》，人民出版社 2006 年版。
周立华等：《文化、知识度的经济学》，中国经济出版社 2010 年版。

三　中文译著

阿尔文·托夫勒：《预测与前提——托夫勒未来对话录》，粟旺、胜德、徐复译，国际文化出版社 1984 年版。

阿诺德·盖伦:《技术时代的人类心灵:工业社会的社会心理问题》,何兆武、何冰译,上海世纪出版集团2004年版。
埃里希·弗洛姆:《在幻想锁链的彼岸——我所理解的马克思和弗洛伊德》,张燕译,湖南人民出版社1986年版。
戴维·哈维:《后现代的状况》,阎嘉译,商务印书馆2003年版。
丹尼尔·贝尔:《资本主义文化矛盾》,赵一凡译,生活·读书·新知三联书店1989年版。
丁韪良:《汉学菁华——中国人的精神世界及其影响力》,沈弘等译,世界图书出版公司北京公司2010年版。
冯·贝塔朗菲:《人的系统观》,张志伟等译,华夏出版社1989年版。
冯·贝塔朗菲:《一般系统论基础发展和应用》,林康义译,清华大学出版社1987年版。
弗洛伊德:《精神分析引论》,高觉敷译,商务印书馆1984年版。
古斯塔夫·勒庞:《乌合之众:大众心理研究》,冯克利译,广西师范大学出版社2015年版。
哈贝马斯:《交往与社会进化》,张博树译,重庆出版社1989年版。
赫伯特·马尔库塞:《单向度的人:发达工业社会意识形态研究》,刘继译,上海译文出版社2006年版。
黑格尔:《精神现象学》下卷,贺麟、王玖兴译,商务印书馆1979年版。
黑格尔:《精神哲学:哲学全书·第三部分》,杨祖陶译,人民出版社2006年版。
杰里米·D. 沙弗安:《精神分析与精神分析疗法》,郭本禹、方红译,重庆大学出版社2015年版。
卡尔·雅斯贝斯:《时代的精神状况》,王德峰译,上海译文出版社2008年版。
康德:《纯粹理性批判》,蓝公武译,商务印书馆1960年版。
康德:《历史理性批判文集》,何兆武译,商务印书馆1991年版。
克里斯托弗·博拉斯:《精神分析与中国人的心理世界》,李明译,中国工业出版社2015年版。

罗素:《人类的知识》，张金言译，商务印书馆 1983 年版。

马克斯·舍勒:《资本主义的未来》，曹卫东译，北京师范大学出版社 2014 年版。

马修·阿诺德:《文化与无政府状态》，韩敏中译，生活·读书·新知三联书店 2002 年版。

曼纽尔·卡斯特:《网络社会的崛起》，夏铸九等译，社会科学文献出版社 2001 年版。

米尔顿、波尔马、法布里修斯:《精神分析导论》，施琪嘉等译，中国轻工业出版社 2005 年版。

摩尔根:《基因论》，卢惠霖译，北京大学出版社 2007 年版。

摩尔:《皇帝的虚衣：因特网文化实情》，王克迪等译，河北大学出版社 1998 年版。

尼葛洛庞帝:《数字化生存》，胡泳译，海南出版社 1997 年版。

荣格:《分析心理学的理论与实践》，成穷、王作虹译，译林出版社 2011 年版。

荣格:《弗洛伊德与精神分析》，谢晓健等译，国际文化出版公司 2011 年版。

荣格:《人格的发展》，陈俊松等译，国际文化出版公司 2011 年版。

荣格:《荣格的智慧》，刘烨编译，中国电影出版社 2005 年版。

荣格:《荣格文集》，冯川编译，改革出版社 1997 年版。

斯蒂文·小约翰:《传播理论》，陈德明等译，中国社会科学出版社 1997 年版。

威廉·狄尔泰:《精神科学引论》第 1 卷，王海鸥译，中国城市出版社 2002 年版。

威廉·冯·洪堡特:《论人类语言结构的差异及其对人类精神发展的影响》，姚小平译，商务印书馆 1999 年版。

沃尔特·李普曼:《公众舆论》，闫克文、江红译，上海人民出版社 2006 年版。

亚伯拉罕·马斯洛:《存在心理学探索》，李文湉译，云南人民出版社 1987 年版。

亚伯拉罕·马斯洛：《动机与人格》，许金声等译，中国人民大学出版社 2007 年版。

亚里士多德：《尼格马科伦理学》，苗力田译，中国人民大学出版社 2003 年版。

伊凡·瓦德：《精神分析》，万朵译，当代中国出版社 2014 年版。

尤尔根·哈贝马斯：《公共领域的结构转型》，曹卫东等译，学林出版社 1999 年版。

约翰·斯道雷：《文化理论与通俗文化导论》，杨竹山等译，南京大学出版社 2001 年版。

Patricia Wallace：《互联网心理学》，谢影、荀建新译，中国轻工业出版社 2001 年版。

四　中文期刊和学位论文

白淑英：《中国特色网络文化发展观及其理论意义》，《马克思主义研究》2012 年第 3 期。

陈定学、陈虹：《精神世界在哪里》，《中州学刊》2004 年第 1 期。

陈坤、李佳：《新媒体时代我国意识形态安全面临的挑战及应对着力点》，《思想理论教育导刊》2016 年第 9 期。

陈太胜：《巴赫金对话理论的人文精神》，《学术交流》2000 年第 1 期。

陈新夏：《人的发展的新路向》，《马克思主义与现实》2010 年第 2 期。

单继刚：《语言、翻译与意识形态》，《哲学研究》2005 年第 11 期。

董慧：《现代性批判与中华民族精神家园的重塑》，《自然辩证法研究》2010 年第 9 期。

凡欣、聂智：《自媒体舆论场下我国主流意识形态的话语权调控研究》，《学术论坛》2015 年第 7 期。

方立天：《民族精神的界定与中华民族精神的内涵》，《哲学研究》1991 年第 5 期。

冯平：《重建价值哲学》，《哲学研究》2002 年第 5 期。

冯月季：《论媒介化社会控制论及其悖论》，《华北电力大学学报》（社会科学版）2017 年第 2 期。

付安玲、张耀灿：《大数据助力网络意识形态治理及提升路径》，《马克思主义研究》2016 年第 5 期。

高文莹：《论非理性因素与精神世界建构》，硕士学位论文，山东师范大学，2009 年。

郭成林：《精神世界建设的一个重要问题——哲学世界观的升华与沦落》，《理论探讨》2001 年第 4 期。

郝贵生：《论人的发展研究中的几个问题》，《学术论坛》2006 年第 1 期。

何中华、陈新夏等：《关注人的精神世界》，《前线》2002 年第 3 期。

黄静婧：《微传播时代网络社会话语权的重塑》，《教育评论》2015 年第 6 期。

黄力之：《马克思精神生产理论中的文化价值问题》，《上海师范大学学报》2009 年第 3 期。

贾春峰：《竞争的其实是文化》，《中外文化管理》2001 年第 7 期。

姜生：《吾心便是宇宙——论人的精神世界》，《山东图书馆季刊》2007 年第 3 期。

康雁冰：《“互联网 +”条件下人的主体性发展探析》，《教育与教学研究》2016 年第 10 期。

赖怡静：《改革开放后中国人的精神世界及其重建》，《科教文汇》（下旬刊）2012 年第 7 期。

李淑梅：《中国社会转型的特殊方式与人的发展》，《社会科学战线》2005 年第 3 期。

李志红：《网络与人的思维方式变革》，《江西社会科学》2004 年第 3 期。

李宗桂：《民族文化素质与人文精神重建》，《哲学研究》1994 年第 10 期。

刘奔：《交往与文化》，《中国社会科学》1996 年第 2 期。

刘华：《人类精神世界的追寻与阐释——评〈意识的起源与结构〉》，

《伦理学研究》2006 年第 2 期。

刘露瑶、朱国云：《公众自媒体参与社会治理的法治价值研究》，《南京社会科学》2017 年第 5 期。

刘耀霞：《关注人的精神世界与促进人的全面发展》，《理论导刊》2006 年第 2 期。

龙溪虎、卞桂平：《现代人的精神生活：困惑与重塑》，《求实》2010 年第 12 期。

卢岚：《当代中国人精神裂变的社会根源——兼论思想政治教育在社会领域的生长与演绎》，《理论与改革》2015 年第 1 期。

路日亮：《当代人类精神世界的嬗变与生态化生存》，《中国特色社会主义研究》2013 年第 5 期。

罗佳：《论自媒体时代政府话语权的危机与变革》，《求实》2012 年第 7 期。

庞桂美：《人的精神世界的建构与精神教育》，《当代教育科学》2010 年第 7 期。

庞立生：《历史唯物主义与精神生活的现代性处境》，《哲学研究》2012 年第 2 期。

彭秋归：《当前中国哲学社会科学网络话语权的审视与构建》，《人文杂志》2017 年第 4 期。

秦晖、韩德强：《关于中西文化制度比较的对话》，《社会科学论坛》2006 年第 8 期。

任剑涛：《重建中国的信念世界——徐复观对儒教中国的精神激活》，《马克思主义现实》2010 年第 3 期。

任雪萍、刘小峰：《论社会发展与人的发展的相对统一性》，《学术界》2004 年第 6 期。

邵龙宝：《中国人的信仰问题与精神世界诉求》，《陕西师范大学学报》（哲学社会科学版）2008 年第 6 期。

孙玉祥：《“网络时代”与人的存在方式变革》，《求是学刊》2001 年第 1 期。

陶正付、郗春梅：《全球化视野中人的发展问题探析》，《当代世界与社会主义》2006 年第 26 期。
田伟霞：《论人的超越性与精神世界建构》，硕士学位论文，山东师范大学，2010 年。
万希平：《市民社会崛起与精神世界变化》，《理论与改革》2007 年第 2 期。
汪福祥：《心理语言学的发展与未来展望》，《北京第二外国语学院学报》2003 年第 2 期。
王芳：《论政府主导下的网络社会治理》，《人民论坛 · 学术前沿》2017 年第 7 期。
王海滨：《精神重建与中国现代性的建构》，《马克思主义与现实》2015 年第 2 期。
王海滨：《面向“中国问题”的人学研究——重建当代中国人的精神世界》，《毛泽东邓小平理论研究》2014 年第 10 期。
王海滨：《面向“中国问题”的文化哲学——当代中国人的文化生活危机与精神重建》，《天津社会科学》2013 年第 5 期。
王婧、徐仲伟：《关于网络社会公共道德的建设》，《思想理论教育导刊》2015 年第 1 期。
王军权：《网络话语权的规制模式研究》，《法律适用》2015 年第 2 期。
王元丰：《电脑、因特网的现代性》，《自然辩证法研究》1999 年第 2 期。
王中军、曾长秋：《网络先进文化建设与网民自律意识培育》，《中州学刊》2010 年第 6 期。
魏建国：《新媒体时代马克思主义意识形态话语权的建构》，《法政探索》2014 年第 2 期。
肖香龙：《社会主义核心价值体系是建设先进网络文化的内在要求》，《思想理论教育导刊》2011 年第 6 期。
许纪霖：《个人主义的起源——“五四”时期的自我观研究》，《天津社会科学》2008 年第 6 期。
杨耕：《“人的问题”研究中的五个重大问题》，《江汉论坛》2015 年第5期。

杨玉晨：《语篇与语言动态：语言本质探析》，《东北师大学报》2005年第2期。

杨振闻：《能力化生存与精神世界重建》，《求索》2013年第3期。

郁建兴、王小章：《马克思与现代人文精神的重建》，《中国社会科学》1995年第6期。

张成诗：《精神世界结构探析》，《行政与法》（吉林省行政学院学报）2006年第5期。

张桂芳：《30年来中国人文精神研究的回顾与展望》，《北京师范大学学报》（社会科学版）2009年第3期。

张桂芳：《科学发展观视阈下中国特色人文精神之培育》，《社会科学战线》2008年第5期。

张桂芳、秦关：《网络时代精神世界的重建》，《马克思主义与现实》2017年第2期。

张桂芳：《数字技术与人的发展》，《学术论坛》2005年第12期。

张桂芳：《中国数字文化发展的人文生态维度》，《学习与探索》2007年第1期。

张建军：《中国先进网络文化的民主政治建设功能研究》，硕士学位论文，河北师范大学，2010年。

张健：《当代人的精神世界建构：主体意识及其培养》，《山东理工大学学报》（社会科学版）2004年第3期。

张健：《精神世界概念》，《肇庆学院学报》2004年第3期。

张军：《马克思人的发展三形态论析》，《社会科学辑刊》2002年第1期。

张以哲：《生活世界金融化的深层逻辑：从经济领域到人的精神世界》，《宁夏社会科学》2016年第3期。

赵欢春：《论网络意识形态话语权的当代挑战》，《河海大学学报》（哲学社会科学版）2017年第1期。

赵丽：《历史的悖论：经济全球化与人的发展》，《理论与现代化》2003年第4期。

赵丽涛：《我国主流意识形态网络话语权研究》，《马克思主义研究》2017 年第 10 期。

邹诗鹏：《现时代精神生活的物化处境及其批判》，《中国社会科学》2007 年第 5 期。

左亚文：《马克思文化观的多维解读》，《学术研究》2010 年第 3 期。

五　中文报纸

《李克强在十二届全国人大五次会议上作的政府工作报告》，《光明日报》2017 年 3 月 6 日第 1 版。

谭培文：《中国实践与中国话语权》，《光明日报》2015 年 1 月 15 日第 16 版。

《习近平关于〈中共中央关于全面推进依法治国若干重大问题的决定〉的说明》，《人民日报》2014 年 10 月 29 日。

《习近平：坚持以人民为中心的创作导向创作更多无愧于时代的优秀作品——在主持召开文艺工作座谈会上的讲话》，《人民日报》2014 年 10 月 6 日。

《习近平：推动传统媒体和新兴媒体融合发展，强化互联网思维》，《光明日报》2014 年 8 月 19 日。

《习近平：在庆祝中国共产党成立 95 周年大会上的讲话》，《人民日报》2016 年 7 月 2 日第 2 版。

《习近平在同各界优秀青年代表座谈时的讲话》，《人民日报》2013 年 5 月 5 日第 1 版。

《习近平：主动把握和积极适应经济发展新常态推动改革开放和现代化建设迈上新台阶——在江苏调研时的讲话》，《人民日报》2014 年 12 月 15 日。

曾长秋：《重视网络文化发展中的突出问题》，《人民日报》2010 年 7 月 28 日。

《中共中央关于制定国民经济和社会发展第十三个五年规划的建议》，《人民日报》2015 年 10 月 30 日。

六　中文网站

2018 年 3 月全国网络举报受理情况，2018 年 4 月中央网信办（国家互联网信息办公室）违法和不良信息举报中心（http：//www.12377.cn/txt/2018 -05/31/content_ 40363809.htm）。

《第 41 次中国互联网发展状况统计报告》，中国互联网络信息中心（CNNIC）（http：//www.cnnic.cn/hlwfzyj/hlwxzbg/hlwtjbg/201207/t20120723_ 32497.htm）。

《习近平：决胜全面建成小康社会 夺取新时代中国特色社会主义伟大胜利——在中国共产党第十九次全国代表大会上的报告》，2017 年 10 月，新华网（http：//www.xinhuanet.com/politics/19cpcnc/2017 -10/27/c_ 1121867529.htm）。

七　外文专著

Antonio Gramsci, *Selections from the Prison Note Books*, London: Lawrence and Wishart, 1971.

Bakhtin M. M. & Volosinov V. N., *Marxism and the Philosophy of Language*, Cambridge: Harvard University Press, 1973.

Cairncross F., *The Death of Distanee*: *How the Communications Revolution Will Change Our Lives*, Boston: Harvard Business School Press, 1997.

Chesbrough H., *Open Innovation*: *The New Imperative for Creating and Profiting from Technology*, Boston: Harvard Business School Press, 2003.

C. J. Alexander and L. A. Pal, *Digital Democracy*: *Policy and Politics in the Wired World*, Toronto: Oxford University Press, 1998.

David Holmes, *Virtual Politics*: *Identity and Community in Cybers Pace*, London: Sage Publication, 1998.

J. Habermas, *The Philosophical Discourse of Modernity*, Cambridge, Mass: MIT Press, 1987.

Michel Foucault, *The Will to Knowledge*: *The History of Sexuality*, London：Penguin Books，1990.

八　外文期刊

Hayes A. F. Uldall，B. R.，& Glynn，C. J.，“Validating the willingness to self－sensor scale ii：Inhibitionn of option expression in a real conversational setting”，*Communication Methods and Measures*，No. 4，2010.

Joyce Daniel，“Internet Freedom and Human Rights”，*European Journal of International Law*，No. 2，2015.

Mary Stokrocki，“Art and Spirituality on Second Life：A Participant Observation and Digital Quest for Meaning”，*Journal of Alternative Perspectives in the Social Sciences*，No. 1，2010.

Mikhail Komarov，Nikita Konovalov，Nikolay Kazantsev，“How Internet of Things Influences Human Behavior Building Social Web of Services via Agent－Based Approach”，*Foundations of Computing and Decision Sciences*，No. 12，2016.

Noelle－Neumannn E.，“The Spiral of Silence：A Theory of Public Opinion”，*Journal of Communication*，No. 24，1974.

Zurovac M. M.，“Contemporary world and the crisis of spiritual values”，*Filozofijai Drutvo*，No. 3，2003.

后　　记

2002年写就的充满稚嫩观点的论文《互联网与中国特色社会主义文化创新》，开启了我的网络文化研究之路。循着这个研究方向，新的问题不断延续，研究的视域虽在不断拓展，但研究的问题却在一步步地深入，逐步形成了呈现在读者面前的有关网络文化研究的问题域。

本书试图从理论的视角来研究当代中国网络先进文化，特别是通过网络先进文化系统的结构分析、“互联网+”时代网络文化内生主体的发展维度分析、网络文化系统内生主体精神世界的分析与重建，为网络时代研究人的发展及人的精神世界，为建设社会主义文化强国制定相关政策提供理论依据，此论题研究的理论价值和现实意义不言而喻，它对于中国特色社会主义文化强国建设具有重要的现实指导意义。

本书带着鲜明的问题意识，试图在一些问题的论述上有所创新。(1) 对当代中国网络先进文化系统的构成要素进行了较为准确的厘定和概括，为后面章节的研究奠定基础。(2) 全面、深入系统地梳理了当代中国网络先进文化系统的系统环境以及当代中国网络先进文化系统与系统环境之关系。(3) 重点探讨“互联网+”对网络文化系统内生主体的发展的“为主体”向度和“反主体”向度。(4) 分析并解构了网络文化系统内生主体的精神世界样态。(5) 提出了网络文化系统内生主体的精神世界重建的三个维度和三维场域。(6) 指出了当代中国网络先进文化系统规制的目标、功能和策略。(7) 提出当代中国网络先进文化系统构建的生成机制、介入机制和运行机制，并指出当代中国网络先进文化的未来发展走向。

本书在成稿与写作的过程中，我的硕士研究生张美峰、梁丞丞和秦关，参与了部分章节的前期资料准备和撰写工作，我的博士生李蕴慧、黄梦佳参与了文献校对、核实工作。在此一并致谢！

本书能够得以顺利出版，首先，感谢中国社会科学出版社刘艳编辑的辛苦付出和努力，同时，也得益于学校科研处的大力支持，给予"中央高校基本科研业务费"，"上海财经大学中央高校双一流引导资金"的资助。

谨以此书献给所有文化研究的同道者，献给所有关心、支持我一路前行的师者、同学和亲友！

张桂芳

2021 年 4 月 28 日于沪上复地香堤苑寓所